HUMANISMO DE MERCADO

ETNOGRAFIA DE UMA PRISÃO PRIVATIZADA

ALINE PASSOS

IGRA KNIGA
ИГРА КНИГА

HUMANISMO DE MERCADO

ETNOGRAFIA DE UMA PRISÃO PRIVATIZADA

ALINE PASSOS

IGRA KNIGA
ИГРА КНИГА

EDIÇÃO **Bruno Xavier e Vinicius Mendes**
CAPA **Fabiana Wolf**
REVISÃO **Aline Haar**
REVISÃO FINAL **Bruno Xavier**
PROJETO GRÁFICO E DIAGRAMAÇÃO **Vinicius Mendes**
PREFÁCIO **Paulo Sérgio da Costa Neves**
ORELHA **Andrea Depieri de Albuquerque Reginato**
QUARTA CAPA **Amós Caldeira**

COORDENAÇÃO DA COLEÇÃO ABOLICIONISTAS
Allan de Campos Silva
Bruno Xavier

EDITORA IGRÁ KNIGA
São Paulo - SP
https://www.igrakniga.com/
igrakniga@gmail.com
@igrakniga
igrakniga.ik.5
twitter.com/k_igra

Ao pai que partiu e ao filho que chegou.

Porque somos correnteza.

AGRADECIMENTOS

Este trabalho possui uma coautora. Ela velou o sono do meu filho e o alimentou durante as horas que roubei dele para escrever. Sei que estas linhas não têm a força de reparar uma vida de trabalhos invisíveis, mas quero que todas as pessoas que me leem saibam que não escrevi sozinha. Dona Olga, minha mãe, segurou minha mão e me guiou por todo o caminho. Obrigada, mainha.

Ao meu pai, que mergulhou na precariedade para que sua filha fosse doutora.

Sua benção, pai, onde quer que você esteja, no além dessa ausência absurda.

Ao meu orientador e amigo, Paulo Neves, que não desistiu de mim, mesmo quando eu não tinha forças para continuar. Espero que nossa parceria não se encerre neste trabalho.

À Andréa Depieri e Frank Marcon, pelas contribuições valiosas na banca de qualificação. Se o resultado corresponder, ainda que parcialmente, a elas, então, terá sido um bom trabalho.

À Luciana Boiteux, por ter aceitado o convite para a banca e por ser um exemplo de intelectual e militante.

Ao PPGS-UFS, na pessoa de Marcelo Ennes, que lidou com as minhas demandas de maneira acolhedora e generosa, agradecimento que estendo aos professores e professoras.

À Cecília Coimbra, pela generosidade com que me acolhe na Academia e fora dela.

À toda a equipe da Revista Cult, pelo tempo de parceria.

À Ponte Jornalismo, por fortalecer o abolicionismo penal em seus espaços.

À Bia, Isaías, Arnaldo e Bruno, pelas transcrições, auxílio com a cartografia e revisão, mas também pela amizade, nova, antiga, às vezes virtual, mas presente sempre.

À Andrea Barbosa e Fábio de Sá e Silva, por chegarem junto na correria das traduções.

À Dri, Gabi, Erin, Luciano, Vítor e Renatinha, da coluna Abolição, pela coautoria que as palavras não conseguem expressar.

Ao Quengaral, por serem mulheres que acreditam em mulheres.

Ao Zé Gotinha Presidente, pelas risadas, amigos-secretos sem fim, e pela imensa rede de solidariedade que somos.

Aos vizinhos das Dunas, que me dão senso de comunidade todos os dias, pois aqui somos tios, tias, mães, pais, filhos e filhas, avôs e avós de muitos.

À recém-nascida Frente Estadual pelo Desencarceramento de Sergipe, por me lembrar quem eu sou e por que cheguei até aqui.

A todas as pessoas que se dispuseram a me contar suas histórias e que aqui não convém nomear, pela troca e pelo reconhecimento.

Ao meu Benjamin, que nasceu numa pandemia para me ensinar o que é coragem. Te amo, filho.

Reciprocidade

Há catálogos de catálogos.
Há poemas sobre poemas.
Há peças sobre atores representadas
por atores.
Cartas em razão de cartas.
Palavras que servem para esclarecer palavras.
Cérebros ocupados em estudar cérebros.
Há tristezas que contagiam como o
riso.
Papéis que provêm da coleta de papéis. Olhares vistos.
Declínios declinados.
Grandes rios com importante contribuição dos pequenos.
Bosques completamente recobertos de bosque.
Máquinas destinadas à produção de máquinas.
Sonhos que de súbito nos despertam
do sonho.
Saúde necessária para recobrar a
saúde.
Escadas tanto para baixo como para cima.
Óculos para encontrar os óculos.
O inspirar e o expirar da respiração.
E, mesmo que só de vez em quando,
há ódio do ódio.
Porque, em última instância,
há ignorância da ignorância
e mãos empregadas em lavar
as mãos.

(Wisława Szymborska)

SUMÁRIO

PREFÁCIO

POR PAULO SÉRGIO DA COSTA NEVES

O TEMA DAS PRISÕES tornou-se, nas últimas décadas, um dos pontos fulcrais para se entender a segurança pública entre nós. Afinal, não apenas o país se transformou no terceiro no mundo com as maiores populações carcerárias (com mais de 800.000 presos), como também as prisões foram o lócus da criação e o epicentro da consolidação do poder de importantes organizações criminosas (PCC, Comando Vermelho, dentre outras). Isso se deu tendo como pano de fundo rebeliões carcerárias e massacres históricos de prisioneiros, a exemplo do massacre do Carandiru em 1992.

Diante desse contexto, alguns estados têm buscado, como o presente livro nos mostra, "modernizar o sistema prisional" através sobretudo da criação de novas prisões, ampliando o número de vagas e diminuindo a super-população, problema endêmico das prisões brasileiras. Ora, o problema é que nem sempre as coisas saem como previstas nos discursos e projetos dos proponentes dessas mudanças, seja porque o crescimento do número de presos excede de muito as vagas criadas, fruto de uma lógica punitivista e de encarceramento em massa de crimes de baixo poder ofensivo, seja ainda porque a lógica de funcionamento das prisões não se transforma facilmente.

Seja como for, a história das prisões no Brasil é marcada pela mais completa negligência com relação ao bem estar dos presos e presas, em razão das precárias condições sanitárias e de higiene, do superpovoamento, da falta de políticas ressocializadoras, etc. Espaços insalubres onde se despejam os indesejáveis da sociedade, nossas prisões mais parecem depósitos de gente sem serventia (os pobres, os negros, os marginais, os vagabundos, as prostitutas, etc.) que, como deveriam ser, instituições voltadas para a ressocialização de transgressores das leis. Tudo isso por um lado significou prisões insalubres e, contraditoriamente, por outro lado possibilitou aos presos terem um relativo controle da vida e do cotidiano no interior das prisões.

Nesse sentido, a famosa tese foucaultiana de que as prisões modernas seriam panópticas nunca se aplicaram totalmente às prisões brasileiras, caracterizadas historicamente como espaços em que o controle estatal sempre fora mais ou menos limitado pelo agência dos presos em relação ao ritmo da vida nos cárceres.

Contudo, por uma série de razões, as prisões brasileiras estão em plena transformação. A criação de organizações criminosas a partir das prisões, a sanha punitivista que desde os anos 1980 tem se insinuado na vida política do país, etc. fazem com que novos modelos de prisões sejam tentados aqui e ali. Assim, algumas experiências de prisões em que se busca um maior controle sobre os presos estão sendo implementadas, a exemplo das prisões de segurança máxima ou as prisões sob a administração da iniciativa privada.

É nesse contexto, que o livro que o leitor tem em mãos, escrito por Aline Passos, representa uma contribuição ímpar para entender uma parte desse processo dinâmico e aparentemente cheio de contradições. Fruto de uma tese de doutorado em sociologia, defendida brilhantemente na Universidade Federal de Sergipe, sobre as prisões terceirizadas no estado de Sergipe, a autora usa uma metodologia de viés etnográfico para se aproximar do universo prisional sergipano e das tensões que permeiam a administração privada das prisões em nome do Estado.

Através de uma investigação sensível e respeitosa das vozes expressas pelos atores sociais, sobretudo os funcionários da empresa encarregada da administração de três prisões no estado, a autora nos mostra que a prisão privatizada não apenas se transformou em um lucrativo negócio, como também em uma tentativa das autoridades encarregadas da política prisional para tornar "a prisão, prisão mesmo". Com isso, as prisões terceirizadas operam com uma população excedente muito menor e com um nível de controle da administração sobre os presos muito maior que nas prisões totalmente públicas. Os presos ficam mais isolados uns dos outros, são mais vigiados e têm menos poder de negociação na gestão do cotidiano prisional. Os efeitos psicológicos e as implicações sobre o processo de ressocialização é uma pista a ser investigada, mas o livro nos deixa entrever que os impactos nessa dinâmica não são negligenciáveis .

Com um discurso de modernização do sistema carcerário sergipano, as autoridades responsáveis justificam a opção pela iniciativa privada como uma forma de combater as mazelas típicas do Estado brasileiro (clientelismo, personalismo, etc.), o que tenderia à maior eficácia, profissionalismo e racionalização da gestão das prisões no estado. Ora, uma das grandes descobertas da pesquisa refere-se justamente ao modo “tradicional” como se dá o recrutamento dos profissionais pela empresa privada responsável pela administração das penitenciárias privatizadas. Esse processo é baseado na contratação de pessoas que têm parentes ou amigos que já trabalham na empresa ou que têm contatos com os gerentes da mesma. A ideia de confiança foi muito mobilizada pelas pessoas entrevistadas pela pesquisadora, como a demonstrar que mais que a capacidade técnica buscava-se privilegiar a confiabilidade do pessoal contratado, algo muito criticado pelos funcionários públicos das prisões não privatizadas.

A autora finda sua reflexão se questionando sobre a pretensa modernização do sistema carcerário a partir da privatização do mesmo. Não seria apenas um processo assentado em uma lógica néo-liberal de monetarização das prisões, tal qual ocorre em outros países do Norte, a exemplo dos Estados Unidos? O maior controle sobre as prisões privatizadas não seria fruto das melhores condições de trabalho dos agentes por conta do número menor de presos? Essas prisões não estariam, por conta de seus objetivos econômicos, dissociadas do objetivo de tornar as prisões mais ressocializadoras?

Essas questões não serão, nem poderiam ser, totalmente respondidas pela leitura desse livro. Mais que nos dar respostas prontas, a pesquisadora buscou nos levar pelas trilhas da dúvida crítica, aquela que nos impele a buscar conhecer mais e melhor, a fugir das narrativas naturalizadoras da realidade, bem como das ideologias que expressam mais interesses de alguns que o bem público. Ao fazer isso, ela escreveu um grande livro, uma reflexão original e de imenso alcance.

Nesse sentido, esse livro certamente vai marcar época nos estudos sobre prisões no Brasil. A sua novidade temática, as descobertas empíricas ainda pouco investigadas, a escrita sensível e de grande qualidade literária, dentre outras características, são mais que suficientes para que leigos e especialistas das prisões se sintam convidados para adentrar nesse universo guiados pelas mãos de Aline Passos, mãos clarividentes e comprometidas com uma sociedade em que a "prisão" deixe de ser "prisão"!

Paulo Sérgio da Costa Neves,
Professor da Graduação em Políticas Públicas da UFABC e
da Pós-Graduação em Ciências Humanas e Sociais

PRÓLOGO

QUANDO VOCÊ ESTIVER folheando estas páginas, anos terão se passado desde a defesa da tese de doutorado que deu origem a este livro. Durante esse tempo, permaneceu em mim a angústia de ser mal interpretada, o que não passa de ilusão de controle, obviamente destinada à frustração. A angústia se formula mais ou menos a partir da bifurcação entre a cientista social e a militante abolicionista, entre a observação e a análise distanciada, e a força das lutas sociais pelo fim das prisões.

No intervalo entre a defesa da tese e esta publicação, fiz muitas outras coisas. Publiquei artigos, participei de eventos, enfrentei a chegada do diagnóstico de autismo do meu único filho e todas as batalhas que vieram em decorrência. Além disso, ofereci muitos cursos sobre temáticas que atravessaram a tese: criminologia crítica, abolicionismo penal, neoliberalismo, entre outros.

Numa das últimas edições desses cursos, trabalhei um texto do qual me distancio respeitosamente em muitos aspectos, de autoria da antropóloga Rita Segato. Trata-se de "O sistema penal como pedagogia da irresponsabilidade e o projeto 'Fala, interno!': o direito humano à palavra na prisão".

Acredito que, para quem chegar ao final deste livro, os distanciamentos ficarão claros. Por isso, é exatamente no ponto em que o artigo me inspira pela proximidade que arrisco essas linhas.

Segato, com toda sua experiência, avisou na segunda linha do texto: "gostaria de advertir que minha postura não é abolicionista, mas reformista"[1]. Ao ler a advertência, abri um largo sorriso. Afinal, se alguém do tamanho e da estirpe de Rita Segato sentiu a necessidade de fazer uma observação deste tipo, por que eu, tão mais crua e menos experimentada na academia, não poderia fazer igual?

Digo, não exatamente igual porque inverto aqui a afirmação da antropóloga para apresentar meu próprio texto: gostaria de advertir que minha postura é abolicionista, não reformista, muito menos privatista. Algumas afirmações que serão lidas adiante podem confundir, num primeiro momento, e até mesmo assustar quem não compartilha certos referenciais e vivências comigo. No entanto, eu falo a partir de uma perspectiva foucaultiana de crítica ao humanismo, especialmente, àquele que se impõe aos discursos sobre prisões e justiça criminal. É importante ter isso em mente ao ler o que escrevo ou ao me ouvir por aí.

Uma preocupação que não me abandonou antes, durante e depois da tese foi o fato de debatermos a privatização carcerária a partir de elementos e análises estrangeiros, notadamente norte-americanos. Isso faz com que a ampla experiência brasileira com a privatização das prisões fique eclipsada. Por consequência, a resistência a esses processos parece sempre um pouco perdida, como se estivéssemos começando do zero, especialmente quando se anuncia uma privatização no eixo sul-sudeste do país.

Assim, ao grande equívoco que é a transposição da realidade norte-americana para a nossa, soma-se outro, que é a invisibilidade das décadas de privatização de prisões já existentes no Brasil, desde que se olhe para o norte e nordeste do país: Amazonas, Bahia, Alagoas, Sergipe, são estados especialmente afetados, há muitos anos, e cujos contratos, relações políticas, inovações tecnológicas e seletividades penais parecem não se comunicar com acadêmicos e militantes de outras paragens. Por aqui, já sabemos, por exemplo, que o valor pago pelo Estado à iniciativa privada não se conta "por cabeça"; que a categoria dos policiais penais só é contra a privatização até a página dois; que o discurso de humanização das prisões também já foi comprado...

---

1. SEGATO, Rita. "O sistema penal como pedagogia da irresponsabilidade e o projeto 'Fala, interno!': o direito humano à palavra na prisão". In: **Cenas de um pensamento incômodo**. Rio de Janeiro: Bazar do Tempo, 2022, p. 53p.

Desta maneira, ao exemplo e pelo avesso da Rita, reafirmo meu compromisso abolicionista quando não vou ao encontro dos argumentos mais comuns nos meios militantes e acadêmicos do abolicionismo penal. Trilho um caminho tortuoso que muitas vezes inclui descartá-los para enfrentar os desafios do chão que piso e que orienta minha cabeça mais do que qualquer especulação de gabinete.

A privatização carcerária no Brasil está muito avançada em práticas e discursos (para quem separa as duas coisas, o que não é meu caso). Muito mais avançada do que supõem as nossas ideações americanizadas que parecem sempre operar no sentido de compreender como aqui "adaptamos" o que vem de fora e, quase nunca, em analisar como daqui, da periferia do capitalismo, inovamos, testamos, aprimoramos e inventamos novas formas de controle, de prisão, e por que não, de privatização das prisões.

É por esse olhar, voltado à "riqueza da iniquidade de ser periferia", como aprendi ao ler Chico de Oliveira, que gostaria, então, de me apresentar e apresentar meu trabalho, pois acredito que também novas resistências se forjam às margens e estão intrinsecamente ligadas à capacidade e ao compromisso de fazer prognósticos a partir da nossa própria realidade.

Antes de dar passagem ao texto, chamo a atenção de vocês para algumas adaptações que foram necessárias da tese ao livro. A primeira diz respeito ao título. Enquanto tese apresentada ao Programa de Pós-Graduação em Sociologia da Universidade Federal de Sergipe (UFS), seu título é "Quando a prisão é prisão mesmo: gestão privada e humanização do cárcere em Sergipe", e pode ser acessada na íntegra no Repositório Institucional do Sistema de Bibliotecas da UFS[2].

---

2. SANTANA, Aline Passos de Jesus. **Quando a prisão é prisão mesmo: gestão privada e humanização do cárcere em Sergipe. 2021.** 311 f. Tese (Doutorado em Sociologia) - Universidade Federal de Sergipe, São Cristóvão, 2021. Disponível em: https://ri.ufs.br/jspui/handle/riufs/14772. Acesso em 25 de set. de 2024.

A segunda mudança que merece atenção diz respeito à pesquisa documental realizada durante o doutorado. Naquele período, levantei uma quantidade razoável de documentos importantes que, apesar de públicos, são de difícil acesso e volumosos. Entre eles, estão minuta de contrato, processo de licitação, rescisão contratual, contrato social de empresa, para citar apenas alguns. Fiz questão de disponibilizá-los na íntegra no arquivo da tese como forma de contribuir para torná-los mais acessíveis à comunidade científica e interessados em geral. No texto, eles são referenciados como Anexos. No entanto, isso gerou um arquivo imenso e pesado que dificultaria a existência deste livro se eu insistisse em fazer aqui o mesmo que pude fazer na biblioteca online da Universidade Federal de Sergipe. Assim, toda vez que vocês encontrarem referências a um Anexo da tese aqui no livro peço a gentileza de se dirigirem ao link https://ri.ufs.br/jspui/handle/riufs/14772. Vocês perceberão facilmente que a identificação dos Anexos, feita na tese por letras maiúsculas (A, B, C, D), foi preservada no livro da mesma forma e na mesma ordem. Desta maneira, ninguém deverá ter dificuldades para achar, no arquivo original contido no link acima, qualquer documento referenciado no livro. Eu sei, é chato. Se nota de fim de capítulo e fim de livro já são recursos que deveriam ser abolidos da face da terra, imagina, agora, uma autora que manda vocês lá para a... biblioteca online da Universidade Federal de Sergipe! Peço mil perdões. Foi a saída encontrada para esta edição. Aceito sugestões para os próximos encontros.

Feitas essas observações, espero que a jornada dessa leitura, não podendo ser prazerosa, seja ao menos capaz de reformular as questões que vêm sendo colocadas aos processos de privatização carcerária no Brasil. Acredito, afinal, que bem menos do que respostas, novas perguntas são realmente tudo que posso oferecer a quem decidir me acompanhar nesse percurso.

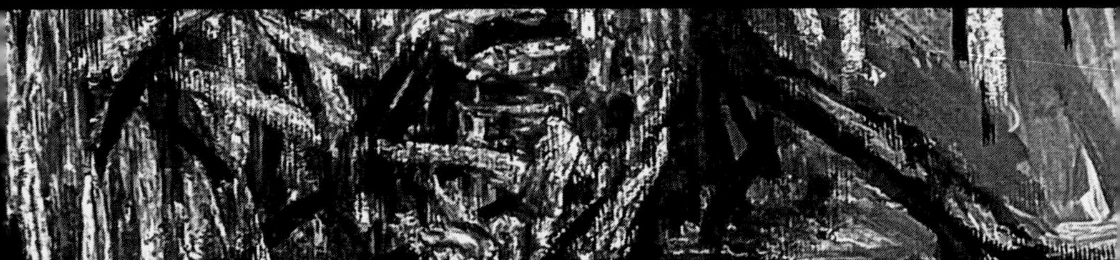

I

INTRODUÇÃO

MUITO ANTES de ser um projeto de doutorado, a tese que agora apresento foi um estado de perplexidade. Eu estava há muitos anos longe de Aracaju quando integrei um projeto temático financiado pela Fundação de Amparo à Pesquisa do Estado de São Paulo (FAPESP), no âmbito do Programa de Pós-Graduação em Ciências Sociais da Pontifícia Universidade Católica de São Paulo (PUC-SP), e coube-me fazer um levantamento a respeito das empresas que atuavam no mercado do encarceramento brasileiro. O ano era 2011 e o resultado parcial desta pesquisa foi publicado nos anais do XXVI Simpósio Nacional de História (organizado pela Associação Nacional dos Professores Universitários de História - ANPUH), realizado na Universidade de São Paulo (USP). Naquela época, eu visitava Aracaju, cidade onde nasci e na qual resido atualmente, duas vezes por ano. Por isso, o fato de ter descoberto apenas em 2011, por meio de uma pesquisa acadêmica, que havia uma unidade prisional privatizada no bairro Santa Maria foi uma grande surpresa.

Durante anos, a grande questão que carreguei comigo foi entender como a privatização de uma prisão em Aracaju se tornou possível, especialmente porque ninguém parecia saber que ela existia, ou, se sabia, não se falava sobre. E quando digo ninguém, refiro-me, além das pessoas do meu convívio cotidiano — família, amigos, vizinhos —, aos pesquisadores da Universidade Federal de Sergipe (UFS), pelo menos ali, onde eu me situava, entre o Direito, área da minha graduação, e a Sociologia, programa no qual iniciei a pesquisa de doutorado, no já longínquo 2016.

Da mistura de curiosidade e estupefação, temperada pelo silêncio reinante acerca do Complexo Penitenciário Advogado Antônio Jacinto Filho (COMPAJAF), surgiu esta tese. Como foi possível a privatização de prisões em Sergipe? Quando esta pesquisa começou, existia uma unidade privatizada no estado, hoje, são três. Trata-se, portanto, de uma experiência vitoriosa do ponto de vista de seus idealizadores e gestores.

A minha perplexidade e incômodo se tornaram objeto de pesquisa a partir da observação de análises acadêmicas e demandas de movimentos sociais que apontavam para a privatização como uma política de desumanização, ao passo que o discurso das empresas atuantes no setor carcerário era justamente o de humanizar as prisões. Haveria, portanto, uma disputa sobre o que significa humanizar as prisões. Quais as continuidades e rupturas entre concepções que se afirmam antagônicas? Mais do que isso: quais as diferenças de procedimentos, rotinas e posturas da gestão exclusivamente estatal para uma gestão compartilhada, onde a iniciativa privada é responsável pelo funcionamento ordinário da prisão, como é o caso do COMPAJAF? E para qual dos sentidos de humanização elas apontam? Seria possível afirmar que uma gestão humanizada da prisão é um movimento redundante, já que a própria instituição emergiu como principal forma de pena no ocidente justamente enquanto projeto de humanização do suplício?

Ao tentar responder todas essas perguntas a partir de oposições formais, meros antagonismos, acabaram me conduzindo a um beco sem saída, pois humanizar as prisões, ao mesmo tempo, se dizia sobre melhorar as condições de higiene nas unidades prisionais e sobre incrementar os dispositivos de vigilância. Humanizar vinha do próprio caráter histórico-político da instituição e, também, das lutas de defensores dos direitos humanos. Da mesma forma, humanizar foi a promessa do setor privado na gestão prisional. Simplesmente descartar o discurso empresarial, num jogo de aparência versus essência, mostrou-se inviável nas primeiras idas a campo. Isso se deu porque parte das reivindicações que constituíam as demandas de humanização de movimentos sociais de direitos humanos em décadas anteriores estavam, de alguma forma, atendidas no COMPAJAF. Decidi, assim, tomar como horizonte metodológico o que Michel Foucault chamou de lógica da estratégia:

> *(...) o que é preciso ter bem presente é que a heterogeneidade nunca é um princípio de exclusão ou, se preferirem, a heterogeneidade nunca impede nem a coexistência, nem a junção, nem a conexão. Digamos que é precisamente aí e nesse gênero de análise que se faz valer, que é necessário fazer valer, sob pena de cair no simplismo, uma lógica que não seja a lógica da dialética. Por que a lógica*

> *dialética, o que é? Pois bem, a lógica dialética é uma lógica que põe em jogo termos contraditórios num elemento do homogêneo. Proponho substituir essa lógica da dialética pelo que chamarei de lógica da estratégia. E uma lógica da estratégia não faz valer termos contraditórios num elemento do homogêneo que promete sua resolução numa unidade. A lógica da estratégia tem por função estabelecer quais são as conexões possíveis entre termos díspares e que permanecem díspares. A lógica da estratégia é a lógica da conexão do heterogêneo, não é a lógica da homogeneização do contraditório (FOUCAULT, 2008b, p. 58).*

Em 2015, o Supremo Tribunal Federal (STF) declarou que o sistema carcerário brasileiro vive em um estado de coisas inconstitucional, ou seja, de "violação generalizada e sistêmica de direitos fundamentais; inércia ou incapacidade reiterada e persistente das autoridades públicas em modificar a conjuntura; transgressões a exigir a atuação não apenas de um órgão, mas sim de uma pluralidade de autoridades" (SUPREMO TRIBUNAL FEDERAL, 2015, p. 1). Esta forma jurídica de constatar um estado de crise permanente, apesar de não ter a consequência esperada de desencarcerar um grande número de pessoas, serve, à análise sociológica, para apresentar a crise como constitutiva do sistema carcerário. Por isso, a lógica da estratégia foucaultiana me foi tão útil, pois trabalhar sobre a crise é, sobretudo, compreender como termos díspares e antagônicos de uma mesma realidade reagem uns sobre os outros para produzir um determinado equilíbrio, sempre precário.

A gestão desta crise, portanto, é o que está em jogo quando se fala de humanizar as prisões. Para compreender de que maneira o setor privado operacionaliza um modelo de gestão compartilhada com o Estado a partir do qual se fala em humanização, foi que adentrei o COMPAJAF. Como é praticamente regra nas pesquisas sobre prisão no Brasil, tornou-se necessário compor etnografia e pesquisa documental, além de recorrer a dados estatísticos oficiais e midiáticos. Isso deriva tanto de o universo prisional ser fechado e sua abordagem demandar várias formas de adentrá-lo para se chegar a um mínimo de consistência na análise quanto da situação precária dos pesquisadores brasileiros nos últimos anos, solo árido do qual esta pesquisa emergiu.

No primeiro capítulo, situei minha chegada ao campo de pesquisa, as escolhas que fiz, especialmente, a de etnografar a própria gestão e não os sujeitos que ela submete, bem como apresentei aspectos gerais da prisão, da empresa administradora, do contrato com o estado de Sergipe, e da minha perspectiva como pesquisadora. Nas diversas vezes que conversei com outros pesquisadores sobre meu trabalho, recebi a demanda de expor o máximo de informações a que tivesse acesso, uma vez que pesquisas dentro de unidades prisionais privatizadas ainda são poucas no Brasil, embora tenham crescido os trabalhos sobre modelos de privatização ou questões jurídicas pertinentes. Tomei como propósito não só no primeiro capítulo, mas ao longo do trabalho, uma certa exigência descritiva e de documentação sobre a cogestão prisional, que é a forma da privatização em Sergipe. Entendi que a demanda se justifica, inclusive, porque não há um arquivo aberto ao público que se possa consultar sobre as prisões sergipanas. Assim, também nos anexos à tese, procurei, de alguma forma, viabilizar o acesso às fontes documentais que pude recolher.

O segundo capítulo é sobre os agentes prisionais da iniciativa privada. Entre eles encontram-se os verdinhos, forma pela qual são chamados os monitores de ressocialização da empresa Reviver Administração Prisional Eireli. A alcunha deriva da cor de seus uniformes e suas funções são de operacionalização de rotinas prisionais que vão desde a abertura e fechamento de celas ao acompanhamento dos presos em trânsito dentro das dependências do COMPAJAF. Cabem também a eles ações do que a empresa chama de hotelaria, como distribuição de vestuário e alimentação. Nesse grupo de agentes prisionais privados, incluí ainda as trabalhadoras do que foi denominado corpo técnico: enfermeiras, assistentes sociais, advogadas. Essas pessoas foram todas nas dependências da unidade, contemplando as várias funções exercidas na prisão: revista, emissão de carteirinha de visitação, controle de compras, atendimento ambulatorial, e o que um dia já se chamou de carceragem.

Questões como a forma de recrutamento da iniciativa privada e tensões com os agentes do Estado que também trabalham na unidade ocuparam quase todo o capítulo. A condição de emprego instável do trabalhador terceirizado, habitualmente suscitada para alegar eficiência administrativa, emergiu bastante matizada, seja porque, de um lado, essa instabilidade é compensada pelo sistema de indicações entre parentes e amigos — em campo, chamada de a questão da confiança —, seja porque, de outro lado, a rotatividade dos empregados dificulta apurações de eventuais maus-tratos ou tortura, reduzidos à conduta individual de alguém que "não tem perfil" para trabalhar na prisão.

Ainda no segundo capítulo, apontei a separação das funções dos terceirizados claramente marcadas pelo gênero. Enquanto os verdinhos são em maioria absoluta homens, às mulheres cabem as funções normalmente voltadas ao cuidado com saúde, educação, assistência social e jurídica, entre outras. O COMPAJAF, unidade prisional destinada à custódia de homens, reproduz assimetrias de gênero alocadas como segurança/masculino e cuidado/feminino entre os que trabalham nela. Essa observação me pareceu especialmente importante porque quase tudo que se chama de humanização das prisões está ligado à assistência desenvolvida, neste caso, por profissionais mulheres. A generificação da assistência aparece, assim, como uma dimensão da humanização dos cárceres.

Já no terceiro capítulo, procurei entender a gestão privada em seu caráter relacional a partir de outros sujeitos que possuem diferentes vínculos com a prisão. Os policiais penais, antigamente chamados de carcereiros e/ou agentes prisionais, que não possuem vínculo de emprego com a Reviver e trabalham na cogestão representando o setor público, demonstraram como característica marcante o que me pareceu ser uma rejeição formal ao setor privado combinada com um certo reconhecimento pragmático de que o COMPAJAF é uma unidade melhor para trabalhar. Apesar de não possuírem relação hierárquica, em termos jurídicos, com os verdinhos e demais empregados da empresa administradora, na relação cotidiana, a hierarquia dos agentes do Estado é clara. Trata-se de um grupo que recruta para a iniciativa privada e recruta dentro dos próprios quadros da secretaria competente, que são os que vão trabalhar no COMPAJAF. Caracterizei esses sujeitos como público-privados, uma vez que parte significativa do que se atribui à eficiência do setor privado deriva das relações que eles estabelecem em favor da cogestão.

O capítulo ainda aborda os conteúdos de entrevistas com um representante da sociedade civil organizada (Pastoral Carcerária) e com familiares de presos. O primeiro colaborou para a análise exposta desde o capítulo anterior de que há uma dimensão consensual que foi condição de possibilidade e permanência da gestão privada nas prisões sergipanas. Ao contrário do que é a orientação nacional da Pastoral Carcerária há décadas, o representante entrevistado considerou que a cogestão foi capaz de fazer do cárcere o que ele deve ser, numa referência à disciplina imposta. A ratificação da gestão privada por parte do responsável pela visitação da Pastoral no COMPAJAF me ajudou a responder algumas perguntas inicialmente elaboradas sobre a pouca (ou inexistente) resistência à privatização em Sergipe.

Das entrevistas com familiares de pessoas encarceradas, emergiu a gestão humanizada como métrica externa, indiferente e, por vezes, contrária, aos interesses de quem visita o COMPAJAF. As mulheres com quem falei em momento algum negaram que a chamada hotelaria da cogestão as desencarregou dos jumbos — grandes sacolas de comidas e itens de higiene — que são regra em outras unidades carcerárias. Tampouco que encontraram uma condição mais limpa das instalações. Disseram até mesmo que levar crianças para visitar os pais era preferível no COMPAJAF. No entanto, nada disso apareceu nas falas das entrevistadas como afirmação de que a prisão sob cogestão era mais adequada ou mais eficiente. Pelo contrário, tudo que consideravam realmente importante para amenizar a insuportabilidade da condição de encarcerado havia sido suprimido ou reduzido no COMPAJAF: dos cigarros às televisões. Com isso, as entrevistadas trouxeram à tona a impertinência da comparação entre modelos de gestão prisional que visa afirmar uma preferência. Assim, diagnostiquei que só muito circunstancialmente alguns aspectos podem ser piores ou melhores de uma prisão para outra, mas no conjunto da experiência das familiares de presos do COMPAJAF, o que se opõe à prisão é a liberdade, e não uma prisão melhor.

O quarto capítulo tem o objetivo de situar o COMPAJAF no mapa do encarceramento do Brasil e de Sergipe. O perfil das pessoas presas, das unidades prisionais e do mercado carcerário foram traçados de maneira que a justaposição entre eles pode oferecer uma localização geopolítica, social e econômica da unidade pesquisada. Afinal, o COMPAJAF está situado num contexto nacional de encarceramento massivo de pessoas negras e pobres, mas é necessário acrescentar que também se localiza num estado da federação que tem a quarta maior taxa de aprisionamento de pessoas negras do país, assim como índices exorbitantes de prisões provisórias.

Como o mapa da privatização feito nesse capítulo pode mostrar, foi no Norte e no Nordeste do Brasil que o mercado prisional se expandiu. Este processo já ultrapassa uma década e praticamente não existem dados consolidados, seja no Ministério da Justiça e Segurança Pública, no terceiro setor ou nas universidades públicas. Embora não se possa traçar uma relação de causa e efeito, talvez se possa afirmar que o fato de o mercado prisional ter se alastrado nas regiões mais pobres do país — quando a Parceria Público-Privada de Ribeirão das Neves (MG) foi inaugurada, em 2012, em Sergipe já estávamos no terceiro ano de cogestão, para dar apenas um exemplo — esteja relacionado a um grande silêncio e vazio de dados a respeito da privatização do sistema carcerário.

No quinto e último capítulo, tratei mais dos instrumentos teóricos que me permitiram ler o processo de privatização das prisões em Sergipe. Desde o começo desta pesquisa, carreguei a sensação de que existe uma defasagem analítica baseada na oposição entre privatização e humanização das prisões. A tese é fruto dessa sensação que surgiu no exato momento em que o campo de pesquisa me mostrou que a iniciativa privada pode, embora não necessariamente o faça, capturar e cumprir algumas das demandas por humanização das prisões, das instalações ao fornecimento de alimentação, do vestuário ao ambulatório médico. Isto porque, no Brasil, estas demandas por humanização se concentraram em aspectos como reduzir a superlotação e a insalubridade das instalações. Assim, humanizar confundiu-se com higienizar o encarceramento e, neste sentido, a iniciativa privada não é incompatível com a demanda de humanização.

A partir do conceito de governamentalidade, procurei demonstrar que a estratégia punitiva neoliberal opera termos contraditórios para se expandir, de maneira que a "prisão modelo", seja ela administrada pelo setor público ou pelo privado, não tem como objetivo extinguir a "prisão masmorra", mas produzir novos castigos, classificações etiológicas, recompensas, negociações, que só podem existir em razão da oposição que uma faz à outra. De certa forma, o que procurei fazer foi analisar não como um ou outro modelo de gestão produz rotinas, procedimentos, cotidianos, mas como a prática da gestão carcerária é racionalizada numa oposição entre público e privado que limita o horizonte do debate sociológico, histórico e político a indicadores de higienização do encarceramento e, com isso, obscurece questões relativas à função estratégica da prisão no governo sobre a população.

> *(...) optar por falar ou partir da prática governamental é, evidentemente, uma maneira explícita de deixar de lado como objeto primeiro, primitivo, dado, um certo número de noções, como, por exemplo, o soberano, a soberania, o povo, os súditos, o Estado, a sociedade civil – todos esses universais que a análise sociológica, assim como a análise histórica e a análise da filosofia política, utiliza para explicar efetivamente a prática governamental (...) gostaria de partir dessas práticas concretas e, de certo modo, passar os universais pela grade dessas práticas (FOUCAULT, 2008a, p. 5).*

No caso da prisão sob administração privada, inclusive, ela tanto pode ser o território de massacres carcerários, como ocorreu em Manaus há alguns anos, quanto a marca da modernização dos procedimentos e rotinas, como ocorre com o COMPAJAF. Entretanto, opositores da privatização costumam focar apenas na primeira possibilidade, e é por isso que um trabalho assentado em Sergipe pode contribuir para o acúmulo de um repertório mais complexo sobre o mercado do encarceramento, pois o que encontrei em campo foi uma prática mais ou menos higienizada da privação de liberdade com incremento dos dispositivos de vigilância, disciplina e controle.

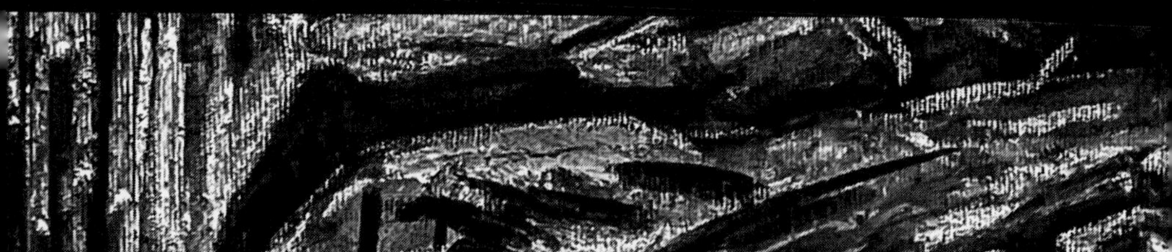

II

A DOIS PASSOS DO PARAÍSO: PERCURSOS DE CAMPO

NO OUTONO DE 2018, apresentei um trabalho no Seminário Nacional de Sociologia da UFS que pode ser lido como efeito da minha estupefação a respeito das condições de possibilidade da pesquisa de campo que eu havia iniciado no final do ano anterior.

Naquele momento, meu acesso ao campo — uma unidade prisional localizada na periferia de Aracaju — não se parecia em nada com o que eu já havia lido nas etnografias de outros pesquisadores. Apesar de conseguir expressar meu incômodo, eu ainda não encontrava uma chave de leitura satisfatória para o fato de que entrar no Complexo Penitenciário Advogado Antônio Jacinto Filho (COMPAJAF) me parecia simplesmente fácil demais para não ser um problema.

À época do evento, algumas explicações meramente teóricas se avizinhavam do problema e foi com elas que segui até que o próprio campo oferecesse algo melhor, ainda que nada pudesse, ali e então, garantir que isso ocorreria. Na verdade, a chave que eu procurava já estava no meu diário de campo e eu ainda não conseguia vê-la. Afinal, como eu havia chegado àquele ponto ermo do bairro Santa Maria e, sem maiores protocolos além de um telefonema prévio, gravado mais de uma dezena de entrevistas?

Enquanto relia etnografias em que o acesso ao campo pelos pesquisadores ocorreu a partir da condição de visitante de algum familiar preso[3] ou como membro de organização da sociedade civil com atuação consolidada dentro das prisões[4], minha experiência de inserção entre aqueles muros, grades e arames retorcidos se dera exclusivamente baseada na identificação como pesquisadora. No entanto, à diferença dos trabalhos de colegas que também acessaram o campo simplesmente como pesquisadores, eu não contava com o respaldo de uma tradição

3. Condição de acesso da pesquisadora Karina Biondi em BIONDI, 2010.

4. Condição de acesso do pesquisador Rafael Godoi em GODOI, 2017.

institucional de pesquisa no âmbito da sociologia das prisões que me cacifasse para negociar a entrada na unidade carcerária[5].

A referência às etnografias de outros pesquisadores não faço aqui como forma de preterir um ou outro modo de acesso ao campo. Todos eles são parte do percurso que trilhei para afirmar o meu próprio modo de acesso e que se inscreve, tanto por seus limites quanto por suas potencialidades, na verve criativa que as pesquisas sobre as prisões brasileiras precisam alimentar para abordar as múltiplas dimensões dos discursos e práticas, saberes e poderes, que constituem o espaço carcerário.

Foi durante as aulas de direito e processo penal lecionadas em instituições de ensino superior privadas que o meu acesso ao campo começou a ser traçado. Ao me apresentar no início de cada semestre letivo e comentar brevemente minhas atividades de pesquisa, conheci estudantes implicados no cotidiano do COMPAJAF e que começaram a se aproximar, ao final de turnos exaustivos de dogmática jurídica, para comentar suas experiências e se oferecerem como mediadores da minha entrada na unidade prisional. Eram, invariavelmente, trabalhadores e trabalhadoras da empresa que administra a prisão.

Sem desconhecer a relação de autoridade impregnada na docência, especialmente no ensino jurídico, o que a princípio me deixou reticente quanto aos relatos espontâneos dos estudantes, decidi realizar uma primeira entrevista, de caráter exploratório, para tentar entender e me situar diante da oferta de acesso ao campo que se apresentava naquele momento. Desta primeira entrevista, realizada nas dependências da instituição de ensino em que eu trabalhava, desdobraram-se mais duas, por indicações sequenciais dos próprios entrevistados, e que passaram a incluir também trabalhadores do setor público que atuavam no COMPAJAF, segundo o regime de cogestão ali vigente.

Nessas três incursões exploratórias, apenas um dos entrevistados era meu aluno, o que ajudou a sopesar a influência da relação de autoridade previamente estabelecida entre entrevistadora e entrevistado e que, posteriormente, o próprio campo mostrar-me-ia não ser tão fixa quanto eu pressupunha. Foi

5. Condição de acesso da pesquisadora Camila Dias em DIAS, 2013.

a partir da indicação e agendamento feitos por este mesmo aluno que pus os pés na área interna do COMPAJAF pela primeira vez para me dirigir ao então diretor da unidade, na condição de entrevistado, uma opção pelo respeito à hierarquia institucional que me foi orientada nas entrevistas exploratórias como forma de garantir meu acesso contínuo ao local, o que, de fato, ocorreu.

Mas esta breve descrição de como cheguei ao campo tem por objetivo apenas situar o que hoje me parece ser a categoria que nomeia, dá forma e sentido a esse acesso. Ela emergiu como a maneira que os sujeitos empregados pela iniciativa privada descreviam seus processos de seleção e contratação. Como pude perceber ao longo da pesquisa, quanto mais trabalhadores e trabalhadoras do COMPAJAF eu abordava, mais relações de parentesco, seja consanguíneo, por afinidade ou consideração, surgiam entre os entrevistados. A isto, chamavam questão da confiança.

Ao contrário do que pensei quando ouvi pela primeira vez, a questão da confiança como elemento de recrutamento em que um parente ou amigo indica o outro para ser aprovado em um processo seletivo, não se trata de um eufemismo para algo considerado moralmente repreensível. Pelo contrário, os sujeitos que enunciam a questão da confiança o fazem no sentido de ressaltá-la em dois aspectos: 1) sua própria qualificação profissional; 2) uma exigência do trabalho na prisão.

Uma vez que essa categoria emergiu do campo e atravessará o trabalho, aqui me dedico a pensá-la como minha própria condição de possibilidade naquele espaço, pois ela explica a "facilidade" que encontrei para passar pelo portão principal, ao mesmo tempo em que colegas pesquisadores enfrentavam demandas por ofícios e justificativas, e dependiam da aprovação da Secretaria de Estado da Justiça, do Trabalho e de Defesa do Consumidor (SEJUC) para pesquisar em outras unidades prisionais.

Quando retraço minha chegada ao COMPAJAF hoje, percebo que a questão da confiança foi fundamental para que eu pudesse transitar naquele espaço sem exigência sequer de solicitação formal junto à administração. Nunca escrevi um ofício, jamais me foi requisitada qualquer contrapartida institucional da universidade que certificasse minha condição de pesquisadora. No entanto, lá eu estava, recrutada pela questão da confiança, mais ou menos como os sujeitos de pesquisa que me franquearam o acesso à unidade. De certa forma, na primeira entrevista exploratória, não era a única a explorar as possibilidades de uma relação de pesquisa. Enquanto minha atenção se voltava para os limites da hierarquia entre professora e aluno, eu estava sendo avaliada pelo critério da questão da confiança.

Tudo isso deve parecer demasiado óbvio para cientistas sociais habituados a etnografias, afinal, uma relação de confiança sempre precede ou é elaborada entre sujeitos de pesquisa. O que me parece notável neste caso é que a questão da confiança não é redutível à habitualidade etnográfica por, pelo menos, duas razões. A primeira é que ela é uma enunciação dos sujeitos de pesquisa para designar seu próprio processo de contratação pela empresa gestora da unidade. A questão da confiança é o que melhor define a entrada deles mesmos na prisão que, em todo caso, é anterior a esta pesquisa e vai muito além dela. É parte de seus currículos e, em linhas gerais, consiste em uma espécie de modulação entre lícito e ilícito, dentro e fora, visível e invisível, público e privado.

A segunda razão de distinção do status geral de confiança que toda pesquisa exige é que esta modulação, quando voltada para a minha condição de pesquisadora, permitiu que eu também trabalhasse dentro da prisão, recolhendo entrevistas que poderiam ter sido feitas fora daquele espaço, a exemplo da primeira. A questão da confiança deu-me acesso aos sujeitos, e também à observação das rotinas da própria unidade prisional, porque os(as) trabalhadores(as) da iniciativa privada queriam falar, fosse para demonstrar sua adesão à política de humanização das prisões proposta pela empresa, fosse como possibilidade de expor as fraturas desta mesma política.

A partir do momento em que reconheci que a "facilidade" de acesso à prisão se inscrevia como questão da confiança, todo meu trabalho foi atravessado pelas indagações incômodas que opus a mim mesma: o que em mim havia mobilizado a questão da confiança? O que a pesquisadora, como vaso comunicante, pode realmente comunicar? O que pretendiam me mostrar, aqueles sujeitos, que se tornaram minhas garantias de acesso à unidade perante seus superiores hierárquicos? E o que pretendiam esconder? Não tenho a ilusão de que a tese possa esgotar essas questões, mas o trabalho feito aqui foi reorientado a partir delas, em dois grandes movimentos.

Em primeiro lugar, abandonei qualquer intenção de apresentar um grande segredo sobre o funcionamento da gestão privada do cárcere. Há uma expectativa gerada sobre quem escreve a respeito das prisões de que se revele alguma verdade inacessível para quem está do lado de fora dos seus muros. Descrever o funcionamento da gestão privada do COMPAJAF, tão mais exaustivamente quanto possível, tornou-se meu objetivo, menos interessada numa oposição entre aparência e essência, e mais no que se pode comunicar por meio de palavras, gestos e relações. Assim que me coloquei destituída do propósito de "revelar segredos", o acesso à prisão e ao seu funcionamento ordinário começaram a ser construídos. Nisto consistiu a questão da confiança quando me foi dirigida na condição de pesquisadora. Durante as entrevistas, foram demarcados os aspectos cotidianos, explícitos, regulares e rotineiros do trabalho dos sujeitos da pesquisa. Com isso, pude afastar da pesquisa suspeitas de que se tratasse do denuncismo mais vulgar e corriqueiro das mídias — quase sempre em busca de algo escondido — e que poderia comprometer a questão da confiança.

A seguir, redimensionei quais seriam os sujeitos da pesquisa. Se a condição de acesso era a questão da confiança dos trabalhadores e trabalhadoras da iniciativa privada, seriam eles e elas que iriam me dizer sobre o que se tornou a prisão com a sua própria chegada ao universo tradicionalmente governado pelo setor público. Esta decisão se baseou ainda em dois outros fatores, sendo o primeiro um ganho em heurística para o trabalho, e o segundo uma perspectiva ética.

Como destacam os pesquisadores do universo carcerário que se dedicaram a pensar o sujeito agente prisional, a prisão não existe em razão deste, mas daquele que está preso (TAETS e SABAINI, 2011). Muito por conta disso, são poucas as pesquisas que se dedicam a compreender o funcionamento da prisão a partir da figura do agente prisional. Em especial, agora, com a inserção dos gestores privados na administração carcerária, o agente penitenciário já não é mais apenas o funcionário público que goza de estabilidade jurídica e, bem ao contrário, é na ausência deste tipo de estabilidade que muito se ancora a iniciativa privada para fazer seu discurso de eficiência administrativa.

Assim, quando percebi que o meu acesso àquele espaço prescindiu de maiores formalizações também porque era uma forma de um setor pouco estudado do universo prisional tentar comunicar sobre seu trabalho, rotina e relações, decidi que seria a partir dos olhares deles e delas que faria a exploração do campo. Este, espero, seja o ganho heurístico da pesquisa, que levou em consideração também um quadro mais amplo de produção acadêmica, e que diz respeito às pesquisas sobre trabalhadores terceirizados de qualquer setor no estado de Sergipe.

Conforme demonstrou Adriana Marcolino, em dissertação defendida na Universidade de São Paulo em 2019, entre 1995 e 2016, consta apenas uma pesquisa sobre relações de trabalho terceirizadas no banco de teses e dissertações da CAPES realizada na Universidade Federal de Sergipe (2019, p. 69). E embora esta tese não seja sobre trabalho terceirizado, mas sobre a reestruturação das prisões a partir da gestão privada, espero poder contribuir para a visibilidade dos sujeitos terceirizados no âmbito acadêmico em que me insiro.

No que se refere à perspectiva ética, no campo da sociologia da violência e/ou das prisões, junto-me a Adalton Marques na compreensão de que talvez tenha chegado o tempo de não mais transformarmos pessoas presas em objeto de estudo, mas alçá-las "à condição de companheiros de pensamento" para que possam nos ajudar a nos livrarmos de nossas prisões conceituais (2018, p. 187). Recuso, assim, a tradição sociológica de fazer as pessoas presas falarem, traduzir suas falas em termos científicos e entregá-las de bandeja para serem objetos de infindáveis redimensionamentos do controle penal.

Cito como exemplo de pesquisas que promovem esses redimensionamentos, as recentes tentativas de se expor as estratégias de organização dos presos por meio de uma produção acadêmica comprometida com órgãos de persecução penal. Boa parte da sociologia das prisões hoje se destina a consolidar a noção de crime organizado (DIAS e MANSO, 2018) que, por sua vez, hipertrofia as agências de controle. Como o efeito mais imediato do "combate ao crime organizado" é a intensificação de violências institucionais — da polícia, do Ministério Público, do Judiciário e da administração carcerária — instaura-se uma tautologia conveniente aos sociólogos da violência, que passam então a denunciar os abusos de poder do sistema de justiça criminal.

É verdade também que existe um caminho aberto por pesquisadores que "têm se esforçado para enfatizar a potência analítica e política das pessoas que sofrem os investimentos do sistema penal" (MARQUES, 2018, p. 186) e cujas pesquisas etnográficas se distanciam do colaboracionismo ao controle penal. Destaco aqui, além do próprio Marques, a etnografia do Primeiro Comando da Capital (PCC) tecida por Karina Biondi (2010), que afasta as compreensões corriqueiras de que a organização dos presos pode ser explicada tão somente por uma grande pirâmide de posições fixas de poder, como querem fazer-nos acreditar os infográficos da imprensa e as denúncias do Ministério Público.

No entanto, tampouco sigo o caminho trilhado por estes pesquisadores empenhados em construir outras leituras possíveis sobre a população encarcerada. Reconheço a importância dos seus trabalhos para a existência desta tese, mas entendi que, às vezes, a melhor companhia para o pensamento é a que permite e preserva o silêncio. Algo que a sociologia das prisões costumar silenciar em suas etnografias com sujeitos presos é que eles estão em situação de tortura, pois privação de liberdade, independente das abstrações da legalidade e da legitimidade, é uma forma de infligir intenso sofrimento físico e psíquico à outra pessoa. A tortura não é episódica, mas constitutiva do cárcere e, sendo assim, é necessário questionar até que ponto convocar um preso a falar não produz confissões úteis ao incremento do flagelo do entrevistado, ainda que de forma mediata. Com isto, não pretendo opor uma objeção peremptória às etnografias com pessoas encarceradas, pois penso que cada pesquisador(a) tem condições de avaliar, a partir das variáveis do campo, qual o sentido de fazer o preso/torturado falar e em que medida contribuirá para a denúncia e superação da tortura ou para seu funcionamento.

No caso do COMPAJAF, a gestão privada produziu um incremento significativo de controles, seja pela presença constante de meios de captação de imagem e som (câmeras), seja pelo aumento do efetivo de agentes prisionais, que fez com que a unidade atingisse a marca de aproximadamente um funcionário a cada três presos. Desta maneira, avaliei que a forma de me fazer companheira de pensamento dos que são cotidianamente torturados pela prisão era voltar meu olhar para outros sujeitos que habitam o campo de pesquisa e que poderiam me ajudar a compreender as dinâmicas de funcionamento, não dos presos e suas estratégias de sobrevivência, mas da gestão prisional privada que os submete.

Os sujeitos de pesquisa que estou chamando aqui de agentes prisionais da gestão privada não ocupam somente as funções de agente prisional em sentido estrito, isto é, não são apenas carcereiros, ou ainda, em terminologia juridicamente atualizada, monitores de ressocialização, aqueles e aquelas que guardam os portões e as grades, operam a vigilância, o monitoramento e a disciplina interna na unidade. São também assistentes sociais, advogados, enfermeiros, administradores. No entanto, para efeitos desta análise, todos os trabalhadores e trabalhadoras serão também considerados agentes prisionais, uma vez que mobilizam o cotidiano da prisão, agenciam suas relações e empregam ali energias criativas e inteligência para além do mero cumprimento de ordens.

Em que pese à condição de trabalhadores e trabalhadoras, vinculados à gestão por meio de um contrato, destaco também que esta não é uma análise no campo da sociologia do trabalho, mas da sociologia das prisões. Ressalto isto porque, embora o trabalho componha o cotidiano prisional dos agentes, o que se busca alcançar, por intermédio de suas falas e olhares, é o funcionamento da gestão privada, e mais especificamente, como essa gestão se relaciona com os conteúdos, pautas, discursos e práticas historicamente compreendidos como humanistas ou humanizadores.

Foram ouvidas nove pessoas na condição de agentes prisionais da iniciativa privada. O método empregado foi a realização de entrevistas de profundidade, primeiramente orientadas por questões relativas à trajetória pessoal e profissional que levaram à contratação pela empresa Reviver Administração Prisional Privada Eireli, ao que se seguiram questões sobre a experiência na unidade carcerária, a relação com a empregadora, os agentes do estado, os familiares dos presos, a vida do lado de fora, dentre outras que emergiram da singularidade de cada entrevistado.

Durante as incursões no COMPAJAF, além dos nove entrevistados cujo vínculo jurídico com a prisão se dá na qualidade de empregados da empresa privada, pude me deparar com uma figura híbrida que foi significativa para pensar a cogestão para além da forma contratual: um agente prisional do setor público (relação jurídica) que prestava consultoria ao setor privado e mediava os próprios termos da contratação da empresa privada (relação política). Este sujeito trouxe uma chave explicativa da condição do agente prisional que pode ser lida com um duplo deslocamento — ao mesmo tempo do próprio sujeito e da fronteira macrossociológica entre público e privado — que, por sua vez, consiste em uma das principais características da governamentalidade neoliberal, conforme será explicitado no capítulo dedicado a esse conceito.

A descoberta dessa relação ambígua, protagonizada por um sujeito que juridicamente se define como funcionário público, mas que faz consultoria à empresa gestora do COMPAJAF, colocou a necessidade de ouvir funcionários públicos que trabalham na cogestão. Para tanto, foram realizadas outras três entrevistas. Compreendi que caberia na tese a análise da condição de agente prisional que não se define somente pelo vínculo jurídico, e que guarda com a empresa gestora da unidade uma relação de trabalho em sentido mais amplo, ou seja, de desempenho de funções para o funcionamento e manutenção da prisão. Com isto, busquei demonstrar como o agente prisional que é funcionário público, ora se confunde com os trabalhadores da iniciativa privada, ora se diferencia deles, e quais marcadores mobilizam essas continuidades e rupturas.

Por compreender que ajudaria a contrastar com as leituras dos agentes prisionais sobre suas próprias funções e rotinas, entrevistei, por fim, pessoas que frequentam a prisão na condição de familiares e representantes da sociedade civil organizada, no caso da Pastoral Carcerária. Foram quatro entrevistas deste tipo que, diferentemente das anteriores, investigaram as mudanças inseridas na experiência destas pessoas com a prisão, a partir da privatização e por meio das relações com os agentes prisionais. Estas entrevistas foram realizadas fora da unidade, nas residências de cada um dos entrevistados, para que não ocupassem tempo de suas visitações regulares.

Desta forma, divididas em 2 capítulos, estão as 17 entrevistas realizadas na tessitura do trabalho de campo, com intuito de analisar as práticas carcerárias de agentes privados em relação ao paradigma humanista que prevalece nas elaborações da sociologia das prisões, não raro apontado como grande antagonista do encarceramento em massa e dos processos de privatização.

À pesquisa etnográfica, somou-se a pesquisa documental dos termos contratuais entre a Reviver e o estado de Sergipe que, na medida do possível, constam como anexos deste trabalho[6]. O tamanho de determinados documentos, como o processo licitatório para escolha do gestor privado, dificulta a disponibilização do que foi obtido, de forma que optei por recortá-los de acordo com os objetivos da tese. Estes documentos foram obtidos mediante ofício enviado à SEJUC, baseado na Lei de Acesso à Informação — Lei n° 12.527/2011, pois embora os conteúdos dos contratos sejam públicos, estes documentos não estão em arquivos abertos ao público.

As entrevistas foram todas realizadas entre 2017 e 2019, em intervalos irregulares, próprios de uma pesquisa autofinanciada e realizada a partir da condição de trabalhadora que reivindico como constitutiva deste trabalho. Do Distrito Industrial de Aracaju, peguei o ônibus Paraíso Sul[7]. Na lateral do veículo, lia-se: penitenciária — final de linha. Que o paraíso terminasse onde começa a prisão sempre me pareceu muito significativo, mas antes de chegar ao ponto final, convido os leitores a uma visão panorâmica do ambiente.

2.1 A PRISÃO

O Complexo Penitenciário Advogado Antônio Jacinto Filho (COMPAJAF) foi inaugurado em 2009 e, desde então, é gerido pela empresa Reviver Administração Prisional Eireli. Localizado no bairro Santa Maria, na Zona Sul de Aracaju, capital de Sergipe, o COMPAJAF possui estrutura original para comportar 476 presos, confor-

6. Como apontado no prólogo, os anexos podem ser acessados na pesquisa original. Disponível em: https://ri.ufs.br/jspui/handle/riufs/14772

7. Quando vi a identificação do ônibus que leva ao COMPAJAF ("Paraíso Sul"), lembrei imediatamente do trabalho da professora Ana Flauzina, que contém este verso como um subtítulo. Pensei que muitos são os caminhos que desembocam nestas páginas, das ruas de Aracaju e também da criminologia. Decidi, deliberadamente, repetir o subtítulo, na esperança de que funcione também como homenagem.

me Projeto Básico apresentado para a Concorrência 005/2009 (Anexo A), da qual resultou o contrato de terceirização[8] para o gerenciamento da unidade carcerária.

Conforme se lê no Plano Diretor do Sistema Penitenciário do Estado de Sergipe, a construção do COMPAJAF, então em andamento, correspondia à meta de suprir aproximadamente 50% de um alegado déficit de vagas prisionais no estado (ESTADO DE SERGIPE, 2008, pp. 22-23). Neste mesmo documento, não há menção ao contrato de terceirização que se realizaria no ano seguinte. Disto, é possível concluir que o COMPAJAF foi construído exclusivamente com recursos públicos (parceria entre o estado de Sergipe e o Governo Federal).

De acordo com o Projeto Básico, as 476[9] vagas prisionais do COMPAJAF estão distribuídas em 3 pavilhões (A, B e C), cada um com 144 presos distribuídos por dois pisos (72 no inferior e 72 no superior). Cada cela encarcera até 4 pessoas. Além destas vagas, existem ainda 32 destinadas ao seguro[10] e 12 à triagem, setor de recepção dos presos ao chegarem à unidade.

Estes números, apresentados em 2009, sofreram significativa alteração ao longo dos anos em decorrência de aditivos contratuais aos quais não consegui acesso, mas que foram mencionados nas entrevistas de dois gerentes operacionais da unidade: trata-se de uma autorização formal do estado de Sergipe para aumentar em 25% a capacidade de encarceramento sem a realização de qualquer reforma na estrutura. Ou seja, o aditivo autoriza que onde inicialmente cabiam 476 passem a caber até 595 presos. Durante minhas idas a campo, o total de pessoas presas no COMPAJAF chegou a 580, segundo os entrevistados. Ao passo que, aproximadamente 257 funcionários da Reviver

8. Nos documentos oficiais de contratação, ora encontra-se "terceirização", ora "cogestão", para se referir ao modelo de gestão instituído. Neste trabalho, utilizarei as duas expressões como sinônimas.

9. Há uma pequena variação entre os documentos oficiais. No Plano Diretor, de 2008, constam 472 vagas, mas no contrato de terceirização, o total apresentado são 476. Em algumas entrevistas, também apareceu o número 474. Neste trabalho, vou utilizar o valor constante no contrato, ou seja, 476.

10. Setor de 8 celas onde ficam os presos que correm risco de morte na unidade se forem mantidos em convívio com os demais encarcerados.

trabalham no local, entre monitores de ressocialização, assistentes sociais, enfermeiras, e outros.

O tipo de superlotação do COMPAJAF é condizente com os termos da Resolução n° 005/2016, do Conselho Nacional de Política Criminal e Penitenciária (CNPCP), órgão vinculado ao Ministério da Justiça, que autoriza as unidades brasileiras a funcionarem com até 137,5% de superlotação, o que significa que em celas onde cabem até 8 presos, podem ser colocados até 11 sem que isso viole o princípio da humanidade das penas, inscrito no art. 5°, inciso XLVII, da Constituição Federal (BRASIL, 2016). Essa maneira de acomodar a superlotação em termos formais, que supostamente não caracteriza a crueldade vedada pela Constituição na aplicação de penas, é mais uma maneira de reafirmar que todo projeto de humanização das prisões corresponde à medida da sensibilidade dos reformadores, e do público em geral, que não se veem, um dia, ocupando uma daquelas vagas.

A construção do COMPAJAF compõe uma ampla reforma do sistema penitenciário sergipano que encontra seu marco principal na desativação da Casa de Detenção de Aracaju (CDA), unidade que era situada no Bairro América, bairro tradicional e populoso da cidade. Considerada "marco político da modernização dos aparelhos de confinamento prisional" (FAGUNDES, 2009, p. 38), a desativação foi assim descrita em pesquisa realizada no Programa de Pós-Graduação em Sociologia da UFS (PPGS-UFS):

> *A desativação da Casa de Detenção de Aracaju em quinze de fevereiro de 2007 foi uma operação soberba. Todas as formas de polícia e política presentes. A República Federativa do Brasil, em todos os seus poderes, ali representados. Da miséria humana às patentes. Dos jornalistas aos secretários de Estado. Dos helicópteros às algemas de plástico. Dos presos de pés descalços às galinhas que ficariam sem dono, até que um destino fosse imposto a ambos. Do prédio histórico da década de 1920, em estilo arquitetônico ainda preservado em sua fachada, ao moderno complexo penitenciário de segurança máxima previsto no layout do século vinte e um (IBID., p. 39).*

A prisão de segurança máxima a que Fagundes se refere é o Complexo Penitenciário Manoel Carvalho Neto (COPEMCAN), localizado na cidade de São Cristóvão, na grande Aracaju. À época de sua dissertação, a pesquisadora tinha razões para acreditar que o COPEMCAN, inaugurado em 2002, representava a modernização do sistema carcerário de Sergipe, pois presenciou os presos da CDA serem transferidos para São Cristóvão. Sobre o COMPAJAF, que começou a operar no ano que Fagundes defendeu seu mestrado, a autora explicitamente optou por deixá-lo de fora da análise. Em nota de rodapé, registrou:

> *Não incluímos neste estudo dados sobre o estabelecimento penal recém inaugurado no bairro Santa Maria, em Aracaju. Contudo, temos que ressaltar que houve comentários a respeito da construção de uma unidade prisional numa zona periférica e de acentuada pobreza na capital do estado. Isto foi objeto de algumas reações curiosas dos entrevistados, sendo que ouvimos o gracejo de um deles que nos falou: "se eu fosse preso lá, eu não tinha nem mudado de bairro, óia isso!'"(IBID., p. 48).*

O que não consta na pesquisa de Fagundes é que, no mesmo ano de inauguração do COPEMCAN, houve uma tentativa de terceirizar a gestão desta unidade, quando ela ainda se chamava Complexo Penitenciário da Grande Aracaju. Por meio de um contrato emergencial (ou seja, sem procedimento licitatório) de 6 meses, a empresa que 7 anos depois venceria a licitação para gerir o COMPAJAF — Reviver Administração Prisional LTDA — subscreveu o que foi, de fato, a primeira tentativa de gestão privada de unidade carcerária em Sergipe. No entanto, a terceirização do COPEMCAN não foi adiante com base na alegação de que o setor privado estava desempenhando funções de disciplina, o que é proibido pela Resolução n° 08/2002 do CNPCP, pois caracterizaria atividade-fim da administração pública. Acrescentou-se a isto a ocorrência de uma fuga de 10 presos e, assim, deu- se a rescisão apenas 3 meses após a assinatura do contrato (Anexo B).

Importa destacar que entre 2003, quando se deu a primeira tentativa de terceirização de unidade prisional, e 2009, quando a empreitada, enfim, vingou, não houve significativa mudança no que os tribunais entendem como atividade-fim e atividade-meio dentro da prisão. Esta separação circunscreve que as funções de disciplina, controle e segurança são atividades--fim do sistema carcerário, enquanto limpeza e alimentação, por exemplo, são atividades-meio, e assim, passíveis de terceirização. Este argumento, inclusive, é bastante mobilizado pelos agentes do Estado em defesa de suas funções, como mostram sucessivas publicações no site do sindicato da categoria (SINDPPEN, 2021).

Porém, como explicitou Michel Foucault em Vigiar e Punir (1999), as reformas penais não começam no âmbito jurídico, e o que autorizou a terceirização do COMPAJAF foi a alegada urgência de se pôr em funcionamento uma prisão que já estava construída, como mostra o trecho do Anexo C abaixo. É o fato consumado, a prisão construída, que autoriza a terceirização e, após o seu funcionamento, a compreensão jurídica sobre este tipo de possibilidade contratual do poder público, aos poucos traçadas para tornar aceitável o desempenho de atividades-fim pela iniciativa privada.

> *É bom lembrar que a construção da unidade do Santa Maria, teve início em maio de 2005, prevendo-se para a conclusão das obras o prazo de 180 (cento e oitenta) dias, ou seja, a obra deveria ter finalizado em janeiro de 2006. Todavia não o foi por questões várias (...). Durante todo este tempo, além da nossa preocupação em sanarmos os problemas afetos a infra-estrutura e segurança, aliou-se às nossas expectativas de entrega do empreendimento, a questão de como operacionalizar a unidade, como fazer funcionar, esta a mais angustiante, haja vista que nenhum planejamento herdamos neste sentido, notadamente no que diz respeito aos recursos humanos da área de segurança (ANEXO C, 2008, p. 5).*

Em 2007, quando os presos da CDA foram transferidos para o COPEMCAN, a unidade já possuía 1003 pessoas onde cabiam 800, de acordo com a pesquisa de Fagundes (2009, p. 48). Naquele momento, o estabelecimento penitenciário também recebia os presos das carceragens de delegacias da cidade, que estavam sendo desativadas. Em pouco tempo, o COPEMCAN passou a operar de forma similar à CDA, isto é, parafraseando Manoel Mendonça Filho, com o mínimo imaginável de "estado policial" para aquele tipo de estabelecimento (2009, p. 103). Ou ainda, nas palavras de um dos sujeitos de pesquisa que entrevistei, a partir da noção de que "(...) o estado perdeu o controle. O estado perdeu o controle. Vou até repetir pra gravar de novo: o estado perdeu o controle do COPEMCAN. Perdeu". A modernização foi, assim, adiada junto com a terceirização.

O sentido de modernização ao qual me refiro é o mesmo adotado por Fagundes e Mendonça Filho. Isto significa que entendo por modernização uma série de reformas em direção ao "tecnicismo obsessivo legalista" (MENDONÇA FILHO, 2009, p. 103) anotado pelos autores, que buscam incrementar o controle, a vigilância e o monitoramento dos presos, retirando-lhes algo que era visível na CDA e que, hoje, ainda pode ser encontrado no COPEMCAN: um governo relativamente autônomo do tempo e do espaço exercido pelos próprios encarcerados.

> *Voltemos à CDA. Ajuntamento de até 680 corpos em uma ruída estrutura construída para abrigar 150. Às dezoito horas, os agentes sinalizavam o momento de recolhimentos às alas. Bastava alguma gesticulação para que os mais distantes do portão principal e os mais alheios à rotina vazia do tempo retornassem. Aos poucos, os corredores das alas iam enchendo-se, os inquilinos das celas retomavam seus lugares e os agentes desfilavam pelos corredores em uma pseudo contagem de apontar de longe os quatro ou seis habitantes de cada um dos cubículos em ruínas. Apenas os grandes portões das alas e o portão de acesso ao pátio interno eram fechados, as celas dormiam de portas abertas" (IBID., p. 102).*

Não pretendo afirmar que a modernização nestes termos só é possível por meio de um processo de terceirização. Porém, é preciso demarcar que, em Sergipe, foi a terceirização que realizou as reformas modernizadoras no sentido empregado por Fagundes e Mendonça Filho. Enquanto a gestão privada não se firmou, nenhuma unidade prisional passou a operar de forma muito diferente da extinta CDA. Essa constatação é muito importante para vários desdobramentos desta tese mas, no momento, vou apenas registrar que existe aqui uma pista fundamental para o desfazimento da lógica binária que opõe de maneira estática Estado e mercado, tão presente em análises sobre o neoliberalismo.

É preciso dizer que foi justamente quando o estado de Sergipe entregou à iniciativa privada o gerenciamento de uma prisão que a relativa autonomia dos encarcerados no manejo do tempo e do espaço cedeu à administração oficial. Em outras palavras, foi com a terceirização que o estado respondeu à denúncia do entrevistado que citei logo acima e assumiu o controle de uma unidade prisional, refutando a ideia, tão disseminada, de que processos de privatização significam encolhimento da esfera de poder estatal. Não é à toa, como aparecerá mais adiante, que o COPEMCAN se tornou uma espécie de contramodelo para o COMPAJAF. Enquanto este último, terceirizado, é apontado como exemplo de disciplina e controle, o primeiro, que permaneceu sob gestão tradicional do Estado, é visto como unidade governada pelos presos. Quando olho para esta disposição de forças no sistema carcerário de Sergipe, concluo que a terceirização não provocou erosão do poder do Estado, mas ao contrário, incrementou e qualificou sua atuação.

Foi o COMPAJAF, portanto, inaugurado dois anos após a desativação da CDA, que cumpriu a missão de modernizar o encarceramento em Sergipe, na medida em que isto significou retirar dos presos a relativa autonomia que possuíam no interior de outras unidades prisionais do estado. Segundo parecer assinado pelo então Secretário de Justiça, Benedito de Figueiredo, em 2008 (Anexo C), o COMPAJAF também cumpriu "as exigências dos Técnicos do Departamento Penitenciário Nacional" no que se refere aos parâmetros de segurança para construção de prisões normatizados pelo CNPCP. Desta anotação do Secretário, emerge outro sentido para modernização.

Quando se olha para o cenário nacional do encarceramento nas décadas de 1990 e 2000, verificam-se inegáveis os efeitos das reformas gestadas pós-Massacre do Carandiru. Ainda em 1993, o estado de São Paulo, por exemplo, criou a primeira secretaria do país exclusivamente voltada para a questão carcerária, a Secretaria de Administração Penitenciária (SAP-SP). Isto porque durante o Massacre do Carandiru a pasta encontrava-se subordinada à Segurança Pública. Mas, como mostram documentos da época, as principais reformas engendradas a partir dos diagnósticos sobre as causas do Massacre tinham como eixos a desativação do Carandiru e "a construção de novos estabelecimentos penitenciários dentro dos padrões fixados pelas normas internacionais e do Departamento Penitenciário Nacional" (MACHADO e MARQUES, 2017, p. 86).

Os efeitos destas orientações foram muitos e foge ao escopo do meu trabalho reuni-los. Destaco, no entanto, a tese de Zomighani Júnior sobre o processo de interiorização das prisões no estado de São Paulo e os impactos sobre municípios pobres que, sem alternativa para dinamizar a economia, atraíram para seus territórios novas instalações penitenciárias. Com isso, pequenas cidades passaram a suportar problemas que vão da especulação imobiliária decorrente dos fluxos migratórios de familiares de presos ao aumento da demanda por serviços de educação e saúde que as prefeituras não têm como suprir (2013, pp. 293-294).

O resultado mais visível de todo esse processo de modernização pós-Massacre do Carandiru, no entanto, quem resumiu de maneira irretocável foi Adalton Marques, ao analisar as maneiras pelas quais os reformadores — agentes do sistema prisional, agentes políticos e intelectuais consultores — encaminharam as questões mais latentes depois do acontecimento. Com foco na superlotação, e esta identificada como epítome das condições desumanas nas prisões, a desativação do Carandiru redundou numa expansão prisional sem precedentes do sistema prisional paulista.

> *(...) em 6 de março de 2001, o vice-governador, Geraldo Alckmin, assumiu o governo de São Paulo (...) o novo governador deu continuidade à política de expansão das vagas penitenciárias e, finalmente, conseguiu desativar o Carandiru em dezembro de 2002. Para isso, inaugurou mais 15 unidades prisionais em 2001 e outras 23 em 2002, concluindo o mandato iniciado por Covas com um parque carcerário formado por 112 unidades, uma população penitenciária composta por 82.839 pessoas e outras 26.502 custodiadas nas cadeias da Secretaria de Segurança Pública. A*

> *política humanitária de desativação do Carandiru exibia seu preço: 109.341 pessoas aprisionadas em condições de superlotação. (MARQUES, 2018, p. 196)*

Uma vez que o aprisionamento continuou a ser muito superior à capacidade de absorção de presos nas novas unidades, a superlotação continuou afligindo o sistema carcerário, como era previsível. O que importa destacar aqui a respeito da superlotação é que a partir dela foram iniciadas mudanças no sistema carcerário que não ficaram restritas ao estado de São Paulo.

Resolver, ou pelo menos, mitigar a superlotação passou a ser a força motriz das reformas do sistema carcerário em todo o Brasil a partir de meados dos anos 1990. Neste sentido, em 2005, o CNPCP lançou diretrizes para construção e reforma de estabelecimentos penais onde se lê que penitenciárias de segurança média à máxima devem ter entre 300 e 800 presos, dentre outras normas (BRASIL, 2016). É possível dizer, assim, que no Brasil pós-Massacre do Carandiru, modernizar o sistema prisional passou a ser sinônimo de construir mais unidades carcerárias de menor porte, o que, ao mesmo tempo, era anunciado como medida de segurança contra rebeliões e fugas e como política de humanização das condições de aprisionamento. Em Sergipe, portanto, foi o COMPAJAF a unidade prisional que emergiu desse contexto de reformas, já sob a égide das diretrizes do CNPCP de 2005. Ainda segundo o ex-secretário Benedito de Figueiredo, o COMPAJAF começou a ser construído em 2005, mas a conclusão da obra sofreu vários atrasos e, somente em 2009, poderia começar a funcionar. No entanto, segundo o ex-secretário, não se sabia, desde o início da construção, como se operacionalizar a nova penitenciária (ANEXO C, 2008, p. 6). Seja por incompetência ou por estratégia política forjada desde que a primeira tentativa de terceirização fracassou, o que o ex-secretário informa no trecho acima, retirado do pedido de contratação da empresa Reviver feito pela SEJUC ao governo do Estado, é que o COMPAJAF começou a ser construído sem que houvesse recurso algum previsto para sua operacionalização. Isto é, primeiro, construíram a prisão, depois é que foram pensar como colocá-la em funcionamento, já sabendo que não existiam recursos estatais para tanto. Que a terceirização tenha emergido como única saída viável para o COMPAJAF me parece, no mínimo, uma obviedade calculável ou, muito provavelmente, calculada.

Em todo caso, quando o COMPAJAF foi inaugurado, reuniram-se tanto os aspectos da modernização humanista que vinham dos processos nacionais de reforma pós-Carandiru, quanto o sentido local de modernização, isto é, superar-se as experiências da CDA e do COPEMCAN no que tange à disciplina interna da unidade, ou aquilo que, em campo, ouvi diversas vezes formulado como "no Santa Maria, a prisão é prisão mesmo".

Modernização e humanização são dois aspectos de um projeto político sempre inacabado para as prisões no Brasil. Após o Massacre do Carandiru, este projeto se renovou a partir de uma demanda pela construção de novas unidades carcerárias que obedecessem a determinados padrões de acomodação socialmente aceitáveis e respeitassem os princípios da humanidade das penas e da dignidade da pessoa humana. Esta demanda informou que era necessário desativar antigas instalações (que nos casos de Aracaju/CDA e São Paulo/Carandiru datavam das primeiras décadas do século XX) e substituí-las por unidades menores e mais fáceis de se administrar, sobretudo em caso de rebelião.

Desta forma, o argumento em favor de novas construções aliou o incremento da segurança e a humanização das instalações sob o signo da modernização. O COMPAJAF é uma das prisões oriundas desse novo arroubo reformista do final do século XX, mas que possui como traço distintivo o fato de ter conjugado este processo com a terceirização. Melhor dizendo, quando a iniciativa privada assumiu o COMPAJAF, e o fez desde sua inauguração, para colocar em funcionamento uma prisão construída nos termos da política penal e penitenciária pós-Massacre do Carandiru, ela se tornou a mobilizadora e a representante da humanização e da modernização do sistema carcerário sergipano.

Hoje, o COMPAJAF não é mais uma experiência única em Sergipe. A empresa Reviver assumiu mais duas gestões no estado: em 2016, da Cadeia Pública de Estância e, em 2017, da Cadeia Pública de Areia Branca, todas destinadas a presos provisórios e/ou em regime fechado. Com isso, 1/3 do sistema prisional do estado se encontra terceirizado. O Quadro 1 apresenta unidades carcerárias do estado de Sergipe com dados quanto à capacidade, ao gênero de presos e à natureza da gestão.

QUADRO 1 - UNIDADES CARCERÁRIAS DO SERGIPE

Unidade	Capacidade/Lotação	Gênero	Gestor
Cadeia Pública de N.S. do Socorro	160/264	Masculino	Público
Cadeia Pública de Estância	196 /235	Masculino	Privado
Cadeia Pública de Areia Branca	392 /477	Masculino	Privado
Complexo Penitenciário Manoel Carvalho Neto (COPEMCAN)	800/2500	Masculino	Público
Complexo Penitenciário Advogado Antônio Jacinto Filho (COMPAJAF)	476/565	Masculino	Privado
Presídio Feminino (PREFEM)	175/235	Feminino	Público
Presídio Regional Juiz Manoel Barbosa de Souza (PREMABAS)	346/488	Masculino	Público
Presídio Regional Senador Leite Neto (PRESLEN)	177/377	Masculino	Público
Hospital de Custódia e Tratamento Psiquiátrico (HCTP)	Não informado	Masculino e Feminino	Público

Fonte: Ordem dos Advogados do Brasil (OAB) - SE, 2018

2.2 A EMPRESA

A Reviver Administração Prisional LTDA entrou no mercado carcerário em 2002 segundo informação disponível em seu site (REVIVER, 2020). Trata-se do mesmo ano em que a empresa assumiu um contrato emergencial para gerir o COPEMCAN, já rescindido, conforme dito anteriormente. No contrato social da empresa à época (Anexo D), constavam como sócios: Antônio Fernando Pereira de Carvalho, sócio da Multserv Comércio e Serviços LTDA, empresa de terceirização de serviços de limpeza, e posteriormente presidente estadual do Partido Progressista (PP); e Jorge de Carvalho Prado, sócio da Frisul Frigorífico de Suínos LTDA; ambos com domicílio em Aracaju, Sergipe.

No entanto, no intervalo de 7 anos entre a tentativa fracassada de gerir o COPEMCAN e a entrada definitiva na gestão prisional de Sergipe, todos os sócios mudaram. Quando passaram a administrar o COMPAJAF, em 2009, os sócios já eram Odair de Jesus Conceição, André Erickson Simões (falecido em 2015), Mauro Freire de Carvalho Oliveira, e, posteriormente, Walter Tannus Freitas (Anexo E). Todos participam da Reviver Participações S/A (ANEXO F), empresa com escopo mais abrangente que a administração carcerária, incluindo empreendimentos imobiliários, e são domiciliados em Salvador, Bahia. Cada um deles consta também como sócio em outros ramos de atividade, como é o caso de Mauro Freire de Carvalho Oliveira, também sócio da Ronda Serviços de Segurança e Vigilância Eireli (ANEXO G). Entre 2019 e 2020, a empresa mudou de estatuto jurídico e passou a se chamar Reviver Administração Prisional Eireli, que se apresenta como "um dos maiores grupos privados em gestão de unidades prisionais" em seu site (REVIVER, 2020).

O primeiro contrato de cogestão da Reviver data de 2006, destinado a gerir o Conjunto Penal de Serrinha, na Bahia, e assim permanece até hoje. Atualmente, a empresa possui contratos em 5 estados: Bahia (BA), Sergipe (SE), Alagoas (AL), Santa Catarina (SC) e Amazonas (AM). Este último foi obtido em 2019 de maneira emergencial (sem licitação) para administração do Complexo Penitenciário Anísio Jobim (COMPAJ), em Manaus, que ficou conhecido após o massacre de janeiro de 2017, do qual resultaram 56 presos assassinados. Em Sergipe, como dito, a empresa celebrou seu primeiro contrato em 2009 e, depois, em 2016 e 2017. O Quadro 2 apresenta as unidades prisionais por estado, o tipo do regime dos presos e o ano de início do contrato de gestão.

QUADRO 2 - UNIDADES ADMINISTRADAS PELA REVIVER POR UF E POR ANO DE INÍCIO DO CONTRATO

Unidade	Estado	Regime	Início de Contrato
COMPAJAF	SE	Provisório e Fechado	2009
Cadeia Pública de Estância	SE	Provisório	2016
Cadeia Pública de Areia Branca	SE	Provisório	2017
Conjunto Penal de Serrinha	BA	Provisório e Fechado	2006
Conjunto Penal de Valença	BA	Provisório, Fechado e Semiaberto	2008
Conjunto Penal de Juazeiro	BA	Provisório, Fechado e Semiaberto	2008
Conjunto Penal de Eunápolis	BA	Provisório, Fechado e Semiaberto	2012
Presídio do Agreste	AL	Provisório, Fechado e Semiaberto	2013
Presídio Masculino de Lages	SC	Provisório e Fechado	2011
COMPAJ	AM	Provisório e Fechado	2019

Fonte: Reviver, 2020.

Todos os contratos da Reviver atualmente são de cogestão, ou seja, regidos pela Lei de Licitações e Contratos da Administração Pública, Lei n° 8.666/1993. Isto significa que a construção das instalações foi feita pelo estado da federação, geralmente com a utilização de recursos federais no todo ou em parte. Implica também uma duração relativamente curta de cada contrato, que é de 5 anos, ao final dos quais deve ser realizada nova licitação. Não há ainda participação da Reviver em Parceria Público-Privada (PPP) regida pela Lei n° 11.079/2004, mas como dito por um dos gerentes entrevistados, isso deve mudar tão logo seja possível, pois "o sonho de seu Odair é ter uma PPP". A explicação: à medida que os contratos de PPP são mais longos, evita-se passar por muitos processos licitatórios e, como explicou o mesmo entrevistado, eventuais reformas não precisam passar pela aprovação do Departamento Penitenciário Nacional (DEPEN), caso o prédio tenha sido construído pela empresa contratada.

> *"Eu fui pra uma cadeia agora com N's reformas pra ser feita. Não posso fazer por quê? Porque o DEPEN, que é o órgão de Brasília, o dinheiro saiu de lá, o dinheiro foi liberado por lá, só que como é uma obra pública, eu lhe dei o dinheiro pra você construir, você construiu, agora eu tenho que fiscalizar pra ver se aquele dinheiro foi investido naquilo que você propôs. Então, hoje eu tô lá dentro de uma cadeia que tem que mexer na cozinha. Você fazer uma cozinha sem esgoto... E aí eu não posso quebrar porque eu não fui fiscalizado ainda, então tem que trabalhar do jeito que tá".*

Odair de Jesus Conceição é sócio e diretor presidente da Reviver. Em 2015, ele participou de audiência pública convocada pela Câmara de Deputados como parte da Comissão Parlamentar de Inquérito (CPI) do Sistema Carcerário, que ocorreu naquele ano, na qual representou não apenas a Reviver, mas também a Associação Brasileira de Empresas Especializadas na Prestação de Serviços a Presídios (ABESP), na qualidade de presidente da entidade.

> *Iniciou informando que a Reviver foi fundada em 2002, de forma que tem 13 anos de atuação, e atua em cinco Estados da Federação, gerindo nove unidades penitenciárias de segurança máxima. Assentou que a Reviver custodia, hoje, 4.350 presos do sexo masculino e feminino, e que é uma empresa certificada pelo ISO 9001-2008, desde dezembro de 2009, sendo a única empresa de que se tem notícia no mundo com essa certificação. Afirmou que a empresa desenvolveu um sistema de gestão próprio, como forma de dar transparência ao funcionamento da sua gestão, proporcio-*

> *nando ao Estado e aos poderes constituídos um acompanhamento em tempo real do sistema (BRASIL, 2017a, p. 96).*

Alguns aspectos da atividade da Reviver merecem destaque. O primeiro é a relação com outros ramos de atividades que não são administração prisional em sentido estrito, mas que compõem um cenário mais amplo no mercado da segurança privada, embora haja um discurso oficial de que tais atividades não se comunicam. Por exemplo, o mesmo entrevistado que citei acima, gerente operacional da empresa, fez questão de me dizer que "uma coisa que tem que deixar bem claro: toda empresa que trabalha com cogestão e trabalha com preso, com presídio, não tem nada a ver com empresa de segurança. Não tem nada a ver, não se misturam as coisas". No entanto, um dos sócios da Reviver, como mostrei acima, é também dono de uma empresa de segurança privada, de modo que a relação entre as duas empresas pode até não ser direta, mas existe, como pude ouvir em outras entrevistas, sobretudo a respeito do recrutamento dos agentes prisionais.

> *"(...) fiz curso de vigilância, na área de segurança, eu também sou vigilante, vigilância reconhecida pela Polícia Federal, nossa carteira de trabalho é batida pela Polícia Federal. Cada vigilante tem seu número com a Polícia Federal. E aí eu tive contato com as pessoas conhecidas. A Reviver faz um trabalho preparatório, mesmo que você seja um vigilante".*

O mesmo ocorre em relação à Horizonte Administração Especializada e Socioeducativa Eireli (ANEXO I), cujos sócios são os mesmos da Reviver e a empresa, como o nome já indica, dedica-se à administração de unidades socioeducativas para jovens em conflito com a lei. O que estas relações apontam é que existem grupos de empresários investindo em setores diversificados disso que se pode chamar amplamente de segurança privada e que, portanto, determinadas políticas de segurança pública e criminais podem ser pressionadas a partir de diversos pontos em direção ao favorecimento destes grupos, como é o caso das propostas de redução da maioridade penal, aumento do tempo de internação de jovens em conflito com a lei e legislação antidrogas, já que todas afetam os níveis de encarceramento, seja de jovens, seja de adultos...

Outro aspecto da atuação da Reviver diz respeito ao cumprimento da Lei de Execuções Penais (LEP) — Lei n° 7.210/1984 — no que toca à assistência social, psicológica e jurídica do preso. A empresa estabelece metas de atendimentos nos setores de assistência que mantém funcionando dentro das unidades. A quantidade de atendimentos é um indicador de gestão importante para argumentar a superioridade da administração privada em relação à estatal. No entanto, como o indicador é quantitativo e não há nenhuma aferição do impacto destes atendimentos, por exemplo, em egressos e/ou sobre as famílias dos presos, o efeito dele, como aparecerá adiante, é atribuir ao indivíduo preso um suposto fracasso da ressocialização: "não se ressocializa quem não quer", foi dito por mais de um entrevistado. Como veremos adiante, essa compreensão da ressocialização como responsabilidade do indivíduo contribui para a dubiedade que muitos agentes prisionais expressam a respeito da condição humana dos presos. A Figura 1 elenca a distribuição do quantitativo de atendimentos assistenciais, por tipo, prestadas pela Reviver no COMPAJAF no ano de 2017.

FIGURA 1 - ASSISTÊNCIA - COMPAJAF - REVIVER

Complexo Penitenciário Advogado Antônio Jacinto Filho: ***37.235*** *atedimentos em 2017*

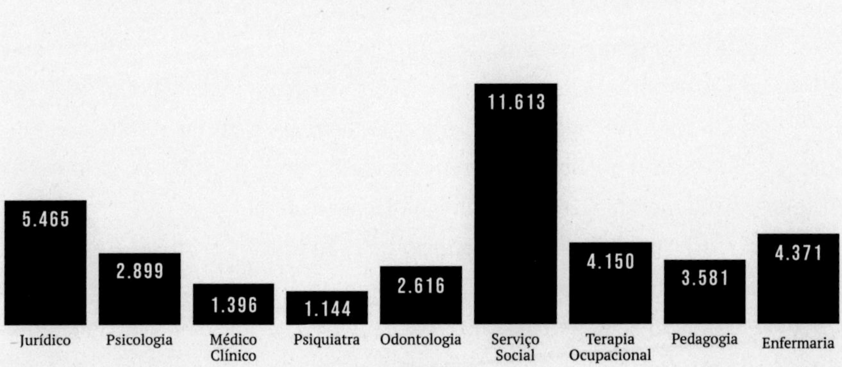

Fonte: Reviver, 2020.

2.3 O CONTRATO

Embora não pretenda fazer análise jurídica do contrato entre a Reviver e o estado de Sergipe, vou levantar aqui alguns pontos importantes do documento, principalmente em relação ao preço e às obrigações dos contratantes. O contrato ao qual me refiro aqui é o de 2009, quando apenas o COMPAJAF era objeto da tratativa. Em 2017, outro contrato foi celebrado, incluindo-se as unidades prisionais das cidades de Estância e Areia Branca, porém, a este vou me referir de maneira breve, pois escapa, em alguma medida, aos objetivos deste trabalho.

Antes de começar a analisar termos específicos do contrato, destaco a perspectiva dos entusiastas da presença do setor privado na execução penal no que concerne aos valores pagos às empresas.

> *O contrato assinado entre operadora e governo prevê a custódia de 268 internos, mediante o recebimento de um valor fixo independentemente do número de internos presentes na unidade. Deste modo, as margens de lucro do operador privado aumentam à medida que o número de internos sob sua responsabilidade diminui. Tal fato faz com que os ganhos do operador privado sejam muito sensíveis à eficiência de assuntos legais relacionados a pedidos para liberdade condicional e relaxamento de prisão. Desse modo, há um forte incentivo ao operador privado para utilizar os meios disponíveis que tornem os processos dos presidiários mais célere (CABRAL e AZEVEDO, 2006, p. 9).*

Existe uma espécie de senso comum acadêmico, militante e midiático que afirma que as empresas administradoras de prisões recebem valores "por cabeça", ou seja, por indivíduo encarcerado, de maneira que elas teriam maiores lucros quanto mais sujeitos ficassem retidos na unidade sob sua gestão. No entanto, como mostra o trecho acima, há 15 anos ou mais a perspectiva de expansão do setor privado na gestão carcerária não opera a partir desse cálculo. É claro que as experiências históricas são, em um aspecto ou outro, distintas do modelo preconizado pelos defensores da gestão carcerária privatizada, mas no caso de Sergipe, estado e empresa seguiram a orientação de estabelecer um preço global, independente da lotação da unidade. Este modelo, de fato, não incentiva a superlotação carcerária. Isto porque, se o valor é fixo, em tese, há interesse da empresa contratada em ter menos, e não mais custodiados por unidade prisional.

> *CLÁUSULA TERCEIRA – DO PREÇO, DAS CONDIÇÕES DE PAGAMENTO*
> *(art. 55, inciso III, da Lei 8.666/93) O valor total do contrato é de 12.550.666,66 (Doze milhões, quinhentos e cinquenta mil, seiscentos e sessenta e seis reais e sessenta e seis centavos). A contratante somente pagará à contratada pela efetiva execução dos serviços, após liquidação da obrigação (ANEXO J, p. 743).*

Este foi o valor pago por ano à Reviver para gerir o COMPAJAF e significou, portanto, um pagamento mensal de pouco mais de 1 milhão de reais. O contrato, conforme previsto em lei, foi renovado ano a ano até o limite permitido de cinco renovações antes de nova licitação, sempre pelo mesmo valor. O fato de o contrato não precificar "por cabeça" não significa, no entanto, que a empresa não se interesse pela expansão do sistema carcerário, mas que existem outras lógicas para esta expansão, provavelmente mais lucrativas, e por isso levanto aqui três pontos para pensá-las.

O primeiro é que o estado, não a empresa, terá sempre interesse em manter a lotação de cada unidade terceirizada no máximo, afinal, está pagando por todas as vagas disponibilizadas. No caso de Sergipe, o estado não só tem interesse em "otimizar" as vagas geridas pelo setor privado, como passou a autorizar 25% de superlotação, conforme mencionei anteriormente. E, embora a empresa receba um valor por este adicional de lotação, há riscos envolvendo rebeliões, fugas, desgaste das instalações que vêm junto com este adicional e não necessariamente são interessantes para o setor privado.

O segundo ponto que deve ser admitido é que, ao invés de lucrar com a superlotação, conforme explicam os entusiastas do setor privado, a necessidade das empresas é a obtenção de mais contratos, e não mais presos por unidade já contratada. Isto significa, por exemplo, que interessa mais ao setor privado a rotatividade e a manutenção de intensos fluxos de entrada e saída que a retenção e o inchaço puro e simples das prisões. Ao observar o movimento da

Reviver em Sergipe, que saltou de uma unidade contratada para três em sete anos, percebe-se não só que a empresa assumiu instalações cada vez menores — Areia Branca (capacidade para 392 presos) e Estância (capacidade para 196 presos) —, como a condição para tanto foi justamente que o COMPAJAF não absorvesse presos a ponto de inviabilizar as novas unidades.

Ilustro esses dois pontos com o raciocínio de Sandro Cabral, para quem a iniciativa privada deve justamente se orientar pelo gerenciamento de unidades menores e com presos considerados menos perigosos.

> *Transpondo-se o conceito de especificidade de ativos para o sistema prisional, altos níveis de especificidade poderiam estar relacionados à custódia de condenados com maior periculosidade, retidos em penitenciárias de segurança máxima, na medida em que, neste caso, é de se esperar que ocorram elevados investimentos em ativos altamente especializados, necessários à execução da atividade, tais como: construção de instalações à prova de fugas, instalação de bloqueadores de comunicação e funcionários altamente treinados para lidar com população carcerária de maior potencial ofensivo. Além das maiores pressões por parte da opinião pública, a custódia de internos nestas condições exige níveis elevados de coordenação entre o estabelecimento penal, ministério público e judiciário, contribuindo para a elevação do nível de especificidade de ativos envolvidos, vide o exemplo do caso do traficante fluminense Fernandinho Beira-Mar (...) Além disso, tem-se que ao redor de 45% da população carcerária brasileira é composta por réus primários (...) Logo, a maior parte das unidades necessárias à absorção do déficit, anteriormente apresentado, seria destinada a indivíduos, em tese, de menor agressividade, justamente em uma área de menor especificidade, portanto, propícia à gestão não-estatal (CABRAL, 2006, pp. 108-109).*

Isto não significa que a predileção pelas unidades menores e pelos presos considerados menos perigosos vai sempre se realizar, mas aponta uma tendência do setor privado. Na Bahia, por exemplo, os Conjuntos Penais — Serrinha, Valença, Eunápolis e Juazeiro — possuem tamanhos próximos aos do COMPAJAF, e o de Serrinha já ficou por um período recebendo apenas presos em Regime Disciplinar Diferenciado (RDD), ou seja, em tese, mais perigosos. No entanto, esta situação deixou o Conjunto com "baixa densidade populacional", de acordo com o Tribunal de Justiça da Bahia, que voltou a lotar a prisão (ESTADO DA BAHIA, 2019). Em outras palavras, ao destinar a unidade apenas para o RDD, o estado começou a ter prejuízo por não usar todas as vagas disponíveis, uma vez que pagava por elas, e logo mudou a orientação. Em Manaus, a Reviver assumiu o Complexo Penitenciário Anísio Jobim (COMPAJ), uma unidade marcada pela superlotação e pelo massacre de presos em 2017 e 2019. Não é, segundo elaboram os defensores da terceirização, o mais propício para a iniciativa privada, mas muitas vezes é a porta de entrada para o sistema carcerário de um estado.

A tendência do crescimento do setor privado pela quantidade de contratos e não pela quantidade de presos por unidade se confirmou em Sergipe, onde a Reviver passou a gerenciar 3 unidades depois de 5 anos gerindo apenas o COMPAJAF. O contrato para gerir as três unidades foi celebrado em 2017 pelo valor de R$ 61.037.902,80 (sessenta e um milhões, trinta e sete mil, novecentos e dois reais e oitenta centavos). Na minuta publicada no Diário Oficial do Estado de Sergipe (DOESE), não foram discriminados os valores referentes a cada unidade, mas é razoável supor que são valores distintos, pois são unidades de tamanhos diferentes (ANEXO K). Porém, é possível estimar que desde 2009 houve um aumento sensível do valor da contratação da maior unidade, o COMPAJAF, que custava R$ 12.550.666,66 (Doze milhões, quinhentos e cinquenta mil, seiscentos e sessenta e seis reais e sessenta e seis centavos). Digo isto porque, ainda que fosse contratada pelo mesmo valor das outras duas (Estância e Areia Branca), o aumento seria da ordem de mais de sete milhões de reais, sete anos depois — um milhão por ano de valorização do contrato.

Por fim, o terceiro ponto é que, embora em Sergipe todas as unidades terceirizadas obedeçam à classificação de "segurança máxima", esta não se dá segundo as normas federais (BRASIL, 2016, p. 65), que consideram de segurança máxima apenas os estabelecimentos com até 300 vagas. A classificação, portanto, é mais uma espécie de vitrine para o discurso eleitoral e midiático do que propriamente algo que diz respeito à execução penal. Esta anotação é importante porque, se de fato a tendência do mercado é ir em direção aos presos considerados menos perigosos, o uso heterodoxo da classificação permite que se faça o discurso de "combate à criminalidade" nos moldes sensacionalistas da política eleitoral, mas efetivamente sem que se custodiem os presos mais disruptivos, como lideranças de coletivos prisionais ou sujeitos com histórico de tentativas de fuga, dentre outros. Ao que tudo indica, a partir da compreensão de que "se ressocializa quem quer", presente em entrevistas, os presos que "não querem" vão para outras unidades, em especial para o COPEMCAN, que funciona como contramodelo do COMPAJAF, e que analisarei adiante.

Em todo caso, é preciso ter em mente que a explicação para os lucros e a expansão das empresas do encarceramento não passa necessariamente pela superlotação das unidades em decorrência de contratos precificados "por cabeça", e é precisamente aí que se pode notar que a iniciativa privada vai ao encontro das recomendações humanistas pós-Massacre do Carandiru e possui como meta gerir unidades menores, com presos considerados menos perigosos e sem superlotação por unidade. O que está em jogo é uma nova maneira de gerenciar o eternamente alegado déficit de vagas — discussão tautológica que despreza que o tal déficit é uma demanda por prisões criada pela irrefreável oferta de presos — colocando-o a favor da expansão das prisões e dos contratos para geri-las.

Sobre as obrigações recíprocas dos contratantes, o Projeto Básico (ANEXO A) apresentado no processo de licitação logo de início determina quais funções devem ser desempenhadas exclusivamente por servidores públicos do estado de Sergipe, num total de 14 pessoas: diretor, vice-diretor, inspetor-geral, coordenador de segurança, inspetores de dia, coordenador de portaria, coordenadores de cartório, coordenador de disciplina e coordenador de manutenção. Resumidamente, todas essas funções, que estão detalhadas no documento, referem-se à coordenação das rotinas de segurança interna da unidade, vigilância, monitoramento, transporte de presos, controle de prontuários dos encarcerados e fiscalização das atividades da empresa contratada. A segurança externa do COMPAJAF, ou seja, dos seus arredores, é feita pela polícia militar.

As três principais funções da empresa contratada são a hotelaria, a assistência aos presos e as rotinas internas de segurança. A primeira consiste no fornecimento de vestuário, itens de higiene e rotinas de higienização, além da alimentação, fornecida 5 vezes ao dia, entre refeições e lanches. A segunda corresponde às exigências da LEP (vide Figura 1), onde falta apenas a assistência religiosa porque, a rigor, não é oferecida pela empresa, apenas é garantida a entrada periódica dos agentes religiosos, como também será mencionado adiante. A terceira função está prevista no Projeto Básico de forma bastante sucinta, ressalvada a proibição do uso de armas de fogo, armas brancas ou qualquer objeto contundente, e a obrigação de utilizar uniforme. Para entender melhor a rotina de segurança, recorro à descrição de um agente prisional terceirizado.

> *"A gente vai, toma nosso café, se reúne todos em frente aos pavilhões, cada um sabe sua função, mas essa função é de acordo com o mês. A gente tem um supervisor, que o número dele é o 10, e esse supervisor é quem leva o plantão, nosso plantão é de 12 horas. A gente inicia a abertura dos pavilhões. O que é isso? A gente vai entrar nos pavilhões, temos os procedimentos de segurança no pavilhão, para evitar que tenha alguma cela, alguma coisa aberta, para evitar a questão da rebelião. Entra o pessoal do estado em conjunto, só que o pessoal do estado fica fazendo a contenção. A gente que faz o trabalho realmente, da abertura das portas, dos cadeados, no caso. A gente abre todos os cadeados (...). Abre só um lado do pavilhão. Por que a gente não abre os dois? Porque às vezes tem pessoas que não se dão, de um lado e de outro, então, a gente só abre um lado. O estado, ele que faz essa diferenciação, quem vai pra onde tem que ir, eles que fazem, a gente não faz isso. A gente só pega o que eles passam pra gente e coloca na cela, cada um na cela que eles precisarem ali, que eles mandarem. A gente faz a liberação. Eles vão entrar ali, vão passar a manhã toda, no caso, soltos, fora da cela, aberto à vontade. Uma hora dessa manhã, eles vão pra quadra, pro banho de sol. Eles têm o que é da lei de execução penal, diz que eles têm o direito, eles vão. Nesse momento do banho de sol, durante toda a manhã, esse pessoal que tá à vontade, eles têm atendimento médico, atendimento jurídico, psicológico, odontológico. O que é que acontece? Nosso trabalho é: uma equipe fica lá fora, pra ver a questão do banho de sol, em*

> *conjunto com os seguranças do DESIPE também, o pessoal do DESIPE, e uma outra parte da escolta trabalha com essa assistência. Nossa obrigação é o quê? Leva eles pro médico, pra assistência jurídica, para fazer todo esse trabalho. Quando chega meio-dia, em torno de meio-dia, a gente faz o procedimento invertido. Eles entram na cela, a gente fecha uma parte e abre a outra parte, que aí assim o outro pessoal vai pegar o direito deles também, durante a tarde, e vai fazer o mesmo procedimento".*

Essa rotina de segurança interna, ainda que sob supervisão do Departamento do Sistema Prisional (DESIPE), é alvo dos enfrentamentos do SINDPPEN (Sindicato dos Policiais Penais de Sergipe), que alega se tratar de atividade exclusiva de funcionários públicos concursados, ainda mais agora que a categoria, antes chamada de Agente Prisional ou Agente Penitenciário, foi equiparada às polícias civil e militar, pela Emenda Constitucional 104 de 2019. Essa alteração, além de equiparar os planos de carreira, também autoriza os (agora) policiais penais a fazerem escolta de presos para fora da unidade carcerária. Neste trabalho, continuarei chamando-os de agentes do Estado porque foi assim que foram tratados pelos entrevistados na pesquisa de campo.

O posicionamento do SINDPPEN se apoia em leituras de juristas sobre os processos de terceirização que envolvem algum uso da força, real ou potencial, nas unidades carcerárias. Com frequência, o desempenho de rotinas de segurança interna por agentes prisionais privados (hoje em dia, monitores de ressocialização), tais como abrir, fechar, revistar celas e fazer escolta de presos entre espaços internos da unidade é considerado inconstitucional. Este é o entendimento de Douglas de Assis Bastos, que escreveu sua dissertação de mestrado para discutir os limites constitucionais da experiência da Reviver no estado de Alagoas.

> *(...) as competências que expressam a "coação administrativa" são intransferíveis aos privados pelo fato de que o Estado é o único legitimado à escolha política no trato dos interesses sociais subjacentes à manifestação coativa do poder público. Seguindo esse raciocínio, somente alguns serviços públicos podem ser objeto de concessão às empresas privadas, quais sejam, aqueles que permi-*

> *tem a remuneração pelo usuário e que não precisem do emprego de força em face dos administrados (...) só podem ser objeto de transferência aos particulares as atividades em que o uso da força seja absolutamente dispensável, excluindo-se, portanto, os serviços ligados à administração da justiça e ao exercício do poder de polícia, como é o caso das funções desempenhadas, inconstitucionalmente, pelos monitores de ressocialização no Presídio do Agreste (BASTOS, 2018, p. 124).*

Mas é, provavelmente, sobre o trabalho prisional que o lucro da empresa alcança outro patamar de complexidade econômica e política. No Projeto Básico, Seção B, Serviços Ocupacionais (ANEXO A, pp. 25-26), encontra-se:

> *A contratada manterá um setor de seleção e ocupação, sob a supervisão da Direção e a interveniência da SEJUC/DESIPE, com as seguintes atribuições: (...)*
>
> *Os Canteiros de Trabalho de manutenção interna na Unidade Correcional, relativos aos serviços de panificação, cozinha, lavanderia, limpeza e faxina, serviços gerais e outros similares serão implantados e administrados pela contratada.*

Embora o mesmo instrumento legal preveja a possibilidade de subcontratação de empresas para fornecimento destes serviços no COMPAJAF, a Reviver optou por outro caminho. Nas entrevistas, foi frequente o destaque dado ao fato da empresa providenciar, sem intermediários, os pães, uniformes, troca de itens de higiene, dentre outros.

> *"É ela [Reviver] que é responsável pela alimentação. O que vem de fora são só os pães hoje em dia. Mas a partir de janeiro, eu já tenho a informação de que não vai ser mais de fora. Quem vai ajudar são os internos, por que, né, porque são muitos pães, são 2.000 pães, são muitos para poder fornecer durante o dia. Então, esse trabalho vai abrir vaga para aqueles internos que têm condições e vai ter uma padaria lá dentro, eles vão trabalhar nessa parte também. Hoje eles trabalham com quê? Eles produzem os fardamentos, as cuecas deles, para os próximos internos que tão chegando. Faz a questão do silkscreen. Esse pessoal hoje, a gente tem mais ou menos três salas de trabalho com isso".*

A Reviver não subcontrata empresas para os serviços da chamada hotelaria e manutenção da unidade. Os postos de trabalho são ocupados por presos que, assim, podem remir o tempo de pena, de acordo com a Lei de Execução Penal. O trabalho carcerário na manutenção da própria unidade não é invenção da iniciativa privada, mas a partir do momento em que se busca entender a produção do lucro da empresa que administra a prisão, é preciso contabilizar que ao invés do trabalho formal remunerado que qualquer trabalhador(a) externo(a) demandaria, o que se tem é o trabalho dos presos que custa apenas ¾ do salário-mínimo, sem qualquer respaldo de direitos trabalhistas.

> *De acordo com planilha oficial fornecida pela gerência administrativa da Reviver no Presídio do Agreste-AL, um reeducando em atividade laborativa no corte e costura (Figura 11), com 21 dias trabalhados no mês, recebe o valor de R$ 493,50 (quatrocentos e noventa e três reais), correspondente a 75% do salário mínimo, dos quais 85% é de movimentação livre pelo trabalhador preso – nesse caso, R$ 419,48 (quatrocentos e dezenove reais e quarenta e oito centavos) – e 15% retido para formação do pecúlio – nesse caso, R$ 74,02 (setenta e quatro reais e dois centavos) (BASTOS, 2018, p. 132).*

Desta maneira, a empresa economiza e lucra reduzindo gastos com pessoal de manutenção e serviços gerais. As unidades geridas de forma tradicional pelo Estado também operam desta forma, de maneira que é possível dizer que a mudança está na apropriação do lucro, agora, pela iniciativa privada. Porém, há uma diferença sensível.

Se é possível especular que a apropriação do que se "economiza" com o trabalho dos presos também é privada mesmo quando a gestão é pública, dificilmente se poderia dizer que esse dinheiro é reinvestido na construção de novas prisões. Em outras palavras, qualquer que seja o lucro obtido com o trabalho dos presos na gestão estatal, ele não retorna como investimento em novas prisões ou vagas, pois a apropriação é privada, mas não empresarial. Já quando se trata de gestão privada, o lucro obtido em cima da mão de obra barata dos encarcerados também se converte em capital da empresa e, portanto, na ampliação do mercado no qual ela opera.

O valor do contrato, os serviços prestados pela contratada, as atribuições do gestor estatal e o trabalho prisional são os quatro aspectos angulares do instrumento de contratação. Uma vez apresentados, passo ao trabalho de campo propriamente dito que, vez ou outra, retornará a estes aspectos contratuais sob novos olhares e perspectivas.

2.4 UM OLHAR

Há que se falar de algum lugar, escreveu em sua dissertação Ana Luiza Pinheiro Flauzina (2017), a quem o título deste capítulo homenageia, citando um dos trechos de seu trabalho. E prossegue:

> *Há que se revelar o refúgio e, finalmente, divulgar o mapa com o endereço. Exposição constrangedora, intencionalidades servidas à mesa, biografias escancaradas... Preferimos tudo isso a essa retórica intransigente que insiste em esconder seus propósitos com palavras supostamente retas, em frases diretas e parágrafos sem vacilações. Não. Nada desse discursinho de ciência asséptica, embriagado por uma neutralidade repleta de sentidos e uma objetividade impregnada por tudo de humano que tão insanamente se insiste em refutar (FLAUZINA, 2017, p. 15).*

Diferentemente de Flauzina, no entanto, na minha condição de mulher branca, o interesse pelo funcionamento do sistema de justiça criminal, e nele, especificamente pela prisão, surgiu da curiosidade intelectual de uma jovem estudante de Direito em desvio de rota para as Ciências Sociais, e não da experiência do racismo. Falo a partir da condição de pesquisadora que foi conduzida, por investigações próprias e alheias, individuais e coletivas, ao diagnóstico de que o sistema de justiça criminal se fundamenta, se organiza e se direciona pelo racismo. Segundo o Fórum Brasileiro de Segurança Pública, 66,7% da população carcerária brasileira é negra (2020, p. 304). No entanto, observar estes dados pode conduzir a conclusões equivocadas que vão da percepção de que há um erro a ser corrigido na operacionalização do sistema de justiça criminal, até teses que leem o crime como oriundo de um determinado grupo social ou racial. Para enfrentar estas últimas, herdeiras do pensamento positivista etiológico, que localizava uma suposta origem do crime nos caracteres genotípicos e fenotípicos das pessoas, é possível mobilizar a compreensão encampada pela criminologia crítica de "que mais oportuno do que se falar em criminalidade e criminoso, é tratar-se, no âmbito do controle penal, do processo de criminalização e do criminalizado, respectivamente" (FLAUZINA, 2017, p. 26).

Esta guinada crítica permite apontar as relações de poder que produzem o encarceramento ao retirar de sua premissa o crime como uma realidade ontológica. A criminologia crítica vai além ao privilegiar uma abordagem materialista dos processos de criminalização e inseri-los na "correlação de forças que, a partir do aprofundamento das assimetrias estruturais no âmbito de uma sociedade de classes, garante os processos de definição e seleção" (IBID., p. 28). Ou seja, os teóricos e pesquisadores deste campo compreendem que o encarceramento está diretamente ligado à forma como se produzem e se distribuem desigualmente bens e serviços numa sociedade capitalista. Os processos de criminalização, portanto, obedecem a uma seletividade que distribui também desigualmente a incidência do poder punitivo e, por consequência, do aprisionamento sobre as pessoas.

> *No que se refere ao direito penal abstrato (isto é, a criminalização primária), isto tem a ver com os conteúdos, mas também com os "não conteúdos" da lei penal. O sistema de valores que neles se exprime reflete, predominantemente, o universo moral próprio de uma cultura burguesa-individualista, dando a máxima ênfase à proteção do patrimônio privado e orientando-se, predominantemente, para atingir as formas de desvio típicas dos grupos socialmente mais débeis e marginalizados (...). Os processos de criminalização secundária acentuam o caráter seletivo do sistema penal abstrato. Têm sido estudados os preconceitos e estereótipos que guiam a ação tanto dos órgãos investigadores como dos órgãos judicantes, e que os levam (...) a procurar a verdadeira criminalidade principalmente naqueles estratos sociais dos quais é normal esperá-la (BARATTA, 2013, p. 176).*

Por meio desta construção da criminologia crítica, também se tornam insustentáveis as leituras que pretendem corrigir o funcionamento do sistema de justiça criminal como se a seletividade apontada por Alessandro Baratta fosse da ordem da falha, e não da estrutura. Neste sentido, comenta Eugênio Raúl Zaffaroni:

> *Hoje, temos consciência de que a realidade operacional de nossos sistemas penais jamais poderá adequar-se à planificação do discurso jurídico-penal e de que todos os sistemas penais apresentam características estruturais próprias de seu exercício de poder que cancelam o discurso jurídico-penal e que, por constituírem marcas de sua essência, não podem ser eliminadas, sem a supressão dos próprios sistemas penais (ZAFFARONI, 2001, p. 15).*

Como demonstra Flauzina, no entanto, a relação entre os processos de criminalização e a hierarquia da sociedade de classes, cujo modelo é o dos países centrais do capitalismo, não responde satisfatoriamente ao que se observa nas abordagens policiais, na letalidade da segurança pública, na lotação prisional, em solo latino-americano. Isso porque esta região integra uma ordem econômica e geopolítica internacional numa condição periférica, subalterna. Mesmo depois do marco jurídico da abolição da escravatura, o que se observa é um imenso contingente populacional que sequer foi proletarizado em sentido estrito, ou seja, não adentrou à exploração capitalista propriamente dita, pois permaneceu reiteradamente pauperizado ao nível do subemprego, precário, temporário, insalubre, análogo à escravidão.

> *O programa político assumido pelas elites latino-americanas em sustentação à ordem internacional assim ética instituiu uma agenda de vulnerabilização de grandes massas, estampada nos dados que retratam a realidade da região. Nesse espaço do planeta, as ações e omissões institucionais em relação à maioria do contingente populacional têm sido reconhecidas como uma forma de extermínio dos segmentos supérfluos ao projeto político hegemônico de concentração de renda e de poder de grupos historicamente identificáveis (FLAUZINA, 2017, p. 35).*

Para a autora, os sistemas penais latino-americanos, e o brasileiro em especial, foram forjados no e para o controle das populações antes escravizadas, ou seja, negros e indígenas. Diferentemente do que mostra Foucault em Vigiar e Punir, por exemplo, onde as massas camponesas expropriadas da terra forneceram à prisão europeia os corpos a serem disciplinados para a produção fabril, na América Latina os corpos que alimentam a prisão são refugos de uma política de extermínio colonial, ou nas palavras de Flauzina, restos de uma "assepsia do racial na classe" (IBID., p. 51). No pós-abolição, e também posteriormente a todas as tentativas de embranquecimento da população até os anos 1920, a limpeza racial incompleta nos extratos mais baixos da população foi redimensionada já nos termos de uma justiça criminal integrada ao mito da democracia racial[11]. Desta forma, o fato de o aparato de controle penal se orientar e se realizar pelo racismo foi diluído no discurso de outras hierarquias sociais, notadamente a de classe.

> *(...) foi preciso resguardar o sistema de uma acusação categórica. Foi então que se diluiu o racismo nas demais assimetrias por ele perpetuadas, deslocando a variável do centro para a periferia. Afinal, explicitar de alguma maneira que a manutenção das assimetrias raciais, com o controle da população negra, é a principal tarefa do sistema penal desde seu nascedouro é cindir definitivamente com o pacto de harmonia entre as raças. Isso não se pode permitir. Com os dados do racismo há muito disponíveis no âmbito do controle penal, o que restou vedar, portanto, foi a construção de uma teoria que pudesse dar conta dessa realidade. Afinal, foi a*

---

11. Extrapola os limites da tese o debate sobre o mito da democracia racial. Trata-se de um discurso fundante da sociedade brasileira que emergiu a partir dos anos 1930 e que encontra em Gilberto Freyre (2001) um de seus maiores expoentes. A ideia central do mito é que o Brasil é uma mistura equânime e bem-sucedida de raças. Em sentido fulminante e contrário, cito Abdias Nascimento: "uma democracia cuja artificiosidade se expõe a quem quiser ver; só um dos elementos que a constituíram detém todo o poder em todos os níveis político-econômico-sociais: o branco. Os brancos controlam os meios de disseminar as informações; o aparelho educacional; eles formulam os conceitos, as armas e os valores do país" (2002, p. 86).

> *biografia da escravização negra que o sistema penal começou a se consolidar, e é na lógica da dominação étnica contemporânea que continua a operar em seus excessos. É o arranjo dessa relação de continuidade incontestável que se tenta obstar a qualquer custo (IBID., p. 52).*

O que Flauzina busca, e aqui eu caminho sobre sua trilha, não é negar outras assimetrias no funcionamento do sistema de justiça criminal que se abate, inegavelmente, sobre pessoas pobres, mas é colocar o racismo como elemento fundante e mobilizador deste mesmo sistema que vai, então, reproduzir outras hierarquias sociais de dominação. E essa necessidade de reposicionar o racismo na centralidade da questão criminal decorre de uma compreensão de que a própria conformação da pobreza e da classe social, no Brasil e na América Latina, tem como variável substantiva a raça. Assim, o sistema de justiça voltado para a criminalização e para o controle de classes subalternas e empobrecidas dirige seu funcionamento para o que nelas não se pôde, de outra forma, exterminar.

> *Na verdade, não existe uma formulação teórica latino-americana que torne pública, de maneira séria, essa confissão, embora se costume expressar com sinceridade, em voz baixa, em quase todos os círculos acadêmicos, numa espécie de funcionalismo subdesenvolvido; "lei é boa para conter os excessos, mas só a lei não nos leva a nada porque não se pode acabar com os negros" (ZAFFARONI, 2001, p. 40).*

É, portanto, a partir de um olhar que toma o racismo como inteligibilidade do sistema penal que o argumento desta tese se constrói. A partir do momento em que decidi investigar como processos de privatização prisional se encontram com as demandas sempre reatualizadas de reformas humanistas do cárcere, pensar quem é o humano ou quais sentidos se pode atribuir ao pleito de humanização das prisões, tornou-se inescapável. Junto à criminologia crítica e ao necessário deslocamento realizado por Ana Flauzina, trago para a tese o argumento de Foucault em Vigiar e Punir de que a prisão é um projeto humanista.

Em que pesem as ressalvas que serão feitas ao longo do trabalho a respeito da impertinência de uma transposição das teses do pensador francês para o

Brasil sem mediações que deem conta da história colonial do lado de baixo do Equador, preservo a premissa de que, em relação aos suplícios aplicados oficialmente como pena, seja na Europa até o século XVIII ou no Brasil durante todo o período escravagista, a prisão realiza um propósito humanista.

> *A formulação do princípio de que a penalidade deve permanecer "humana" é feita, entre os reformadores, na primeira pessoa. Como se se exprimisse imediatamente a sensibilidade daquele que fala; como se o corpo do filósofo ou do teórico viesse, entre a fúria do carrasco e do supliciado, afirmar sua própria lei e impô-la finalmente a toda a economia das penas. Lirismo que manifesta a impotência em encontrar o fundamento racional de um cálculo penal? Entre o princípio contratual que rejeita o criminoso para fora da sociedade e a imagem de um monstro 'vomitado' pela natureza, onde encontrar um limite, senão na natureza humana que se manifesta – não no rigor da lei, não na ferocidade do delinquente – mas na sensibilidade do homem razoável que faz a lei e não comete crimes. Mas esse recurso à 'sensibilidade' não traduz exatamente uma impossibilidade teórica. Ele traz em si, na realidade, um princípio de cálculo. O corpo, a imaginação, o sofrimento, o coração a respeitar não são, na verdade, os do criminoso que deve ser punido, mas os dos homens que, tendo subscrito o pacto, têm o direito de exercer contra ele o poder de se unir. O sofrimento que deve ser excluído pela suavização das penas é o dos juízes ou dos espectadores (...) (FOUCAULT, 1999, p. 77).*

É neste sentido que humanista, humanizador e humanização são, neste trabalho, referências a uma sensibilidade acionada para reformar a política das penas desde a emergência da prisão na Europa, mas também no Brasil, embora em tempos distintos. Esta sensibilidade mobilizadora de reformas tem uma métrica da dor referenciada no Humano que, segundo Foucault, coincide com o legislador ou o espectador da punição, mas não com o preso. O autor explica que a dissociação entre o Humano e o preso, nos termos das teorias de justificação da soberania, é consequência da violação do contrato social. Ou seja, uma vez que o criminoso é um violador do contrato, ele já não pertence à sociedade civil, mas à natureza, assumindo, portanto, um caráter monstruoso. Sua dor, se é que existe, não importa.

Ao se pensar na historicidade colonial brasileira, é preciso complexificar a análise foucaultiana para explicar a dissociação entre o preso e o Humano. Não me parece fortuito, quando olho para a população encarcerada e os dados sobre sua composição racial, que se trate de uma descendência do mesmo grupo que chegou ao Brasil na condição de mercadoria. Assim como utilizo a análise de Ana Flauzina para ganhar profundidade na criminologia crítica, busco o pensamento decolonial para expandir a formulação de Foucault a respeito da humanidade ou humanização da prisão.

Segundo Nelson Maldonado-Torres, a chegada dos europeus às Américas produziu a "diferença entre seres e aqueles abaixo dos seres" (2020, p. 37). O pensamento decolonial, que considera a Modernidade iniciada com a expansão ultramarina dos países europeus no século XV, apoia-se no argumento de que os processos de colonização gestados no continente americano tiveram como característica a emergência de uma ruptura radical na relação Eu-Outro.

> *As divisões bastante radicais entre seres humanos já existiam no Ocidente, tais como as diferenças entre cristãos e não-cristãos, homens e mulheres, sujeitos saudáveis e leprosos, entre outras distinções. Entretanto, as divisões tenderam a ser limitadas e contidas pela ideia monoteísta de um Deus que criou a todos e de uma Cadeia dos Seres que ligava a criação inteira entre si e o divino. A "descoberta" não só colocou em questão o caráter englobante das escrituras e dos Antigos – nenhum dos quais parece ter dito algo sobre a existência de tais terras –, como também erodiu o entendimento do universo em termos de uma Cadeia dos Seres tendo Deus como sua cabeça (...). O desencantamento do mundo e sua concepção utilitária são partes dessa mudança, como é também o reordenamento de todas as relações humanas existentes e formas de dominação (IBID., p. 37).*

A chegada às Américas produziu o encontro dos colonizadores com povos originários que foram tomados como "algo" que os europeus consideraram essencialmente diferentes de si: "os colonizados são preferencialmente concebidos como espécies de animais agressivos ou pacíficos — apesar de nunca completamente racionais —, que podem sempre se tornar violentos" (IBID., p. 39). Operou-se uma cisão na relação Eu-Outro tão definitiva que o extermínio destes povos, diferentemente do que ocorria nas Cruzadas, não careceu de justificativas, como a defesa da terra santa ou da fé cristã. De acordo com Maldonado-Torres (2020), essa compreensão de estar diante de algo que não faz parte do mesmo domínio do Ser ao qual se pertence tornou as violências perpetradas de forma excepcional em tempos de guerra em uma regra de tratamento para os povos colonizados.

> *Essa catástrofe metafísica, ligada à civilização ocidental e à guerra, que leva à naturalização do combate, explica porque as condições coloniais na modernidade se assemelham a zonas de guerra perpétuas, onde a extrema e constante violência em baixo nível são continuamente direcionadas às populações colonizadas e àqueles que são identificados como seus descendentes. Também explica porque a diferença subontológica toma a forma de um dualismo maniqueísta por meio do qual o colonizador é identificado como bom e o colonizado como o mal (IBID., p. 38).*

É a partir dessa ruptura da alteridade no processo de colonização das Américas que pensadores decoloniais entendem a construção do Humano na filosofia ocidental. O Humano é precedido do não-humano, assim como a Modernidade pressupõe a colonialidade. A dicotomia inescapável da Modernidade/Colonialidade é entre Humano e não-humano, o primeiro referenciado no colonizador e o último no colonizado. Esta operação discursiva (também na exata medida em que discurso é um fazer e possui materialidade) é intrinsecamente racista e está no cerne da emergência dos controles sociais na América Latina, dentre eles, os que conformam o sistema de justiça criminal.

> *Estamos falando do poder planetário e dos genocídios cometidos no seu avanço (...). O domínio mundial sempre hierarquizou os seres humanos e considerou inferiores os colonizados. Isso aconteceu no colonialismo do século XV em diante e, depois, com o neocolonialismo, desde o século XVIII (ZAFFARONI, 2013, p. 95).*

Entre a colonização das Américas e o neocolonialismo na África, surgiu a criminologia positivista na Europa para justificar gradações e status inferiores de humanidade entre "o homem razoável que faz a lei e não comete crimes" mencionado por Foucault (1999) e os ditos criminosos. A grande referência para a ciência positivista foram os povos das colônias, de maneira que não é exagerado dizer que não haveria Cesare Lombroso — fundador da criminologia positivista — sem Cristóvão Colombo.

> *Como explicar o "criminoso nato"? Por sua semelhança com o selvagem colonizado, aduzindo que as raças selvagens eram menos evoluídas do que a raça branca europeia. Em seu tempo, afirmava-se que no seio materno se sintetiza toda a evolução, desde o ente unicelular até o ser humano completo (...). O "criminoso nato" era produto acidental de uma interrupção deste processo que fazia com que, em meio da raça superior europeia, nascesse um sujeito diferente e semelhante ao colonizado. Era, pois, um branco que nascia mal acabado, sem o último golpe de forno e, portanto, era um colonizado. Os caracteres "atávicos" que o assemelhavam ao colonizado lhe atribuíam traços "africanoides" ou "mongoloides" (parecidos aos africanos ou índios). Da mesma maneira que os selvagens, não tinham moral, pudor e, ademais, eram hipossensíveis à dor (IBID., pp. 86-87).*

Retomo assim a afirmação de que a medida da dor que organiza a prisão como instituição de humanização do suplício não é a dor de quem está ou será preso. Importa lembrar que privação de liberdade, antes de qualquer teoria de justificação da soberania, é uma prática de tortura. Em outras palavras, retirada a justificativa teórica e esvaziado o poder soberano, o que resta da prisão é um sequestro. Se o fundamento da prática de tortura é a objetificação do outro, nas relações elaboradas a partir do colonialismo na América Latina, o corpo preso/torturado é negro ou indígena, na medida em que esses corpos, antes de serem humanos, foram mercadoria, moeda e instrumento de produção.

Dito isto, é possível afirmar que a condição não-humana, ou menos humana, precede o encarceramento. É preso quem antes já habitava os extratos mais baixos das métricas de humanidade incessantemente repetidas desde o processo de colonização. É preso quem pertence ou é atribuído à descendência dos povos originários e escravizados, cuja condição humana nunca é plena, como se repete nas falas corriqueiras sobre "sangue ruim" e "má índole". Raríssimas exceções aparecem nos meios de comunicação para confirmar a regra, afinal, uma aparência racialmente neutra é fundamental para que se atualizem as práticas racistas. No entanto, é possível afirmar que quando se fala em humanizar a prisão, o que está em jogo, de maneira mais ou menos consciente, é a sensibilidade de gestores, acadêmicos, religiosos, jornalistas, espectadores, todo esse conjunto que compõe um "mundo aqui fora", onde a hierarquia racial se esconde sob o mito de uma mistura equânime e democrática de raças.

O ponto que sempre resgata a sensibilidade dos espectadores da prisão para humanizá-la, geralmente, é algum momento de barbárie que escapa dos muros e chega às salas de jantar, algo cada vez mais frequente a partir do uso dos celulares. São massacres, rebeliões, denúncias de situações-limite que aparecem como casos isolados, imagens e sons de suplício que extrapolam o nível de violência a que se pode assistir inerte sem comprometer a própria Humanidade, pois já está claro que o cotidiano mortificante da prisão não mobiliza reformas.

Neste sentido, a expressão humanizar a prisão é bastante ilustrativa. Trata-se de tornar palatável aos espectadores uma forma de punir segundo a qual não se sintam selvagens, bárbaros e monstruosos como quem está sendo punido. Talvez por isso não se fale em humanizar o preso, já que nisto residiria uma contradição performativa: ao humanizá-lo, ao concebê-lo como concebe a si mesmo, o espectador-reformador jamais poderia prendê-lo. O Humano, que é sujeito e não objeto, não se pode torturar.

Toda essa construção é necessária a uma tese a respeito de processos de privatização e terceirização, parceria público-privada, cogestão ou qualquer nome que se dê à relação jurídica de participação do gestor privado na execução penal — porque frequentemente estes processos são colocados como antagonistas da grande sensibilidade reformadora da humanização das prisões. Um exemplo deste discurso é a nota técnica da Pastoral Carcerária (2019) dirigida ao governo de São Paulo, onde se relaciona "a pessoa presa como mercadoria" a um "processo desumanizador".

A resposta do setor privado e dos agentes do Estado é bastante clara: prisões limpas, cinco refeições ao dia, assistência médica, odontológica, jurídica. Ao fornecimento de vestuário, alimentação e itens de higiene, chamam hotelaria. Diante disto, restam duas possibilidades: ou os gestores privados e agentes do Estado que defendem a privatização estão mentindo ou não há incompatibilidade entre a humanização, como métrica de gestão carcerária baseada na sensibilidade dos reformadores, e os métodos e finalidades do mercado. O que observei em campo confirma a segunda hipótese.

III

AGENTES PRISIONAIS DA INICIATIVA PRIVADA: A QUESTÃO DA CONFIANÇA

QUANDO COMECEI a entrevistar os(as) funcionários(as) da Reviver Administração Prisional Eireli, procurei entender suas trajetórias pessoais e profissionais antes da contratação para trabalhar no COMPAJAF. Interessava-me saber como eles e elas chegaram à unidade prisional. Nisto, vi uma forma de analisar o recrutamento feito pela empresa e que é uma dimensão significativa da gestão. Além do mais, como algumas dessas pessoas entrevistadas trabalhavam para a Reviver desde que iniciou suas atividades no estado, em 2009, também procurei compreender a instauração e desenvolvimento da iniciativa privada no mercado carcerário local pela fala de quem esteve diretamente envolvido em sua operacionalização desde o início. De todos os relatos que obtive, a principal repetição diz respeito à questão da confiança, como já sinalizei acima:

> *"(...) Eu já conhecia o sistema de cogestão porque meu parente é agente do Estado*[12] *aqui no Compajaf. Então, assim, eu já vivenciava isso em casa, a diferença, o tratamento com o preso, como a gente tem, assim, a mesma linguagem (...)*
>
> *— Como foi o seu processo de entrada? Você passou por um processo seletivo?*
>
> *— Passei, passei normal, como todo mundo. Passei por uma entrevista com seis pessoas. Como eu já tinha essa experiência, a questão da confiança, porque também tem que ter,* ***conta muito, né? Pessoas de confiança aqui dentro que têm ligação com outras pessoas,*** *que geralmente não vão, né, fazer... Na verdade, eu não entrei em vaga de ninguém, foi uma terceira vaga que surgiu (...), surgiu um novo contrato com o estado e uma terceira vaga. Aí veio essa oportunidade e ele me perguntou (...) me fez o convite (...), pra eu vir pra cá (grifo meu).*

---

12. Nesta transcrição, optei por substituir a função desempenhada e a relação de parentesco da pessoa entrevistada por designações mais amplas como parente e agente do Estado para preservar a identidade dos sujeitos de pesquisa. Neste subcapítulo, aliás, os trechos de entrevistas não serão individualizados como fiz em outros momentos do trabalho.

Antes de analisar variadas dimensões da questão da confiança no COMPAJAF, ressalto que as entrevistas, em sua maioria, foram obtidas dentro da unidade, com autorização para que eu as gravasse, mas também sob todos os meios de registro de imagem e voz presentes no local. Digo isso porque, assim como o trecho de entrevista acima, nenhum(a) dos entrevistados(as) me falou da questão da confiança como um segredo, como se ali houvesse algo errado. Isso porque a questão da confiança é lida, ao mesmo tempo, como currículo, mérito, estabilidade e segurança.

"Eu tive contato com pessoas conhecidas", disse um dos agentes terceirizados, enquanto apresentava suas qualificações profissionais. Ao contrário do que se pode imaginar à primeira vista, este contato não fez o entrevistado ver a si mesmo como alguém que precisa de indicações benevolentes ou oficiosas para conseguir emprego. A indicação feita por amigos era efeito de ser bem relacionado no mercado local, ou seja, parte do seu currículo, como me explicou em seguida.

Segundo outro entrevistado, ter uma indicação prévia de parente que trabalha no *sistema* — ou seja, funcionário público DESIPE — não o poupou de passar pelo processo seletivo regular que é um curso ou treinamento promovido pela Reviver:

> *"(...) você sabe que numa situação dessas tem que ter os conhecimentos... Eu tinha um conhecimento com a pessoa que tava lá coordenando, teve meu parente que tava no sistema e já conhecia o pessoal também, e aí eu fiz o curso e fui selecionado".*

Aliás, os relatos sobre a questão da confiança invariavelmente destacam que houve um processo seletivo e uma aprovação que os qualificou ao trabalho na unidade prisional. A relação de amizade ou parentesco que os levou a se candidatar a uma vaga, portanto, apenas acrescentou uma qualificação aos seus currículos, mas não substituiu a seleção por mérito. Para destacar a leitura meritocrática que fazem do próprio recrutamento, alguns consideram a indicação de um parente ou amigo como um convite: "A empresa abriu um processo seletivo, fui convidado, vim fazer uma entrevista". Assim, a indicação é sempre por mérito, o mérito de ser confiável.

> *"Geralmente, os cargos que a Reviver possui é (...) nível médio, auxiliar administrativo, nível médio. Mas geralmente, o que quero colocar, você faz a inscrição no site da empresa, né? Completa o currículo, coloca todas as suas qualificações e informações pessoais, mas até hoje na Reviver eu não conheço ninguém que não seja conhecido de alguém ou indicado por alguém. Eu acho que até... pode não ser público, mas eu acho que é até uma questão da confiança, sabe?"*

Esta forma de recrutamento produz, dentre outras coisas, uma estabilidade extrajurídica em oposição e complementaridade à garantia trabalhista que terceirizados não possuem.

> *"(...) eu acho assim, é uma das coisas que eu já percebia errado e muitas das vezes essa pessoa é tratada com muita diferença no trabalho, não trabalha corretamente, não faz o que tem pra fazer, encosta muitas vezes nos outros, mas você vê que nunca acontece nenhum tipo de punição, até erro grave mesmo, não acontece nada porque aquela pessoa é indicada por beltrano, fulano".*

Assim, ao mesmo tempo em que a possibilidade de demissão sumária dos terceirizados é um dos grandes argumentos em defesa da eficiência da iniciativa privada, a contratação baseada da questão da confiança permite que as mesmas práticas supostamente banidas da prisão em decorrência da gestão privada e sua facilidade em demitir permaneçam intocadas. Tanto é possível dizer que as falhas são cobradas de acordo com um regime de rigor diferencial, tendo em vista quem indicou o funcionário, como que alguns funcionários já são indicados para atuar de determinada forma, numa zona cinzenta da (i)legalidade no exercício de suas funções, como é o caso dos que introduzem cigarros no convívio dos presos, um item formalmente proibido, mas reconhecido como inevitável e necessário pelos entrevistados.

> *"Entrevistada: Talvez as pessoas aqui sejam muito relaxadas pelos anos que têm aqui, tem muita gente que tem oito anos, que vai fazer nove junto com a inauguração, então, já tá aquele povo...*
> *Eu: Mesmo trabalhando para uma empresa?*
> *— Sim.*

— Porque as pessoas...
— Mas as pessoas... É incrível, Aline, como ***as pessoas aqui elas se sentem do Estado****, Aline. É isso que me deixa surpresa.*
— Porque, em tese, demiti-las é mais fácil...
— Isso.
— Então, se elas não têm medo de ser demitidas...?
— Indicação." (grifo meu)

É nítido que a questão da confiança produz um outro tipo de estabilidade, ainda referenciada no funcionalismo público, porém, informal. Ao me dizer que alguns empregados da Reviver "se sentem do Estado", a entrevistada expõe um aspecto importante da cogestão. Um vínculo de trabalho que é juridicamente mais frágil pode, em alguns casos, implicar uma relação muito mais comprometida com o funcionamento da prisão, não só porque envolve a manutenção do emprego, mas porque o sujeito indicado exibe a força de sua indicação com atitudes que desafiam o setor privado a uma demissão que dificilmente ocorrerá. Nisto, o empregado tanto mimetiza o que considera ser a postura de um funcionário público, quanto exibe suas credenciais, dentre as quais a confiança, que é um mérito que o torna tão parte do Estado quanto qualquer concursado.

Ao lado do currículo, do mérito e da estabilidade, a questão da confiança opera ainda a favor de uma sensação de segurança. Como ninguém da equipe terceirizada está autorizado a portar arma de fogo, um dos maiores receios dos(as) funcionários(as) é a entrada deste tipo de objeto na unidade para ser utilizado pelos presos em fugas e rebeliões com reféns. Nesse caso, ainda que existam variadas tecnologias de controle de entrada de objetos no COMPAJAF, a segurança contra armas de fogo parece estar mais ancorada na questão da confiança.

> *E a gente monitora, na verdade, um ou outro, por quê? Porque tem o risco de entrar uma arma. Pra gente, hoje em dia, entrar droga não é nada. Se entrar, não vai ter problema pra gente. A droga eles vão usar lá dentro, não tem problema, a gente perdeu, passou a droga, eles usam. Agora, se a gente perder de entrar uma arma lá dentro, aí é que a gente se preocupa, entendeu? Nossa preocupação tá aí. Então, pra pessoa trabalhar nessa unidade ou qualquer unidade que a Reviver trabalha, ela tem que ser uma pessoa bem*

estudada, saber que realmente aquela pessoa tem condições de trabalhar ali. Porque se a pessoa se vender por pouco, não saber também as consequências disso, ela consegue e passa. Porque a todo momento eles oferecem. Infelizmente. Na verdade, até hoje eu dou graças a Deus que ninguém se vendeu nesse sentido de colocar arma nenhuma.

Currículo, mérito, estabilidade e segurança são os quatro elementos em que decompus a questão da confiança a partir dos relatos dos sujeitos de pesquisa. Embora fosse possível, desde o início, lançar mão dos clássicos conceitos de clientelismo e nepotismo, em um movimento analítico mais conservador, esta opção me pareceu inadequada por, pelo menos, dois motivos.

O primeiro veio do próprio campo. Quanto mais entrevistas eu fazia, mais ficava convencida de que a questão da confiança como recrutamento e permanência dos terceirizados no COMPAJAF, embora estivesse em grande medida apoiada na organização do Estado, era muito mais ampla e menos coesa do que permitem os conceitos e abordagens tradicionais sobre clientelismo, cuja principal característica é tomar o Estado como núcleo sólido de produção e reprodução das relações de poder. É importante demarcar, neste sentido, que nem todas as indicações de emprego que geram contratações pela Reviver vêm do DESIPE. Tampouco é possível concentrar em uma família, grupo político ou mandato de governo local o gerenciamento e distribuição dessas indicações.

O que emergiu do campo foi uma rede de relações em que as indicações do DESIPE certamente possuem um peso importante, porém, nesta rede cabem tanto as indicações que vêm da alta hierarquia de órgãos públicos (secretário de Justiça, diretores de unidades prisionais, etc.), quanto de servidores sem grande poder de barganha, como é o caso da maioria dos agentes prisionais estatutários (hoje, policiais penais) que não acumula cargos de confiança. Por fim, o sistema de indicações também é composto por empregados da própria empresa, de variados níveis hierárquicos, que se valem do tempo de vínculo ou de promoções que recebem para indicar parentes e amigos.

"Boa parte [vem] do Desipe, Secretaria de Justiça e alguns, de quem já trabalha lá. Tipo, eu posso trabalhar lá conheço alguém

> *que tenha qualificação, eu posso indicar. Confia nessa pessoa, vê realmente, como é a vida pregressa? Porque a investigação social é feita, mas a maior parte vem do Desipe".*

Conforme afirma Jorge Villela, a família, o parentesco e, acrescento, a amizade, enfim, todas essas relações que se inscrevem no âmbito do privado, sempre fizeram política no Brasil, mas as análises das ciências sociais sobre este imbricamento se ocuparam mais em denunciá-lo como promíscuo, ilegítimo (nepotismo), do que em compreender o ponto de vista das pessoas que efetivamente o mobilizam por meio de "conceitos, emoções, memórias e objetos, para si mesmas e para os outros" (2009, p. 202). Aqui optei por seguir as pistas de Villela, pois não me interesso tanto pelas aferições da moralidade pública, mas pelo fazer político que permite à gestão do encarceramento se renovar, ao mesmo tempo em que preserva seus aspectos fundamentais. Trata-se, portanto, de se pensar a questão da confiança, não como defeito do recrutamento da gestão privada, e sim como sua condição de possibilidade. Também ao seguir as pistas do trabalho de José Murilo de Carvalho sobre coronelismo, mandonismo e clientelismo, não encontrei vestígios que permitam afirmar a bilateralidade que caracteriza o clientelismo, ou seja, a troca de empregos por votos.

> *De modo geral, [o clientelismo] indica um tipo de relação entre atores políticos que envolve concessão de benefícios públicos, na forma de empregos, benefícios fiscais, isenções, em troca de apoio político, sobretudo na forma de voto (...) Clientelismo seria um atributo variável de sistemas políticos macro e podem conter maior ou menor dose de clientelismo nas relações entre atores políticos (...) As relações clientelísticas, nesse caso, dispensam a presença do coronel, pois ela se dá entre o governo, ou políticos, e setores pobres da população. Deputados trocam votos por empregos e serviços públicos que conseguem graças à sua capacidade de influir sobre o Poder Executivo (CARVALHO, 1997, n.p).*

Assim, por mais que, como afirma o próprio Carvalho, clientelismo seja um conceito empregado de maneira frouxa, as relações que ele contempla estão atreladas a ciclos eleitorais de maneira inescapável, algo que seria inadequado afirmar, no âmbito desta pesquisa, sobretudo ao observar que o modo de funcionamento da questão da confiança no COMPAJAF permaneceu ileso a sucessivas trocas de mandatos no Poder Executivo local e suas correspondentes nomeações político-partidárias para ocupação de cargos no governo, dentre os quais, os da SEJUC à qual é subordinado o DESIPE. Parte desta relativa indiferença à ocupação do Executivo deve-se, se não a um consenso, ao alto grau de estabilidade política do processo de terceirização das unidades carcerárias em Sergipe, que praticamente não encontra oposição e se expande sem precisar se comprometer abertamente com a votação de nenhum líder ou grupo político específicos.

O segundo motivo pelo qual desviei da análise a partir do clientelismo foi que a tese aqui apresentada se inscreve num marco teórico da crítica ao neoliberalismo que procura redimensionar o Estado em uma estratégia de poder mais ampla, correspondendo ao que Michel Foucault chamou de governamentalidade:

> *São as táticas de governo que permitem definir a cada instante o que deve ou não competir ao Estado, o que é público ou privado do que é ou não estatal, etc.; portanto o Estado, em sua sobrevivência e em seus limites, deve ser compreendido a partir das táticas gerais da governamentalidade (FOUCAULT, 1992, p. 292).*

Assumir esta perspectiva é afirmar que embora determinadas leituras das relações de poder tenham tradicionalmente se concentrado no Estado, as forças em luta jamais se resumiram a ele, afinal, o próprio Estado pode ser pensado como uma tática de governo, se este for compreendido "como uma forma dinâmica e uma estabilização histórica de relações de poder da sociedade" (LEMKE, 2017, p. 205). A chegada do regime de cogestão às prisões demanda um deslocamento analítico que permita pensar para além das teses de retração da soberania estatal diante da presença do setor privado, bastante defendidas quando se trata de pensar o neoliberalismo.

> *A discussão de Foucault a respeito da governamentalidade neoliberal mostra que a assim chamada retirada do Estado é, na verdade, um prolongamento do governo: o neoliberalismo não é o fim da política, mas sua transformação, que reestrutura as relações de poder na sociedade. O que observamos hoje não é uma dimi-*

> *nuição ou uma redução da soberania estatal e das capacidades de planejamento, mas **um deslocamento de técnicas de governo formais para técnicas informais** e a aparição de novos atores na cena do governo (por exemplo, organizações não-governamentais) que indicam transformações fundamentais na condição do Estado [statehood] e uma nova relação entre o Estado e atores da sociedade civil. Isso inclui, de um lado, o deslocamento de formas de práticas que eram anteriormente definidas em termos do Estado-nação para níveis supranacionais, e, de outro, o desenvolvimento **de formas de subpolíticas "por baixo" da política em sua acepção tradicional** (IBID., p. 206, grifos meus).*

A partir da definição do Estado como elemento da governamentalidade e desta como maneira de pacificar e acomodar relações de poder que não necessariamente emanam do Estado como núcleo central, fixo, fundador, analisei a questão da confiança. De acordo com as elaborações de Thomas Lemke sublinhadas acima, pude compreender que a passagem da contratação de trabalhadores baseada em procedimentos formais — concurso, estabilidade estatutária, etc. — para um recrutamento guiado pela informalidade — confiança, indicações — constitui uma distensão do governo sobre as prisões.

Parênteses se fazem necessários neste movimento da tese. Todas as vezes em que pude apresentar resultados parciais da pesquisa de campo, em eventos, aulas, trabalhos de disciplinas, recebi comentários sobre a obviedade do problema trazido pela questão da confiança. Seria apenas mais um caso de nepotismo e nisso não residiria qualquer novidade em relação aos processos de terceirização. Há um senso comum acadêmico sobre terceirizações que, curiosamente, prescinde de pesquisas. Uma vez alertada sobre a obviedade da questão, tratei de buscar as referências de trabalhos que analisassem práticas de nepotismo por meio de terceirizações. O que encontrei foi um imenso deserto. Fala-se muito de terceirização, sobretudo em termos jurídicos, mas quase todo o debate está pautado nas lutas sindicais das categorias mais afetadas, pois a universidade brasileira quase não se debruçou sobre a questão. Do pouco que existe, quase nada é pesquisa empírica sobre as condições e rotinas dos(as) trabalhadores(as) terceirizados. Digo tudo isto porque tenho a impressão de que se já existisse um conjunto mínimo e consistente de trabalhos sobre terceirizados (e não somente sobre terceirização), não se repetiria com tanta frequência que problemas como a questão da confiança no COMPAJAF podem ser satisfatoriamente explicados pelo conceito de nepotismo.

E por que não podem? Porque encerrar a questão da confiança na definição de nepotismo carrega entraves à compreensão das relações entre Estado e mercado no governo neoliberal das prisões. Em linhas gerais, o principal entrave é que o conceito de nepotismo se refere a uma forma corrompida de relação entre o público e o privado, como se fosse uma falha, algo que deveria ser diferente e carrega um prejuízo para o funcionamento do Estado. Uma vez que o recrutamento para determinados cargos não se faz pelo mérito e por qualidades técnicas exigidas pelo trabalho a ser desempenhado, o nepotismo é considerado um prejuízo à gestão da coisa pública.

No caso do COMPAJAF e do recrutamento pela questão da confiança, a gestão — esta maneira de designar um governo esvaziado da política — melhorou seus indicadores, ganhou novos contratos e foi alçada à condição de unidade prisional modelo em Sergipe. Por isso, defendo neste trabalho que a gestão privada é a etapa neoliberal do eternamente inacabado projeto político de humanização das prisões. A maneira como o recrutamento migrou da legalidade dos concursos para a informalidade da confiança é um exemplo de como essa política feita "por baixo" caracteriza uma gestão eficiente que, no caso das prisões, significa permitir sua continuidade após longos ciclos de esgotamento. No caso do Brasil, um último ciclo que foi aberto pelo Massacre do Carandiru prosseguiu por sucessivas reformas humanizadoras e chegou ao encarceramento em massa que hoje coloca em xeque não apenas a prisão, mas o conjunto do sistema de justiça criminal.

Quando eu decomponho a questão da confiança em currículo, mérito, estabilidade e segurança e busco trabalhar com esses sentidos que me foram trazidos pelos(as) terceirizados(as) nas entrevistas de campo é porque o compartilhamento de gestão de uma unidade prisional expressa o desfazimento da fronteira entre público e privado como pensada tradicionalmente nas Ciências Sociais. E, a partir do momento em que esta fronteira é muito mais um ponto de confluência e novos arranjos de forças, e menos de separação de dois campos fundamentalmente distintos, talvez seja preciso abrir mão dos conceitos que trabalham esta confluência como uma conspurcação de limites que já não se sustentam. Neste sentido, a ideia de cogestão ou compartilhamento de gestão prisional é mais do que cabe nos limites de uma análise jurídico-contratual. Ela materializa e expõe que a prisão, umas das instituições mais importantes do exercício da soberania do Estado, encontra no neoliberalismo, sua capacidade de expansão atrelada ao exercício do poder governamental por outras forças, outros atores. Neste sentido, é que defendo ao longo da tese que não há que se falar em retração do Estado, mas de expansão de governamentalidade, inclusive, do próprio Estado.

> *(...) tanto na Europa quanto nas Américas, toda a reflexão acerca da política, até pouco mais de trinta anos foi feita em torno da e submetida à figura de um centro de poder político para onde confluíam todas as obediências e desde onde emanavam todos os poderes. Figura do soberano, fantasma da centralidade, contraparte sólida para a política do que o dado biológico é para a família. Teoria jurídico-política, por certo, mas igualmente filosófico/religiosa: teoria neoplatônica, plotiniana, das relações de poder, cuja imagem formulada é a de um centro desde onde emana um poder que perde intensidade e eficácia na medida em que ruma para suas franjas. Toda a interpretação do pensamento político responsável pela ideia de isolamento, da ausência de Estado e de "Estado paralelo" é devedora deste ponto de vista que depende, decerto, da criação de um núcleo sólido, seja ele sob a forma de um líder, de um chefe, de um patrão, de um coronel, de um senhor, de um aparelho, de um modelo estatal (VILLELA, 2009, p. 207).*

No caso da cogestão do COMPAJAF, o que modula o recrutamento e a permanência dos trabalhadores da iniciativa privada é uma combinação de fatores pessoais e informais, ou seja, algo diametralmente oposto aos princípios gerais da administração pública, que exigem impessoalidade e formalidade. No entanto, isso não significa que o Estado fica de fora ou em paralelo a este novo funcionamento, afinal, ele é o principal beneficiário do novo recrutamento, embora não o único, e passa a ter um domínio muito maior sobre o preenchimento de cargos e funções antes submetidos aos limites de um concurso.

Quando digo que a questão da confiança carrega uma dimensão de currículo não estou utilizando metáfora. Os currículos dos indicados costumam ser marcados para as seleções e, como era de se esperar, essas marcações reduzem o nível de exigências para a função a ser desempenhada, porque o critério mais importante de contratação é a própria confiança, e não tanto esta ou aquela habilidade que pode, inclusive, ser adquirida nos processos de admissão — o curso — ou mesmo depois deles.

> *"(...) mas é assim, a gente tem uma lista de quem vai fazer o curso, já vem com o nome, eu já fiz as entrevistas teve uma época, aí tá o nome naquele currículo, eu até acho que não tem o perfil, mas tá o nome, vamos colocar pra fazer o curso, vai que no curso ele vai, e aí passou no curso, daqueles cento e sessenta que foram até o fim do curso, tem uns vinte que têm aquele nome, que vão ser os que vão ser chamados primeiro".*

Nenhuma dessas dimensões é fixa, no entanto. A própria marcação no currículo também pode indicar que o futuro contratado é alguém vulnerável "que entra precisando muito do emprego porque tá difícil o mercado de trabalho, e aí é uma empresa que paga direitinho". Ou seja, a indicação pode funcionar tanto como sinal de reconhecimento pela experiência na forma de um convite quanto pode dizer o exato contrário, que o candidato à vaga será contratado como quem recebe um favor. Ao mesmo tempo em que é considerada um mérito e alguns indicados "já se acham um pouco superiores", a questão da confiança precisará, às vezes, ser confirmada como perfil, uma espécie de demonstração de afinidade com o trabalho prisional.

> *"(...) então tem muita gente que não tem o perfil, tem muita gente que vem indicado pelo estado (...) confunde um pouco as coisas, sabe, aí às vezes tem muita demissão por isso, hoje menos, porque, porque a gerência tem um trabalho assíduo, de formiguinha, respeite o preso que o preso vai lhe respeitar, trate direito o preso que o preso vai lhe respeitar, não entre na onda do preso".*

A questão da confiança, então, é mutável. Assim, da mesma forma que ela pode ser lida como estabilidade, a depender das condições de indicação, também pode estabelecer tensões entre funcionários que se consideram preteridos ou submetidos a condições mais rígidas de trabalho.

> *"(...) hoje no meu setor a gente vive esse problema, porque a funcionária que entrou recente, ela é esposa do agente de Estado, então, a gente já teve reunião profissional (...): 'fulana você tem que entender que aqui, quando você passa daquela porta, que você vem cumprir suas trinta horas você é Reviver, as regras da Reviver são essas, o estado é outra coisa, como relação a horário, cumprir a hora, cumprir metas, é, pô, o esposo dela (...) chega oito, chega nove, ela tem que chegar sete, ela não pode chegar de carro na hora que ele chegar, e isso acontece, eu tô dando o exemplo dela porque isso tá acontecendo perto, mas eu posso dizer do agente que é irmão do fiscal (...) quer cumprir o horário que quer, quer ficar no posto que quer..."*

Este tipo de tensão, bastante frequente na unidade, permite que a empresa gestora se qualifique como instância mediadora de relações de confiança. Trata-se, portanto, de um grande dispositivo de governo da prisão terceirizada. A questão da confiança regula postos de trabalho, horários, submissão a controles e revistas, relações entre os funcionários da empresa e do Estado, dentre outras. No caso acima, o entrevistado que apontou os privilégios da esposa de um agente de Estado, posteriormente, garantiu para si mesmo a possibilidade de manejar sua jornada de trabalho em favor de seus interesses pessoais. Segundo me relatou, ele conseguiu um arranjo de dias da semana e horas de trabalho que o permitiram se dedicar a um curso superior e outras atividades profissionais. Com isso, o incômodo foi pacificado individualmente, não produziu denúncia, não se transformou em demanda coletiva, e o mais importante, reforçou a própria questão da confiança como eixo da gestão eficiente do COMPAJAF.

É a partir deste quadro geral delineado pela questão da confiança que passo a analisar outras dinâmicas da gestão terceirizada do COMPAJAF, agora divididas pelo tipo de trabalho exercido na unidade e individualizando os relatos, ainda que sob nomes fictícios, para tentar compreender melhor questões específicas como hierarquia, vigilância, tratamento de presos e outras.

3.1 DE VERDINHOS A GERENTES: A GENTE FAZ DE TUDO UM POUCO

Verdinhos. É como são conhecidos, no COMPAJAF, os monitores de ressocialização contratados pela Reviver, empresa que administra a unidade. A designação oficial como monitores de ressocialização, no entanto, é recente, de 2017, e até o momento em que estive em campo, não havia sido incorporada ao cotidiano das relações na prisão. Nestas, a cor do uniforme (verde, obviamente) ou o vínculo com a empresa (agentes da Reviver, colaboradores) prevaleciam como forma de tratamento e (auto)referência. Em outros tempos, seriam chamados de carcereiros.

A cor do uniforme os distingue do preto utilizado pelos agentes do Estado. Nos poucos estudos[13] existentes sobre as relações entre servidores concursados e trabalhadores terceirizados que atuam na administração pública, a distinção indumentária é apontada como parte da fronteira hierárquica no local de trabalho. A este respeito, ao entrevistar trabalhadores terceirizados do setor de informática alocados em uma instituição pública, Márcio Martins analisou:

> *Um terceirizado verbalizou: "é um uniforme deprimente". A separação vai além do crachá ou do uniforme (que já são bem evidentes), mas avança sendo percebida nas mínimas coisas como regras informais, tratamento cotidiano, convites, inclusão/exclusão. E continua em pontos mais importantes, como normas jurídicas, salário, estabilidade, direitos e deveres (MARTINS, 2012, p. 82).*

---

13. Neste sentido: MARCOLINO, Adriana. Balanço da produção acadêmica brasileira sobre condições e relações de trabalho dos terceirizados. 2019. Dissertação (Mestrado em Sociologia) – Faculdade de Filosofia, Letras e Ciências Humanas, Universidade de São Paulo, São Paulo, 2019.

No caso do COMPAJAF, além do uniforme, da diferença salarial, do vínculo jurídico com a administração pública, há ainda, na composição desta hierarquia, o porte de arma letal, que não é franqueado aos verdinhos, mas somente aos agentes do Estado, e que demarca, como me disse um desses agentes, "quem entra lá para resolver".

Agentes do Estado é a maneira pela qual, na unidade carcerária, são chamados os funcionários públicos, oriundos do único concurso para a função de guarda prisional ocorrido no estado de Sergipe, em 2001[14]. São pouco mais de uma dezena, com alguma variação decorrente da ativação de guaritas[15]. Como me explicaram os entrevistados verdinhos, os 6 primeiros escalões da hierarquia da prisão são sempre ocupados pelos agentes do Estado, designados pelos seus números: zero-um (diretor), zero-dois (vice-diretor), etc. Um funcionário da empresa gestora pode, no máximo, ocupar o lugar de zero-sete, na condição de gerente geral. Esta enumeração não é derivada de um vínculo jurídico de subordinação, pois no regime de cogestão, as estruturas organizacionais do Estado e da empresa não se comunicam. Assim, os agentes do Estado são considerados hierarquicamente superiores aos verdinhos, ainda que não façam parte da mesma estrutura organizacional. Esta relação de poder, vertical e descendente, é informal, ainda que se paute por aspectos formais, como o vínculo jurídico de trabalho.

> *Como são pessoas com vínculo empregatício instável, todos os concursados os tratam como subordinados. Conforme fala de um participante terceirizado: "todos acham que podem mandar em nós porque são concursados e nós terceirizados, mesmo não tendo vínculo de chefia com a gente" (MARTINS, 2012, p. 76).*

---

14. Durante a pesquisa de campo, outro concurso foi realizado, em 2017, mas até agosto de 2020, metade dos aprovados ainda não havia sido convocada. De qualquer forma, entre os agentes do Estado lotados no COMPAJAF durante esta pesquisa, todos eram advindos do concurso de 2001.

15. Guaritas ao redor da unidade, onde desempenham função de vigilância apenas agentes do Estado armados. O funcionário recebe um valor a mais nos seus vencimentos caso ocupe uma guarita, devido aos adicionais noturnos. Por isso, a ativação das guaritas não é contínua e, a depender do orçamento da administração, elas ficam fechadas.

Quem vai trabalhar na empresa e não faz parte do corpo técnico, habitualmente começa como verdinho, e pode chegar às gerências operacional, financeira e geral. Corpo técnico é o conjunto de profissionais especializados, geralmente com escolaridade de nível superior, como assistentes sociais, professoras, enfermeiras, dentistas, advogadas, terapeutas ocupacionais. Enquanto os verdinhos são em maioria homens, o corpo técnico é majoritariamente formado por mulheres.

Dos nove entrevistados contratados pela Reviver, apenas dois, um homem e uma mulher, estavam desempenhando a função de monitores de ressocialização durante o período que estive em campo. Os demais já haviam sido promovidos a uma gerência (ou eram integrantes do corpo técnico) e, portanto, deixado de ser verdinhos, já que esta designação só cabe para quem desempenha a função de carcereiro. Apesar de suas funções demandarem apenas o nível médio, Carlos e Joana (nomes fictícios, assim como ocorrerá com todos os demais entrevistados) possuem nível superior, duas exceções entre seus colegas de mesma hierarquia na empresa. Ambos me disseram já ter passado por diversas funções no COMPAJAF, mas no momento das entrevistas, Carlos trabalhava na central de monitoramento:

> *"(...) a gente faz de tudo um pouco, né? Cada plantão, cada mês, a gente tem um posto que a gente tem de trabalho. Hoje eu trabalho no monitoramento e dentro dos pavilhões (...) São mais de 80 câmeras e a gente fica numa área isolada, olhando tanto a parte dos internos que tão no COMPAJAF, quanto os procedimentos, se tá tendo regularidade, para passar para a questão da diretoria para eles poderem adequar".*

Apenas um ano e meio depois de entrevistar Carlos, pude conhecer seu posto de trabalho. O lugar coincidiu com a imagem que eu já carregava de um panóptico. É verdade que se trata de um panóptico atualizado, já que o painel das câmeras permite observar além do que se poderia ver a olho nu, da mesma forma que alcança recintos que não são visíveis do centro da estrutura arquitetônica. Ainda assim, a central de monitoramento obedece ao formato de uma torre, situada no meio dos três pavilhões que compõem a unidade, à exceção do seguro. Isto significa que mesmo se as câmeras todas falharem em determinado momento, ao funcionário ali situado ainda será possível vigiar.

> *Na periferia uma construção em anel; no centro, uma torre; esta é vazada de largas janelas que se abrem sobre a face interna do anel; a construção periférica é dividida em celas, cada uma atravessando toda a espessura da construção; elas têm duas janelas, uma para o interior, correspondendo às janelas da torre; outra, que dá para o exterior, permite que a luz atravesse a cela de lado a lado (...). O dispositivo panóptico organiza unidades espaciais que permitem ver sem parar e reconhecer imediatamente (...). A visibilidade é uma armadilha (FOUCAULT, 1999, p. 27).*

O contrário também é verdadeiro, se o funcionário sair da central, as câmeras permanecem exercendo vigilância efetiva. A grande diferença em relação ao panóptico descrito por Foucault, portanto, é o estreitamento entre vigilância efetiva e vigilância potencial, esta última que é um princípio de inteligibilidade do panóptico porque dispensa que o preso esteja sendo vigiado de fato, basta que ele se presuma vigiado, ainda que o ponto central de observação esteja vazio. A partir da implantação das câmeras, o vazio na torre de vigilância não desapareceu enquanto possibilidade, acidental ou intencional, mas se tornou menos imaginável e disso se espera um reforço na disciplina dos encarcerados.

Joana, que à época da entrevista trabalhava no setor de revista, fosse de outros funcionários, fosse das visitas, ao falar de sua experiência com rebeliões também expôs uma nova funcionalidade deste panóptico televisionado. Em 2012, na maior rebelião ocorrida no COMPAJAF até hoje, Joana não estava presente, porém, relata: "Eu assisti tudo também, aí depois a parte interna que a gente não tinha visto, depois eu assisti na coordenação de disciplina, que ninguém teve acesso a essas imagens todas".

Mais adiante, retornarei ao debate sobre o panóptico e a sociedade disciplinar que ele informa na obra de Foucault, porque alguns deslocamentos, tanto do ponto de vista da pertinência da disciplina como conceito adequado à realidade brasileira, quanto da própria atualidade do panóptico em sociedades de controle a céu aberto (DELEUZE, 2006, p. 220) se fazem necessários. Por enquanto, é suficiente dizer que dispositivos de governo se sucedem sem que necessariamente o anterior desapareça em favor do mais recente.

Assim, é possível que se compreenda a atualidade do panóptico como dispositivo de vigilância, embora a armadilha da visibilidade tenha se transmutado significativamente, já que imagens gravadas dentro da unidade transportam a própria prisão no tempo e no espaço, e a ideia de que todos os aspectos da vida carcerária se desenrolam sob uma vigilância central e exclusiva, característica de uma instituição total (GOFFMANN, 2011, p. 16), parece já não explicar a prisão contemporânea.

Pouco tempo depois da entrevista com Joana, encontrei as imagens da rebelião de 2012 publicadas no YouTube por uma emissora de rádio (PROGRAMA LIBERDADE SEM CENSURA, 2013). Assim, para o escopo desta tese, a condição de reprodutibilidade das imagens obtidas pelas câmeras de monitoramento corresponde ao conceito de vaso comunicante. Rafael Godoi chama de vasos comunicantes "toda forma, meio ou ocasião de contato entre o dentro e o fora da prisão" (2017, p. 77). Neste sentido, lista tanto meios institucionalizados — visitas de familiares, saídas temporárias de presos, entrevistas com advogados, assistência religiosa, correspondência via correios, etc. — quanto recursos considerados ilícitos, como o uso do celular.

> *Trata-se de uma articulação particular que, ao mesmo tempo, une duas dimensões da existência social e define uma separação entre elas. Os vasos colocam em comunicação dois "mundos", no entanto não são desprovidos de bloqueios: neles, múltiplas negociações, determinações, poderes e disputas operam a diferenciação do que entra e sai, dificultando ou facilitando acessos, registrando (ou não) as passagens e estabelecendo destinações (...). No estado de São Paulo, atualmente, mais que a conduta dos reclusos no interior da prisão, as passagens e trânsitos são o foco privilegiado da vigilância penitenciária, bem como de investimentos governamentais (IBID., p. 77).*

Enquanto relata sua experiência, direta ou adquirida pelas histórias contadas por seus colegas de trabalho, Carlos também se refere à circulação de imagens da unidade em episódios de rebelião. Segundo ele, se a administração prisional é bem-sucedida na contenção de uma rebelião, não passa no jornal. Mas se os presos conseguem fazer qualquer funcionário de refém, "sai até no Jornal Nacional".

A publicação de imagens do circuito interno de câmeras com a intenção de demonstrar o sucesso da contenção de uma rebelião aponta menos para uma contradição com a fala de Carlos e mais para as negociações existentes a respeito dos fluxos de comunicação entre a prisão e seu exterior. As imagens da rebelião de 2012, arquivadas dentro da unidade prisional, às quais Joana teve acesso, talvez não sejam idênticas ao material divulgado na internet. Da mesma forma, a maneira como a imprensa expõe a eficiência ou ineficiência da administração prisional em episódios de rebelião pode variar de um canal de televisão para o outro, praticamente com as mesmas imagens de fundo, mas em edições diferentes. O sentido, a direção e a intensidade de cada fluxo são modulares e variam a cada situação. Disso decorre, inclusive, a impossibilidade de capturar a todos, de modo que a prisão está incessantemente se comunicando para além de seus muros.

As palavras de Joana a respeito dos procedimentos de revista confirmam que os bloqueios dos vasos comunicantes estão em constante negociação. Ao descrever sua rotina de trabalho após a implantação do aparelho conhecido como bodyscan — dispositivo de inspeção corporal que emite ondas de Raio X para detecção do que a pessoa revistada traz consigo junto e dentro do corpo — ela conta que a entrada de objetos considerados ilícitos, a exemplo de celulares ou drogas, diminuiu, mas não desapareceu:

> *"(...) a gente vê que tem alguma coisa, mas... como eu tô no bodyscan, tô vendo aquela imagem ali, mas eu não tenho o aval pra dizer se vai a visita entrar ou não, eu tenho que chamar (...) a gerência, ou quando a gerência não vai verificar, manda o coordenador operacional, e eles, sim, vão me dizer se a visita vai entrar ou não".*

Como o bodyscan não mostra exatamente a imagem do objeto trazido junto ou dentro do corpo de uma pessoa revistada, mas apenas uma mancha na tela de quem controla o aparelho, Joana é obrigada a comunicar a seus superiores para que eles possam decidir o que fazer cada vez que isso acontece.

A este intervalo entre a máquina e a decisão de seus superiores, Joana atribui um efeito que não é a eliminação dos itens proibidos dentro da unidade, mas a elevação do seu preço:

> *"(...) os próprios internos a gente vê comentando, quando vai levar a documentação lá dentro pra eles, eles comentando que 'tá ruim', 'tá osso', 'o negócio tá caro' porque tá mais raro do que era, a oferta tá pequena, então o preço tá mais elevado".*

É importante registrar que nem todo item cuja entrada é proibida no COMPAJAF é ilícito, a exemplo do cigarro. Obviamente, quando o que se tenta introduzir na unidade é também ilícito, como celulares e outras drogas, o risco suportado por quem tenta levar tais objetos aos presos também eleva o preço, se for o caso de comercialização (nem sempre é, existem riscos que são suportados por solidariedade, afeto e muitas outras variáveis que não pretendo explorar aqui).

Ainda sobre vasos comunicantes, além do celular, existe o bloqueador de sinal de telecomunicações na unidade, que sobrepõe à entrada do objeto uma outra janela para disputas e negociações, como pude presenciar.

Desde que fui pela primeira vez ao COMPAJAF, já no ponto de chegada do ônibus, meu celular parava de funcionar. Era o efeito do bloqueador da unidade, também alardeado como um dos itens que a torna diferenciada em relação às prisões de gestão tradicionalmente estatal. Em uma das idas a campo, a entrevista da vez se prolongou mais do que deveria e eu perdi a hora do ônibus. Por causa do bloqueador, tampouco me foi possível chamar outro tipo de transporte. Depois de esperar quase uma hora no portão da unidade por um táxi, que teria sido chamado a partir de um dos telefones fixos da administração, um dos agentes do Estado se aproximou de mim e se ofereceu para chamar um Uber do seu próprio aparelho, o que foi imediatamente aceito e agradecido, pois além de não saber sair do local a pé, ainda era uma sexta-feira de Carnaval.

Exponho o episódio porque ele ajuda a compor um quadro analítico sobre as tecnologias de vigilância, controle e monitoramento no COMPAJAF. Ao mesmo tempo em que bloqueador de celular, bodyscan e câmeras fazem da unidade um modelo de segurança máxima em Sergipe, sob a promessa de tornar a instituição mais fechada, esses recursos tecnológicos operam como novos vasos comunicantes. Estes vasos se instauram precisamente no intervalo entre a máquina e a ação dos agentes prisionais.

Após a minha experiência com a solicitação do Uber, inclusive, procurei saber junto aos próprios sujeitos da pesquisa em que medida o bloqueador de celular poderia ser desativado e quem poderia fazê-lo. Obtive mais de uma confirmação que não apenas alguns agentes do Estado possuíam um código de desativação do bloqueio, mas também funcionários da empresa, para que pudessem agilizar rotinas, notadamente de obtenção de suprimentos, como remédios prescritos aos presos, por exemplo. Ou seja, o celular é assumidamente fundamental para o funcionamento da unidade, de maneira que o bloqueador de telecomunicações apenas modula a hierarquia e os preços.

Nas formas pelas quais os agentes percorrem o intervalo entre a máquina e a execução do trabalho, mas também entre qualquer prescrição de dever e a realização do conteúdo das ordens recebidas, é possível observar a lógica delineada por Christophe Dejours: "a gestão concreta da decalagem entre o prescrito e o real depende, de fato, da mobilização dos mecanismos afetivos e cognitivos da inteligência" (1998 apud ARANTES, 2014, edição Kindle, localização 2407). Em outras palavras, é no processo de execução, "no ato", que os referidos mecanismos são agenciados para inventar e mobilizar o trabalho, uma espécie de vácuo a ser preenchido criativamente. É assim que, mesmo com a tecnologia mais avançada de imagens e revistas, a entrada ou não de um objeto é sempre uma invenção do agente. Os diferenciais de poder entre verdinhos e agentes do Estado também modulam as relações entre o interior e o exterior da prisão. Joana conta que, nos procedimentos de revista destinados às equipes que trabalham no COMPAJAF, com frequência, é possível notar que os agentes do Estado são menos submetidos a verificações de seus pertences.

> *"Uma coisa que eu acho pior de tudo, assim, se eu sou agente do Desipe não existe que eu me cubra dizendo que eu tenho, que eu posso adentrar uma unidade prisional sem ser revistado, sem passar em qualquer um que seja os procedimentos de revista, seja um*

bodyscan, seja o jeito que for, detector de metais e 99% deles fazem isso (...). Verdinho passa pelos procedimentos, é obrigado, se você não passar vai chegar uma hora que cê vai logo sair. Agora... Desipe, Desipe não passa ninguém".

As palavras de Joana deslocam o discurso dos empresários e defensores dos regimes de participação privada na gestão prisional. Para estes últimos, uma das vantagens dos modelos de gestão privada é a ausência de entraves à demissão de funcionários que os faria, portanto, mais empenhados no correto desempenho de suas funções e menos suscetíveis a se envolverem em práticas proibidas ou ilícitas. Ao compararem o desempenho de dois Conjuntos Penais na Bahia, nas cidades de Teixeira de Freitas (gestão estatal) e Valença (gestão privada), Sandro Cabral e Paulo Furquim concluíram neste sentido:

> *(...) em concordância com as leis brasileiras, os empregados, aprovados mediante concurso, gozam de estabilidade no emprego e não podem ser demitidos, a não ser depois de constatada alguma falta grave. O processo de desligamento é moroso e, muito raramente culmina em demissão (...) tem-se que a prisão pública emprega 20% a mais de funcionários e reporta taxas de absenteísmo 3 (três) vezes mais altas que a prisão terceirizada (...). Enquanto dois empregados foram demitidos na prisão pública, no mesmo período, na prisão operada pela empresa privada, 15 pessoas foram demitidas (CABRAL e FURQUIM, 2006, pp. 7-8).*

Porém, se sigo a pista oferecida por Joana em relação aos controles exercidos sobre verdinhos e agentes do Estado, posso, com pertinência, apontar que a condição dos trabalhadores sem estabilidade só pode se afirmar como diferencial da gestão privada a partir do momento em que eles são submetidos a um controle muito mais rígido de suas rotinas de trabalho do que os servidores públicos que atuam na mesma unidade. Em outras palavras, a estabilidade jurídica dos agentes do Estado é incrementada pelo fato de que eles escapam à vigilância rotineira mais intensiva. Com isso, agentes do Estado podem permanecer atuando de forma bastante semelhante ao que já faziam na gestão tradicional, enquanto a instabilidade e ameaça constante de demissão dos trabalhadores e trabalhadoras terceirizados, como Joana e Carlos, dão forma ao discurso de eficiência administrativa do setor privado.

> *Na outra ponta, o contrato dos trabalhadores terceirizados não lhes garante estabilidade, ao contrário dos concursados. Repetidas vezes eles escutam verdades ditas de forma tanto cínicas quanto perversas que "precisam cuidar do seu emprego"; que "emprego está difícil... tem uma fila de pessoas esperando para entrar aqui", e que eles têm uma boa oportunidade por estarem ali e que "ganham acima do que o mercado oferece" (MARTINS, 2012, p. 84).*

A ausência de estabilidade no emprego por parte dos trabalhadores terceirizados é sempre associada à garantia de direitos dos presos. Isso foi exaustivamente repetido nas entrevistas como forma de os sujeitos da pesquisa demonstrarem sua adequação à função que desempenham, o que, por consequência, é a reprodução do discurso da própria empresa sobre a eficiência do setor privado, como demonstra Carlos:

> *"(...) o símbolo da empresa é voltado pra isso, ressocialização eles insistem, e não admitem coisas ilícitas, erradas, que estão fora da lei. Eles não admitem e nossa formação é pra isso, pra se adequar e mostrar... Tanto que a gente não chama preso, a gente chama interno, né? Ali ele tá internado, não tá preso, a gente não chama ele de preso, a gente chama de interno, quando não sabe o nome, chama de interno, conversa com ele, mas todo o tratamento é dessa forma, entendeu? A gente tem esse treinamento já pra isso porque muitos que vão entrar, que ainda não tem o treinamento, tem uma cabeça diferenciada, que aquele que fez errado lá fora, que ele vai descontar. E a Reviver não trabalha dessa forma. Primeiro que se você não se adequar, você vai ser demitido, diferente do estado, que no estado você faz um concurso e hoje, pelo menos até hoje, para você ser demitido é um processo muito longo. No caso da gente, não, de um dia pro outro a gente pode ser demitido. Então, aquele trabalhador que precisa, tem condições, vai trabalhar da forma correta, que a empresa precisa".*

Porém, da mesma forma que a tecnologia não se inscreve de maneira imediata no funcionamento da prisão, mas somente como resultado de uma mediação dos agentes prisionais (aqui no sentido amplo e genérico que abrange todos e todas que mobilizam o cotidiano naquele espaço), o discurso de eficiência do setor privado encontra fissuras e adaptações nas falas e experiências dos sujeitos de pesquisa. O mesmo Carlos que incorporou o discurso da empresa segundo o qual seu próprio emprego é dado em garantia dos direitos dos presos, estabelece uma desconfiança quando se fala de ressocialização:

> *"Então, a pessoa tem que ter um pouco de coragem para trabalhar, na verdade. Mesmo que você trabalhe com ressocialização, né, você não sabe, do outro lado, o que é que eles pensam também. Nem todos veem da mesma forma, né? Porque muitos não querem se ressocializar. Infelizmente, a gente tem o outro lado também, que não tem interesse dessa ressocialização. Por quê? Porque muitas vezes, o que eles falam na justiça, lá dentro, a gente escuta outras conversas deles e a realidade, às vezes, não é a mesma. O que eles falam pra lá, pra Justiça, em outro lugar, na nossa frente, que eles sabem que ali não vale mesmo o que eles estão falando, eles falam outras coisas totalmente diferentes. E aí você vê que ele realmente não tem interesse de ressocializar. Então, aqueles que a gente vê que não têm interesse, a gente, eu tô falando o trabalhador, a gente também não confia tanto, né?"*

No momento em que ouvi Carlos falando que alguns presos não querem se ressocializar, imediatamente, ativei a chave explicativa do individualismo como característica marcante da modernidade e a responsabilização individual por problemas sociais como típica do neoliberalismo (HAN, 2017). Mas numa segunda mirada, sem jogar essa chave fora, passei a considerá-la insuficiente. Isso porque, como analiso, a partir de Michel Foucault (1999), uma das finalidades da prisão é produzir docilidade política, ou seja, é dobrar a vontade do sujeito, promover uma inscrição em sua subjetividade que pode receber o nome de culpa, arrependimento, salvação, recuperação, reforma, ou mesmo, ressocialização.

Quando Carlos elabora que existem presos que não querem se ressocializar, penso que também está contida aí a percepção de um fracasso da prisão em relação àquela finalidade, já que justamente o "querer" é o alvo da produção de obediência. No caso do COMPAJAF, este fracasso vem acompanhado, segundo o próprio Carlos, da garantia de que o preso "tem o que é da lei de execução penal", de maneira que há aí pelo menos uma intuição da fragilidade do discurso empresarial ressocializador e que foi incorporado, dentre outras coisas, por se confundir com a sua própria manutenção em um emprego de "carteira assinada, com todos os direitos de um trabalhador".

Sobre suas condições específicas de trabalho, aliás, Carlos e Joana possuíam rotinas bastante distintas na unidade prisional. Carlos trabalhava à noite, em regime de escala ou plantão, de 12 por 36. Ou seja, a cada 12 horas ininterruptas de trabalho, sucediam-se 36 de descanso. Já Joana, que estava encarregada das revistas de pessoas que entram e saem da unidade, trabalhava de segunda a sexta, das 7 às 16 horas. Nos dias de visitação dos familiares de presos, ou seja, às quartas, quintas e sextas-feiras, o trabalho de Joana se intensificava:

> *"Chego pela manhã, visto minha farda, eu já chego quase pronta, coloco minha blusa, o crachá, prendo o cabelo, vou pra sala de revista, que normalmente tô na revista, antes eu tava no bodyscan, faço o que, padronizo a sala que geralmente já tá pronta, a gente faz uma lista que elas precisam assinar, né? Dando o que... que a assinatura é válida para que eu possa fazer a revista na pessoa, elas assinam, me mostra a carteirinha e eu começo a revista (...). Eu olho as laterais, peço pra abrir a boca, olho cabelo, olho tudo certinho, depois que termina olho se a assinatura confere, se a carteirinha é realmente da pessoa e encaminho a pessoa pra fila do bodyscan. Só isso, lá a gente só faz a revista mesmo rápida e mais pra olhar tecido, roupa, essas coisas e boca e cabelo, e o resto passa pela máquina. Depois que passa pela máquina, algumas entram, a maioria, e outras que foram acusadas, detectada alguma coisa na imagem, de lá mesmo retornam. O que eu faço é isso".*

A rotina de Joana vai operar uma passagem na minha análise a partir do seu relato sobre a revista pessoal e íntima, também conhecida como revista vexatória por causa da exposição, humilhação e degradação a que são submetidas as pessoas que vão visitar alguém na prisão. Enquanto escrevo agora, três anos depois de encontrar Joana, o Supremo Tribunal Federal (STF) ainda se debruça sobre a legalidade de procedimentos que obrigam as visitas a ficarem nuas, agacharem sobre um espelho ou mesmo serem submetidas a toques nas partes íntimas de seus corpos, tudo sob a alegação de que podem portar algum objeto ilícito e/ou cuja entrada na unidade é proibida. Como me relatou Joana, a prática da revista vexatória não existia mais no COMPAJAF, pois havia sido substituída pelo uso de tecnologias de raio-X.

É aqui que apresento Antônio, ex-verdinho promovido à função de gerente operacional e que se tornou responsável pela regularidade de todas as rotinas desenvolvidas por seus colegas, bem como pelas providências relacionadas à manutenção da unidade, a exemplo de reparos na estrutura física e das demandas de compras de insumos para a hotelaria. Antônio fez questão de me contar que a política da empresa sobre as revistas íntimas era voluntária.

> *"A visita vai lá fazer a visita, a revista íntima ela não está proibida, ela está, entre aspas, sugerindo que não seja feita porque legalmente não tem lei nenhuma que proíba de fato. Mas a gente tá seguindo essa diretriz de não fazer a revista íntima. Já mesmo sem o scanner já não fazíamos".*

Ao passar à função de gerente, a fala de Antônio apresenta alterações significativas em relação às entrevistas de Carlos e Joana, sendo a principal delas um estado de autoidentificação com a empresa. Assim, enquanto Joana relatou apenas o desaparecimento de uma rotina, Antônio fez questão de demarcar que a empresa, embora não fosse obrigada a abrir mão do procedimento vexatório, não mais fazia uso dele, de olho em recomendações para obtenção de certificados da International Organization for Standardization (ISO).

Foge ao escopo do trabalho a análise do intuito político da ISO, mas certificações desse tipo podem ser descritas como dispositivos de confiança a respeito daquilo que não é identificável pela simples observação (PORTILHO; CASTAÑEDA; DE CASTRO, 2011). Por se tratar de uma instituição fechada, os procedimentos de uma prisão não são passíveis de avaliação pelo público externo à unidade. As certificações ISO têm, portanto, a função de dar credibilidade à empresa no mercado específico em que atua e perante a sociedade em geral. Essa credibilidade se assenta, como me explicou Antônio, na capacidade de uniformizar rotinas:

> *"(...) a nossa empresa, ela tem a ISO, eu até trouxe para você dar uma olhada rapidinho, ela tem a ISO e você trabalha com procedimento. Se você chegar na Reviver hoje do COMPAJAF, de Estância, de Areia Branca, o procedimento é o mesmo".*

De maneira geral, pude concluir que o fim da revista vexatória na gestão privada se relacionava à necessidade de apresentar um diferencial humanista em relação à gestão estatal. Este diferencial é mobilizado por Antônio tanto para afirmar a superioridade da empresa quanto para apontar o que ele considera uma recusa dos presos aos procedimentos.

> *"(...) o preso troca uma roupa de três em três dias. Preso não lava roupa. Tem uma lavanderia. Um preso nosso no COMPAJAF, ele tem café da manhã, tem almoço, tem janta, tem lanche. Tem dois nutricionistas no COMPAJAF. Dois nutricionistas. O preso lá, se você chegar lá na cozinha do COMPAJAF você vê lá, você não vê comida de terceira lá. Você não vê. Tá tudo lá pra ser fiscalizado. É oferecido tudo isso a ele. Mas ele não quer. Ele quer ir pro COPEMCAN".*

Narrativa frequente entre funcionários e gestores, o Complexo Penitenciário Dr. Manoel Carvalho Neto (COPEMCAN), localizado na cidade de São Cristóvão, costuma aparecer em comparação ao COMPAJAF como uma espécie de contramodelo, o lugar que representa o oposto da gestão privada: superlotado, fora do controle da administração, sujo, corrupto, vexatório. Desta forma, quando Antônio diz que os presos preferem o COPEMCAN, deixa entrever os limites do próprio discurso humanista que se apresenta como diferencial da gestão privada. É assim que a empresa, certificada, cumpridora de recomendações para supressão de procedimentos vexatórios, fornecedora de serviços completos de hotelaria, representa o humano, ou a humanização, enquanto o preso continua a representar um déficit de humanidade, por isso, ele prefere o insalubre COPEMCAN.

Esta relação de oposição e complementaridade entre o moderno e o arcaico, o novo e o velho, o limpo e o sujo, que se materializa no COMPAJAF (gestão privada) e o COPEMCAN (gestão estatal), já foi observada por Loïc Wacquant a respeito de duas prisões localizadas na mesma rua, em Los Angeles (Califórnia/EUA).

> *A MCJ e as Torres Gêmeas são as duas fases do cosmos carcerário estadunidense, homólogas às duas faces do apartheid econômico no país (...): uma, hipermoderna, de alta tecnologia, altos níveis de qualificação, fluxos fluidos e contínuos, e alta produtividade; a outra, ancorada em serviços desqualificados e produção decadente, caracterizada por meios antiquados, baixo insumo tecnológico, vai e vem de diretrizes e baixa produtividade. Uma não exclui a outra, pois nenhuma é "a" prisão americana: os dois componentes, o atrasado e o futurista, devem manter-se juntos e compreendidos em sua relação de hierarquia estrutural e complementariedade funcional (WACQUANT, 2004, p. 12).*

Especificidades dos distintos contextos, brasileiro e estadunidense, à parte, a complementaridade entre duas prisões que operam a partir de modelos de gestão não apenas distintos, mas antagônicos, funciona, no caso sergipano, para ratificar a tese de superioridade do setor privado. O COPEMCAN, como unidade problemática, superlotada, suja, depredada, preferida pelos presos que "não querem se ressocializar" — noção tão difundida entre os agentes prisionais — não é um modelo em vias de extinção. Pelo contrário, é uma realidade que precisa ser conservada e relembrada, a todo momento, para que não se esqueça e não se duvide que a prisão sergipana pode ser "pior" e que rejeitar a terceirização é "regredir" a uma gestão ineficiente e desumana. É assim que o COMPAJAF e a gestão privada se afirmam como sinônimo de futuro, de evolução, de melhora e de humanização.

Já a ideia de um déficit de humanidade da população carcerária está diretamente relacionada ao que Ana Flauzina chamou de "coeficiente humanitário compatível com os ideais das elites" (2017, p. 40), ou seja, uma espécie de maior ou menor aproximação que se pode ter com a matriz europeia que define o Humano, sem nunca poder, de fato, alcançá-la. Segundo a autora, o racismo que estrutura nossas relações sociais atribui o baixo coeficiente humanitário da América Latina às suas identidades negra e indígena. A partir de Lélia González, Flauzina explica que a tentativa de apagamento destas identidades é, ao mesmo tempo, simbólica, quando se recorre à "latinidade" para designar o continente e aproximá-lo da Europa, e material, por meio de políticas de extermínio e encarceramento (IBID., p. 41).

Essa forma de pensar o racismo é uma das chaves de leitura que utilizo para analisar a seletividade penal que encarcera pessoas no Brasil, como detalharei adiante no trabalho. Por enquanto, cabe notar que a certificação denominada ISO é uma métrica suíça de normalização dos procedimentos administrativos, cuja principal característica é a universalização das condições de gestão, fazendo com que dela desapareçam (ou sejam muito minimizadas) questões locais como raça, gênero, sexualidade, classe e, principalmente, corpo.

A corporalidade subtraída dos processos de padronização das rotinas é traço inescapável daquilo que Maldonado-Torres chama de "diferença antropológica colonial entre o ego conquistador e o ego conquistado" (2007, p. 143). A razão, marca do humano, e aqui, mais especificamente, da empresa que se engaja nos ideais humanistas da execução penal, submete os corpos, alvos de sua gestão, a um padrão de controle de matriz europeia que se pretende neutro e aplicável a qualquer parte do mundo porque o colonizador é sempre quem pode se traduzir universal. Curiosamente, ao analisar gestão prisional, percebi que a voz do humano nesse contexto é a de uma pessoa jurídica, uma abstração, uma ausência de corpo, enquanto todos os corpos sob sua custódia têm a condição humana colocada sob suspeita. Assim, quanto mais Antônio destaca a política humanista da empresa, mais vem à tona a fratura exposta desse discurso:

> *"Quando eu entrei, é claro que a gente tinha uma imaginação do que era preso, né? Quando você começa a trabalhar, você tira aquele mito, primeiro aquela coisa de dizer que todo mundo é perigoso, que todo mundo é... certo? Então você quebra esse mito e vê que não é um bicho de sete cabeças trabalhar. Agora, tem que aprender a gostar. Eu dou um exemplo, essa semana eu dei um exemplo lá ao pessoal. Teve um crime aqui em Aracaju há um tempo atrás (...) pessoal chamava ele de MB (...) ele matou os familiares, matou tudo. MB, quando chegou no COMPAJAF, não tinha um agente que não quisesse pegar MB, de raiva, de ódio. MB passou mais de ano no COMPAJAF. Não foi dois meses, MB, na enfermaria, cuidando dos doentes, ajudando os doentes, os agentes pedindo favor a ele pra pegar um doente, pegar uma coisa e tal. Todo mundo tratando MB... certo? Quer dizer, esqueceu o que ele*

fez? Não, mas viu ali a pessoa, o ser humano, né? Se é que se pode chamar de ser humano... mas é um ser humano que tá ali".

Essa hesitação final, que apareceu também nas falas de Carlos e Joana, embora de maneira menos explícita, estabelece um intervalo entre o que se reproduz como discurso oficial da empresa e o que dele se incorpora. Ao passo em que afirmam que o trabalho na unidade desfez uma imagem anterior que eles tinham sobre pessoas encarceradas, os agentes prisionais guardam dela uma dimensão intocada: a dúvida sobre a humanidade dos presos.

Esta dúvida não está lá para ser dirimida ou superada, ela é uma chave à disposição do poder para ser acionada e realizar clivagens, associações e dissociações eficientes à gestão da unidade, como a que impede os agentes penitenciários de se identificarem com os presos, algo que está sempre prestes a acontecer, como aparece no relato de Joana.

> *"(...) ele já trabalhou comigo no hospital, aí pra minha ingrata surpresa quando vi o nome. Eu tava trabalhando na disciplina porque a menina da disciplina foi tirar férias e eu vi a esposa dele lá, que ela já trabalhou lá comigo também. Quando eu vejo Samuel não acredito!"*

Joana reconheceu um ex-colega de trabalho de outros tempos entre os presos. Além de Samuel, reconheceu também a esposa dele. Acrescentou que ele é um exímio técnico em hemodinâmica e faz manutenção de maquinário de refrigeração. Em nenhum momento, Joana disse ter medo de lidar com Samuel, ainda que ele também a tivesse reconhecido. No entanto, em vários momentos da entrevista, ela recorreu à ideia de risco e coragem para descrever o trabalho na unidade. Para Joana, os procedimentos e rotinas impessoais estão diretamente relacionados à prevenção dos riscos que o contato com os presos pode detonar, ainda que tenha sido justamente no relato de sua proximidade com Samuel que o medo e o risco tenham desaparecido de sua fala.

Tanto Joana quanto Carlos e Antônio, em trechos distintos de suas falas, deixaram entrever uma suspensão do status de humanidade dos presos ao mesmo tempo em que repetiam o discurso da gestão carcerária humanizada, mais ou menos incorporado por cada um dos entrevistados. Aqui, considero importante retomar a questão da confiança como chave explicativa destas relações.

O que faz a confiança ser um valor tão fundamental para o recrutamento, estabilidade e mérito na prisão, segundo funcionários e gestores, estatais e privados? Parece pouco contestável que a confiança opera em oposição ao desconhecido, ao que não se pode atestar pela palavra, ao dissimulado, ao agressivo, ao violento, ao irracional. Neste sentido, o preso deve ser para o funcionário uma figura ambígua, que parece humano, age como humano e cuja proximidade pode comunicar ali a existência de um humano, mas que nunca o é com certeza, nunca o é totalmente, e sempre pode atacar sem mais nem menos, como se diz que fazem os animais. A questão da confiança encontra seu oposto complementar na desconfiança sobre o caráter humano de quem está preso. É possível dizer que ela vai funcionar também como instância de produção de uma sensação de segurança entre os agentes prisionais e gestores frente ao perigo, real ou imaginário, representado pelos prisioneiros.

Retorno à autoidentificação de Antônio com a empresa. Ao ser perguntado sobre a sua rotina, ele respondeu sem separá-la do funcionamento da unidade, de forma que a descrição do seu trabalho se confunde com as atividades empresariais. Dito de outra forma, enquanto Carlos e Joana detalharam seus afazeres diários, Antônio, provocado a descrever seu dia a dia no COMPAJAF, falou em nome da empresa e como se ele fosse a empresa. A condição de gerente operacional estava plenamente incorporada no momento em que conversamos.

> *"Toda a parte de, como é que eu vou dizer a você... pronto, cozinha, com a gente, é nossa, a parte da lavanderia da unidade é nossa. Médico, enfermeiro, psiquiatra, a condução do interno lá dentro da unidade pra esses setores é nossa. Liberação do interno pro banho de sol somos nós que fazemos. Quer dizer, a condução interna dentro da unidade todinha é da empresa. Nós não fazemos é externa, segurança externa é parte do Estado que é o homem armado, mas lá dentro, toda movimentação quem faz é a empresa. Então, tudo isso tem a minha coordenação. Eu tenho que organizar tudo isso, junto com a minha equipe, né, como tem os supervi-*

sores, têm as pessoas, que aí a gente delega as responsabilidades e você administra a unidade".

Antônio falou na primeira pessoa do plural durante quase toda a entrevista. Nos raros momentos em que contou apenas de si, disse que concluiu o ensino médio e, antes, trabalhou como síndico de um condomínio residencial e no almoxarifado de empresas de segurança privada. Diferente de Joana e Carlos, portadores de diplomas de curso superior que não pretendem abandonar suas áreas de formação especializada, mas atuar nelas, seja em substituição ao atual emprego, seja de forma cumulativa, Antônio não falou de outros horizontes profissionais. A condição de permanência no trabalho, segundo ele, é o que posso chamar de disposição subjetiva.

> *"É você gostar do serviço. Quem trabalha no sistema prisional hoje, ou público ou privado, se você não gostar, se você não aprender a gostar do serviço, você não vai ter sucesso. A verdade é essa. Porque o serviço, eu sempre digo, ó, a polícia prende, né, mas entrega pra gente. A Justiça julga, mas entrega pra gente. Então o final de carreira de todos esses é aqui. E aí? Se você chegar lá, olhar pro interno, olhar pro preso, 'ah, ele é um pedófilo', 'ele estrupou [sic] uma menina de dois anos'... Sim, e daí? 'Ele é estrupador' [sic]. Sim, e daí? A sua função aqui vai ser custodiar ele, independente do delito que ele tenha feito lá dentro. A lei, a justiça, já fez a parte dela. A nossa função aqui vai ser o quê? Dar o que a LEP manda dar. Tá acabado, não posso fazer mais nada. Eu sempre digo ao meu pessoal lá 'se você não aprender a gostar desse trabalho, peça pra sair'. Aqui não é um supermercado, não é uma lanchonete, você não vem aqui ganhar dinheiro. Se você veio aqui ganhar dinheiro, peça pra sair porque você não vai se dar bem aqui dentro".*

Quatro aspectos se entrelaçam neste momento da fala de Antônio. O primeiro é a concepção do seu trabalho a partir do que se chama de legalidade estrita, ou seja, ele se percebe — e percebe a empresa — como executores da legislação pertinente ao encarceramento, tal como um funcionário público. Em segundo lugar, ele define a condição de permanência no emprego como um gostar do que se faz, ou seja, gostar de ser esse executor da lei penal. O terceiro aspecto é que Antônio elenca alguns crimes que considera graves para falar das limitações impostas à ação de quem pretenda ultrapassar os limites da legalidade no trato com os presos.

Até aqui, e numa leitura a contrapelo, o que se pode perceber é que a condição para se manter empregado narrada por Antônio, é renunciar ao que se deseja fazer em relação aos presos acusados ou condenados por determinados crimes. A dificuldade para aprender a gostar do trabalho é que "descer a madeira nele (...) não é nossa função". A proibição da tortura é, portanto, algo contra o que se luta e algo que escapa. Algo que não pode ser afirmado, mas que não deixa de aparecer na ordem do discurso. É também algo que depende, fundamentalmente, da hesitação em relação à condição humana do preso. Tanto que as figuras acionadas por Antônio são poderosos discursos de degradação do outro. "Estuprador", "pedófilo", ainda mais quando dissociadas de qualquer materialidade, são noções acionadas apenas para desumanizar corpos que se tornam, portanto, disponíveis à tortura.

A negação da prática da tortura que, ao mesmo tempo, é uma afirmação de suas justificativas nas figuras do "pedófilo" e do "estuprador", acabou por me remeter a José Araújo, personagem de Carcereiros, segundo livro da trilogia de Drauzio Varella sobre as prisões brasileiras. José trabalhou 22 dos seus 33 anos como agente prisional na Casa de Detenção do Carandiru. Em suas conversas com Varella, a tortura aparecia sob uma gíria, um palavreado inequívoco para, em seguida, esconder-se, como se não pudesse ser dita e, ao mesmo tempo, não pudesse ser silenciada. Um jogo de sombras bastante sintomático de um país que anistiou os torturadores da ditadura civil-militar e segue promovendo a altos cargos os torturadores que agem em plena vigência do Estado Democrático de Direito. Embora de maneiras distintas, tanto Antônio quanto José Araújo admitem situações em que a tortura contra os considerados criminosos é algo justificável, ou seja, situações em que o preso perde sua condição de sujeito — sempre frágil — para se tornar inteiramente objeto, eis que esta é a condição inescapável do corpo torturado.

> *Na chefia, resolvia pessoalmente as ocorrências mais graves. Subia aos andares para apartar brigas, revistar celas e acalmar ânimos em momentos de tensão.*
> *E também para aplicar algum corretivozinho quando se fazia necessário. Não faz comentários nem descreve esses corretivos, muda de assunto quando alguém pergunta de que forma eram aplicados (VARELLA, 2012, p. 27).*

Por fim, o quarto aspecto da fala de Antônio: ganhar dinheiro é precisamente o que faz alguém buscar um emprego e Antônio considera seu salário satisfatório, logo, que sentido faz dizer que ninguém deve se dirigir àquele trabalho em busca de dinheiro? Obviamente, trata-se de outra forma de obter dinheiro que não o salário.

Devido à condição de gestor que fala em nome da empresa, a referência a práticas ilícitas ocorridas na unidade prisional aparece truncada e sinuosa na fala de Antônio. Carlos, por sua vez, foi bastante explícito:

> *"Já foi oferecido pra mim, pra outros colegas, 50 mil, 100 mil, pra poder a gente colocar coisas ilícitas lá dentro (...). Normalmente, o próprio interno faz o pedido para aqueles que são mais frágeis, que é o quê? Aquele que precisa de dinheiro. Se você mostrar que precisa do dinheiro, o que que ele vai fazer? Oferece. Te oferece carro, te oferece moto, mas aí a gente não aceita. Normalmente, quando eles veem que o agente não aceita, eles partem pra outro, tenta".*

É esta fonte de dinheiro a que Antônio se refere e, imediatamente, condena, na qualidade de gerente operacional. Essas trocas e negociações envolvendo dinheiro, como me explicou Joana, fazem com que os agentes prisionais fiquem conhecidos como *adianto de preso*.

> *"Já, já vi algumas pessoas que foram acusadas de... como se fala mesmo na gíria, de ser "adianto", "adianto de preso". "Adianto de preso" porque foi acusado que levava realmente alguma coisa, pessoas que trabalhavam à noite, algumas pessoas que já trabalharam pelo dia e já foi realmente acusado disso aí e foi posto pra fora por causa disso (...). Isso é disfarçado muitas vezes, eles não*

> *vão dizer, às vezes, que a pessoa é "adianto". Até porque pra empresa isso não vai ficar bem".*

O curioso nesta forma de vaso comunicante é que, ao mesmo tempo em que ela é anunciada como prática combatida pela empresa, sempre na forma de demissão dos verdinhos, trata-se de uma ocorrência de difícil apuração. Conforme me explicaram os entrevistados, quando um verdinho é demitido, tudo que se pode fazer é especular se ele ou ela era adianto de preso, afinal, a empresa não anuncia, nem confirma o motivo da demissão. Esses rumores, no entanto, estão em constante atualização, já que a rotatividade de trabalhadores ocupados nas funções de disciplina, controle, monitoramento e rotinas administrativas é alta. O mesmo não ocorre com o chamado corpo técnico, como se verá adiante. Dito de outra forma, os verdinhos, como Carlos e Joana, e mesmo os que foram promovidos, como Antônio, são demitidos mais frequentemente do que os(as) trabalhadores(as) especializados(as), como psicólogas, assistentes sociais, advogados(as), dentre outros(as). Assim, as especulações sobre os motivos das demissões costumam girar em torno das chances de ter sido adianto de preso, instaurando ou reforçando um estado de suspeita permanente sobre os(as) trabalhadores(as) não-especializados.

Quem me falou sobre essa alta rotatividade dos verdinhos e demais funcionários não especializados foi outro gerente que, tal qual Antônio, começou na empresa como verdinho e depois foi promovido. Aqui, ele será chamado de Joel.

Joel cursou apenas o ensino médio e tentou, algumas vezes, fazer uma graduação, mas foi deixando inconclusas suas passagens pelo nível superior. Perfil muito parecido com o de Antônio, portanto. Durante os seus primeiros anos na empresa, Joel atuou como monitor de ressocialização que, à sua época, era chamado de agente de disciplina. Verdinho, enfim. Agora, na função de gerente administrativo-financeiro, ele me falou da rotatividade do pessoal não-especializado:

> *"Nesse período em que entrei, de 2010 até hoje, eu acredito, da minha turma, que eram de quase cinquenta ou sessenta, eu acredito que não tenha nem doze funcionários, muita gente não adapta (...). Eu credito à falta de adaptação, nem todo mundo tem essa*

pré-disposição em trabalhar lidando com os internos diariamente, que é um nível de estresse muito elevado".

Ao trazer o componente da alta rotatividade para a entrevista, Joel destacou o ambiente carregado de "um peso muito grande", algo que ele atribui tanto à lida com "homicidas, latrocidas, no caso, pessoas que cometeram diversos tipos crimes aí e atrocidades", quanto às "metas estabelecidas pela própria empresa, chamadas indicadores de desempenho".

Embora não tenha mencionado diretamente nenhum adianto de preso, a referência às pressões por desempenho inclui procedimentos de auditoria interna, revista e controle dos funcionários que chegam a situações-limite, como o anedótico caso, mais de uma vez mencionado nas entrevistas, de um porteiro que foi chamado ao setor de disciplina para se explicar por ter aceitado uma jaca de um visitante.

Há algo para me deter aqui no elemento da alta rotatividade de verdinhos trazido por Joel. Assim como Antônio, ele mobiliza em seu discurso os crimes que considera mais graves para, em seguida, afirmar que não cabe ao agente prisional responder como gostaria à presença desses "homicidas, latrocidas". Quando coloco estes dois aspectos sob análise em conjunto, chego à conclusão de que a dinâmica de demissões e admissões também cumpre uma função de normalização da tortura, afinal, o rápido desligamento do funcionário acusado de violência física, maus tratos ou qualquer outra agressão a um preso impede que a empresa seja atingida e responsabilizada. A rotatividade dos verdinhos também funciona como mecanismo de autodefesa tanto da contratada quanto do poder público que a contratou.

> *"(...) o tratamento dado aqui a todos é por igual, por exemplo, aqui não é... é algo inadmissível, na política da empresa se tratar qualquer interno com qualquer forma de violência, seja ela qual for, a gente não admite isso aí, em nenhuma hipótese. Normalmente, se houver qualquer tipo de situação que seja descoberto de agressão o agente é desligado do quadro, normalmente, o processo da empresa é desse jeito, é desligar do quadro, ele não tem condições de trabalhar".*

Assim, se por um lado, trabalhadores(as) do setor privado estão mais sujeitos(as) à acusação de serem adianto de preso, eclipsando o fato de outros agentes prisionais não passarem pelos mesmos controles e vigilância, por outro lado, quando o assunto é tortura (eufemisticamente chamada de "maus tratos" ou "agressão"), a rápida demissão destes(as) trabalhadores(as) bloqueia a responsabilização da empresa e do Estado, bem como as críticas sobre a pertinência do próprio encarceramento, e tudo isso sob o viés humanista do cumprimento da lei de execução penal.

Neste sentido, tanto as práticas que modulam a comunicação entre o interior e o exterior da prisão são reduzidas a uma dimensão moral que designa os verdinhos como "corruptos" quanto as demissões sumárias que encerram os casos de tortura são a forma encontrada para que procedimentos, padronizações e rotinas permaneçam intocados. O que se percebe é que a fragilidade do vínculo empregatício dos agentes prisionais da iniciativa privada é um elemento-chave para que a prisão continue funcionando de acordo com seus fundamentos — racismo, seletividade, tortura — que, no entanto, passam a ser denunciados como desvio individual não tolerado, combatido e rapidamente corrigido pela política humanista da empresa gestora. Tão rapidamente que não são realizados procedimentos para maiores averiguações. Apenas, demite-se, não raro, sem justa causa e sem alarde.

A alta rotatividade de empregados(as), prosseguiu Joel, faz com que a empresa esteja sempre oferecendo cursos de capacitação, dentre os quais, destaca-se o de direitos humanos. Novas levas de verdinhos vão sendo formadas, em curtos intervalos, a partir do discurso reproduzido pelos entrevistados, onde, primeiro, destaca-se que o preso pode ser estuprador, pedófilo, homicida, que ele pode até ter cometido atrocidades, e depois, que o agente prisional deve se manter indiferente a tudo isso e cumprir sua rotina de acordo com as prescrições legais. A ordem dos fatores importa neste discurso.

Apesar de a maior parte da população carcerária, inclusive do COMPAJAF, não ter praticado estupro, pedofilia, e nem mesmo homicídio, busca-se justamente ativar o pânico moral por meio dessas imagens para, em seguida, conferir à função do agente prisional sua primeira e grande responsabilidade, que consiste em domar a repulsa e o medo que foram incitados pelas próprias caricaturas de sujeitos que devem sempre permanecer ambíguos quanto à sua humanidade. Quando agressões, maus tratos, enfim, torturas, efetivamente ocorrem, no entanto, nem a instituição prisional e o Estado, nem a empresa gestora, são responsabilizados.

Tomé entrou na sala onde eu entrevistava Joel sem cerimônias, afinal, também é sua sala. Poucos meses antes, ele assumiu o lugar de Antônio, que foi transferido para outra unidade gerida pela mesma empresa. Quando a pesquisa se iniciou, a Reviver geria apenas o COMPAJAF, mas logo assumiu mais duas unidades, por meio de uma licitação. Tomé não apenas entrou na sala, mas começou ele mesmo a responder às minhas perguntas. Nisto, recordei do jornalista britânico Misha Glenny:

> *Vinha fazendo pesquisas para McMáfia, meu livro sobre o crime organizado global, e minha viagem anterior me levara a Dubai. Descobri que os Emirados Árabes Unidos não tinham grande coisa a recomendá-los (...) como jornalista, fiquei bastante frustrado, pois era quase impossível convencer alguém a falar. Mesmo em termos oficiosos, praticamente ninguém se dispunha a comentar o papel de Dubai como centro de lavagem de dinheiro (...). No mesmo instante em que cheguei ao Brasil, percebi que ali se aplicava o contrário. Não conseguia fazer com que as pessoas parassem de falar (...) falei com advogados, políticos, criminosos, vítimas e jornalistas, e todos ficaram muito contentes em me contar suas histórias sobre a cultura do crime, da política e da corrupção no país (GLENNY, 2016, p. 16).*

O comportamento de Tomé, disposto a ser entrevistado ainda que eu não o tivesse solicitado, chamou minha atenção para algo além da caricatura dos brasileiros como pessoas que gostam de falar. Desde as negociações para que eu pudesse entrar na unidade, realizar entrevistas e observar as rotinas, parecia claro que os sujeitos terceirizados tinham algo a comunicar ao mundo exterior a respeito da sua condição. Assim, eu me tornava um vaso comunicante para um grupo sobre o qual recaem as principais vantagens atribuídas à gestão privada, quase todas às custas da precarização e culpabilização destes sujeitos. Ao mesmo tempo, emaranhado à narrativa dos agentes prisionais privados sobre suas rotinas prisionais, há também a reprodução do discurso empresarial, da qualidade do setor privado na gestão e sua alegada superioridade em relação à gestão estatal.

Como aconteceu de forma mais marcante na entrevista de Antônio, mas não só nela, eventuais críticas ou rupturas com o discurso oficial da empresa não rivalizam com a defesa da gestão privada que é a condição material de existência hoje e o horizonte profissional futuro. De maneira similar a Antônio, Tomé me contou seus planos:

> *"O pensamento é de chegar na verdade ao topo da empresa que é a gerência regional. Eu quando fui promovido, meu gerente regional me disse isso: 'Tomé, você tá indo pro COMPAJAF, eu quero que você chegue no COMPAJAF com o pensamento de ser o gerente regional'. Então, na verdade, o objetivo é esse".*

A condição de gerente é menos permeável à crítica da gestão, como pude observar ao comparar as falas de Joana e Carlos com as de Antônio, Joel e Tomé. Assim, o que mais me chamou a atenção na disposição de Tomé para invadir a entrevista de Joel e também se tornar um entrevistado foi que ele agregou o discurso empresarial da transparência à entrevista. Menos pelo conteúdo da fala, e mais pela postura de quem entrou no recinto, começou a responder às perguntas junto com seu colega, deu alguns comandos por rádio e até comentou sobre a revista surpresa que estava acontecendo naquele momento nos pavilhões. A ideia da empresa é mostrar a que veio, frisou Tomé.

O discurso da transparência é outro ponto de forte oposição à gestão estatal. A ideia é que nas prisões administradas pelo Estado não há qualquer controle das rotinas e o cotidiano é caótico, irracional, inexplicável, ao contrário da gestão privada, cuja transparência é mais um elemento de sua límpida racionalidade. Está tudo tão visível que é como se não existisse mais nada a mostrar além do que a empresa expõe. A partir daí é que Tomé e Joel me convidaram para me aproximar de suas mesas e conhecer a plataforma online da empresa que só funciona como intranet (rede de computadores privada, local e de acesso restrito). Ali pude ver desde como se solicita uma consulta médica para um preso até o procedimento de compra de insumos para a hotelaria.

Para demonstrar como a gestão privada é superior à estatal, Tomé prosseguiu na entrevista e relatou o período de três meses em que a empresa assumiu o serviço de portaria de um presídio com gestão estatal por meio de um contrato de emergência. De novo, o COPEMCAN, o grande anti-modelo de gestão em Sergipe, segundo o discurso dos agentes privados.

> *"É outro mundo, é outro mundo. Primeiro que nós tivemos, na verdade, que adequar toda portaria para o nosso trabalho porque a empresa, quando ela chega, ela quer mostrar logo a sua cara, quer mostrar que ela veio pra fazer. Então, a portaria do COPEMCAN, na verdade na época estava toda desorganizada, então tivemos que fazer uma adequação até para dar melhor qualidade de trabalho para os colaboradores porque tem lugar que infelizmente é complicado para se trabalhar, então foi feita a adequação e... é outra realidade, o COPEMCAN é outra realidade".*

É possível afirmar, como no caso das revistas corporais e de pertences realizadas diariamente nos verdinhos, mas não nos agentes de estado, que a transparência das rotinas do gestor privado está diretamente ligada à liberação do poder público de amarras jurídicas como a apuração, por meio de processos administrativos disciplinares, de condutas que são, ao mesmo tempo, proibidas e fundamentais para o funcionamento da prisão. Cito como exemplo os adiantos de preso, que garantem que a prisão seja abastecida de substâncias lícitas (cigarro) ou ilícitas (maconha) usadas para acalmar os ânimos dos encarcerados, ou de celulares, que cumprem função parecida ao permitir contato direto com o mundo exterior e produzir um relativo alívio na segregação. Os verdinhos ficam sob os holofotes para que outros agentes se movimentem melhor na penumbra.

Na narrativa de Tomé sobre o período em que a empresa assumiu a gestão da portaria de uma unidade administrada pelo Estado, o COPEMCAN, o que emerge é justamente uma forma de organizar o procedimento tão racional e transparente que mal se percebe que, em jogo, está uma velha prática conhecida do movimento operário e sindical, a ação do fura-greve.

> *"Antes de chegar à Estância, primeiro fui ao COMPECAM, nós assumimos a portaria do COMPECAM por três meses, só na revista*

> *de alimentação, tendeu? Foi no período da greve dos agentes (...) Revista e verificação de alimentação".*

Todas as explanações sobre os procedimentos, equipamentos e rotinas utilizados neste contrato de curta duração foram elaborados por Tomé com desenvoltura. No entanto, subjacente à transparência dos procedimentos, estava uma associação turva entre o fato de a empresa ter sido contratada para boicotar a greve dos agentes do estado e as dificuldades de relacionamento entre estes e os verdinhos.

> *"(...) na verdade, eles não aceitam a cogestão, né? Eles não aceitam, eles acham que nós estamos aqui pra tomar o lugar deles. Então, muitos criticam por isso... 'Ah, por que não faz o concurso'; 'Ah, por que não tem aumento de salário?'. Porque na verdade, não tendo concurso, pra eles não tem aumento de salário, né? Então, por isso que eles criticam, porque acha que estamos aqui pra tomar o lugar, mas que hoje é uma realidade a cogestão, né? É uma realidade e todo mundo na verdade parabeniza nosso trabalho aqui".*

Tomé não nega que o setor privado "toma o lugar" dos funcionários públicos, mas lê a chegada da cogestão como caminho sem volta em decorrência do que julga ser a qualidade do serviço prestado pela empresa. O processo de boicote à categoria dos agentes de estado não aparece nesta leitura. Esta é mais uma das dimensões que a transparência mobilizada pelo discurso empresarial assume diante de um excesso de operações e procedimentos esvaziados de suas forças políticas.

Como afirma o filósofo sul-coreano Byung-Chul Han, a transparência elimina o estranhamento (2017, p. 10). De certa forma, o adensado volume de informações que se oferece dá a impressão, justamente, de que não há nada a conhecer, tudo já está ali, pronto para ser apenas comunicado.

> *(...) somente o vazio é totalmente transparente. Para exorcizar esse vazio coloca-se em circulação uma grande massa de informações, sendo que a massa de informações e de imagens é um enchimento onde ainda se faz sentir o vazio. Assim, mais informações e mais*

> *comunicação não clarificam o mundo; a transparência tampouco o torna clarividente. A massa de informações não gera verdade, e quanto mais se liberam informações tanto mais intransparente torna-se o mundo. Por isso, a hiperinformação e a hipercomunicação não trazem luz à escuridão (IBID., p. 96).*

Han prossegue em sua formulação para afirmar que a transparência elimina a negatividade. Afastam-se o silêncio, a interrupção, a lacuna, a resistência. A transparência diz sobre si mesma o tempo inteiro, de forma que as ações se tornam meramente operacionais. Frequentemente associada à liberdade de informação, a transparência, segundo Han, acelera a comunicação a ponto de tornar o conteúdo indiscernível.

> *A linguagem transparente é forma; sim, uma linguagem puramente mecânica, operacional, que elimina toda ambivalência (...). Um mundo que consistisse apenas de informações e cuja comunicação fosse apenas circulação de informações, livre de perturbações, não passaria de uma máquina (...). A coerção por transparência nivela o próprio ser humano a um elemento funcional de um sistema. Nisso reside a violência da transparência (IBID., pp. 12- 13).*

Não se desconhece que a demanda por transparência sobre as prisões brasileiras deriva de um longo histórico de denúncias sobre as condições de encarceramento: superlotação, maus tratos, tortura, precariedade material e outras violências. A questão que se impõe a partir da transparência é saber o quanto ela funciona como demonstração de eficiência do setor privado ao mesmo tempo em que ofusca relações de poder entre Estado e mercado, como é o caso da contratação da empresa para sabotar a greve de um dos pouquíssimos setores que oferecem resistência à privatização, ainda que por razões corporativistas, como é o caso dos agentes do estado.

Antes de passar, então, à análise das entrevistas com o corpo técnico, cabe uma breve recapitulação das condições da gestão privada a partir das narrativas dos verdinhos: 1) a tecnologia de vigilância empregada reduziu o intervalo entre vigilância real e potencial (ou virtual); 2) a ausência de estabilidade no emprego para os sujeitos da iniciativa privada, que é colocada como garantia dos direitos dos presos, não impede que violações ocorram por ação de agentes de estado, já que estes últimos não estão submetidos ao mesmo controle que os verdinhos, sempre sob intensa vigilância; 3) a mesma ausência de estabilidade permite que a rotatividade dos verdinhos seja alta e, com isso, nem a empresa, nem o Estado, sejam, de fato, responsabilizados por violações de direitos dos presos, a exemplo da tortura; 4) o discurso humanista empresarial, ao mesmo tempo que se coloca como fiel cumpridor da lei de execução penal, opera pela reiteração da dúvida quanto ao status de humanidade do preso; 5) a transparência em relação aos procedimentos e rotinas da gestão privada é complementar ao ofuscamento do conteúdo político das relações entre Estado e mercado e entre sujeitos que operacionalizam a gestão.

3.2 CORPO TÉCNICO: O GÊNERO DA ASSISTÊNCIA

Como dito anteriormente, corpo técnico é o nome que se dá, no COMPAJAF, ao conjunto de profissionais especializados, normalmente portadores de diplomas de algum curso superior, e que atuam na prisão em funções de assistência aos presos exigidas pela Lei de Execução Penal (LEP). Diferentemente dos monitores de ressocialização que se dedicam às funções de hotelaria e disciplina e trabalham em meio aos pavilhões, o corpo técnico, geralmente, pode ser encontrado nas instalações dos setores administrativo e médico, onde ficam os consultórios, inclusive, de odontologia.

São, portanto, assistentes sociais, professoras, terapeutas ocupacionais, dentistas, enfermeiras, médicas, advogadas e, embora eu tenha ouvido falar da existência de um enfermeiro na composição do corpo técnico, durante todo o período em que estive em campo apenas encontrei mulheres nestas funções. A presença constante destas profissionais no COMPAJAF é sempre apresentada como traço distintivo das unidades geridas de modo tradicional pelo Estado.

O corpo técnico corresponde ao que Foucault chamou de inflação de saberes, discursos, instituições e elementos de decisão que organizaram a criminologia a partir do final do século XIX. Tal conjunto corresponde ao que o autor chamou de poder de normalização. Sobre o exame psiquiátrico, disse algo que pode ser estendido a um conjunto discursivo — logo, saberes e práticas — mais amplo:

> *O essencial do seu papel é legitimar, na forma de conhecimento científico, a extensão do poder de punir a outra coisa que não a infração. O essencial é que ele permite situar a ação punitiva do poder judiciário num corpus geral de técnicas bem pensadas de transformação dos indivíduos (2001, p. 23).*

O poder de normalização exige uma inflação de saberes, a respeito do crime e do criminoso, em relação à mera ilegalidade praticada ou a um simples estado patológico. Trata-se de dispor e organizar uma série de atitudes e comportamentos que possam caracterizar o infrator como alguém que já se assemelhava ao crime antes de praticá-lo. Ou ainda, alguém cuja prática do crime é apenas a confirmação de uma condição que se expressava em pequenas ambiguidades, falhas, fraquezas, dissociações, incapacidades.

Segundo Foucault, é assim que a punição passa a atingir uma série de defeitos morais que nem são crime, nem são patologia. Estes saberes ocupam um lugar estratégico no discurso judiciário, pois gozam de estatuto científico e, mesmo em um sistema probatório em que o valor das provas não está previamente definido (como é o caso brasileiro), as que são produzidas a partir de profissionais que chancelam e são chancelados pela ciência possuem o poder de dizer a verdade.

> *(...) são enunciados judiciários privilegiados que comportam presunções estatutárias de verdade, presunções que lhe são inerentes, em função dos que as enunciam. Em suma, são enunciados com efeitos de verdade e de poder que lhes são específicos: uma espécie de supralegalidade de certos enunciados na produção da verdade judiciária (IBID., p. 14).*

Foucault notou que estes saberes, situados no cruzamento entre o discurso judiciário e o discurso científico, também se caracterizam pela "curiosa propriedade de ser alheios a todas as regras, mesmo as mais elementares, de formação de um discurso científico; de ser alheios também às regras do direito e de ser, no sentido estrito (...) grotescos" (IBID., p. 15). Ou seja, são discursos com imenso poder de decisão e nenhum compromisso científico, embora seu poder de decisão se baseie justamente no caráter científico que lhes é atribuído.

Como dito, na gestão terceirizada, o corpo técnico é o representante desses saberes de normalização, formado por profissionais quase sempre portadores de um diploma de nível superior (à exceção das auxiliares de enfermagem). São também especialidades científicas que atuam na execução penal como forma de humanização das prisões. No entanto, não é por serem a faceta da ciência no cárcere que há algo propriamente científico na atuação desses profissionais. Amanda, assistente social há quase uma década no COMPAJAF, afirma que jamais se preocupou em olhar os dados sobre a população carcerária local:

> *"Existe o cadastro que é preenchido, que dá pra você tirar muita coisa. No cadastro dá pra você tirar o perfil de idade, de faixa etária, dá pra você tirar o perfil com relação à cor, à etnia, ao crime. No cadastro geral, quando você imprime o prontuário do interno, se você quiser fazer uma pesquisa quantitativa, dá pra você fazer isso, dá um pouco de trabalho (...) eu nunca tive esse interesse de pegar esses dados".*

No COMPAJAF, o corpo técnico é formado por assistentes sociais (03), pedagoga (01), terapeuta ocupacional (01), enfermeiras (02), auxiliares de enfermagem (04), professores/as (06), dentista (01), médicos/as (02), psicólogas (02), advogada (01), nutricionista (01). Essa contabilização é passível de alteração para mais ou para menos a depender do período. Por exemplo, o Projeto Básico exige apenas 02 assistentes sociais, porém, a demanda fez com que a empresa contratasse uma terceira. O mesmo pode ocorrer com outras funções, de forma que o quadro que estou apresentando é o retrato do meu período em campo.

Quando conheci Amanda, ela estava cursando sua segunda graduação e dava sinais de querer deixar o emprego, assim que a nova formação permitisse entrar no respectivo mercado de trabalho. Amanda foi uma entrevistada que não relatou qualquer indicação de amigo ou parente que se relacionasse à sua contratação, há quase dez anos. Segundo me contou, à época, um anúncio de vagas para assistentes sociais veiculado pelo rádio chamou sua atenção, pois não havia indicação de qual seria o trabalho: "eu não fui indicação de ninguém, eu não sabia nem que empresa era essa". Ao descobrir que seria numa prisão, no entanto, ela não se intimidou, pois os estágios curriculares que havia feito na faculdade já envolviam egressos do sistema carcerário, fato ao qual ela atribui sua contratação.

A maior parte do corpo técnico é formado por profissionais que se dedicam ao cuidado dos presos, seja de saúde física ou mental, seja de assistência social, educacional ou laboral. Isso implica em uma ampla maioria de mulheres empregadas nestas funções, algo que pode ser entendido pelo estereótipo de gênero que marca a divisão sexual do trabalho e faz do cuidado uma atribuição precipuamente feminina.

> *Os múltiplos atores do cuidado (Estado, mercado, família, organizações não governamentais, organizações sem fins lucrativos, associações, instituições filantrópicas, trabalhadores/as voluntário/as etc.) combinam-se e atuam de maneira bastante desigual e assimétrica em cada contexto societal, mas, em todas as combinações, pode-se afirmar a centralidade do trabalho das mulheres (HIRATA, 2016, p. 54).*

Ao mesmo tempo, portanto, em que o corpo técnico do COMPAJAF é a representação dos saberes científicos de normalização, ele também é o local privilegiado do cuidado com os presos. Esta combinação entre normalização e cuidado é uma tradução possível do que na Lei de Execução Penal aparece como assistência ao preso (arts. 10 a 25). O gênero que atravessa a assistência bifurca o conjunto dos(as) trabalhadores(as) da prisão em dois grandes grupos, um representado pelo controle (masculino) e, outro, pelo cuidado (feminino).

O primeiro grupo compõe os chamados indicadores de segurança e é quantificado pela presença ou ausência de fugas, motins, rebeliões, podendo ser identificado como próprio do exercício da violência estatal. O segundo grupo é mensurado (Figura 1) pela quantidade de atendimentos aos presos e suas famílias, e se identifica pela chamada função ressocializadora da pena. É um grupo de profissionais que atua sobre condutas que não são crime, mas que sempre retornam ao crime como confirmação de uma suposta personalidade criminosa a ser corrigida. Nas palavras de Foucault, esses profissionais mobilizam saberes de normalização que incidem sobre "faltas sem infração" ou "defeitos sem ilegalidade" (2001, p. 24) porque seu objetivo não é a punição por um ato passado, mas a reforma moral do indivíduo.

Embora não conste como trabalho relacionado aos indicadores de segurança, a assistência ao preso produz um tipo de investigação ininterrupta sobre os motivos, a história de vida e os traços de personalidade dos sujeitos e até de suas visitas, como demonstra a análise de Amanda sobre a distribuição dos presos nos pavilhões.

> *"O [pavilhão] C já dá mais trabalho, sempre que a gente tem algum problema, até o perfil daquele visitante você percebe, é aquela mulher cheia de malícia, cheia de ginga, aquele linguajar da cadeia, que quando você lê as cartas, tentar sempre burlar alguma coisa, e o [pavilhão] B é intermediário, tem sentenciado, tem provisório, tem preso que já é reincidente, mas é intermediário, o A eu acho mais calmo, o B é intermediário, o C é o problemático".*

As assistentes sociais são as integrantes do corpo técnico que recebem a maior demanda de atendimentos, seja dos familiares ou dos próprios presos, conforme aparece na Figura 1. Durante a maior parte do expediente, elas se dedicam à solicitação e verificação de documentos para emissão das carteirinhas de visitantes, mas durante plantões predeterminados, atendem aos presos para ouvir suas demandas que, em geral, dizem respeito ao contato com a família, e a partir disso, constroem perfis sociais que operam por uma espécie de ontologia do crime, criando uma classificação entre os que podem se ressocializar, porque a prática do crime foi derivada da precariedade da vida material, e os que "nasceram praquilo", que não são ressocializáveis, segundo me explicou Amanda.

> *"(...) tem uns que tentam justificar estar na vida do crime e tem uns que realmente não tiveram outra oportunidade e o caminho acabou sendo ir pra vida do crime e tem outros que nasceram praquilo, praquele perfil (...) é uma postura assim, o interno que tem perfil, que a gente brinca que nasceu pra ser ladrão, ele se comporta com uma postura de 'eu sou chefe de gang' (...)"*

É possível dizer que há neste fazer das assistentes sociais uma referência ao positivismo criminológico e à noção de criminoso nato elaborada por Cesare Lombroso, de forma que nisto residiria algum fazer científico? A referência ao positivismo existe, de forma não assumida enquanto discurso racista, mas está presente na fala de Amanda de forma idêntica ao que se pode encontrar na mídia de massas e no senso comum. Por isso, é possível afirmar que o corpo técnico, enquanto materialização da ciência na prisão, assume um caráter que Foucault chamou de ubuesco.

> *Creio que existe uma categoria precisa; em todo caso, dever-se-ia definir uma categoria precisa da análise histórico-política, que seria a categoria do grotesco ou do ubuesco. O terror ubuesco, a soberania grotesca ou, em termos mais austeros, a maximização dos efeitos do poder a partir da desqualificação de quem os produz: isso, creio eu, não é um acidente na história do poder; não é uma falha mecânica. Parece-me que é uma das engrenagens que são parte inerente dos mecanismos do poder (FOUCAULT, 2001, p. 15).*

Importa, no entanto, para além de assumir a leitura foucaultiana, pensar em como se produz esse caráter ubuesco (grotesco, ridículo) do discurso científico dentro da prisão, e mais especificamente, da prisão terceirizada. É perceptível, por exemplo, que o discurso de humanização da prisão, enunciado como cumprimento fiel da LEP, na medida em que é o discurso oficial da empresa, condiciona a própria relação de emprego e é repetido exaustivamente. Não houve entrevistada vinculada ao corpo técnico do setor privado que não tenha destacado, de uma forma ou outra, a política empresarial de humanização no COMPAJAF, sobretudo se comparado às demais prisões do estado: seja pelo serviço da chamada hotelaria, seja pela quantidade de refeições diárias oferecidas aos presos, seja pelo atendimento aos advogados, dentre outros aspectos.

A repetição sobre o cumprimento da LEP e a humanização da gestão, entretanto, não elimina outras repetições, nem mesmo as mais conflitantes, como a ideia de que algumas pessoas nascem para o crime. Mais do que isso, a impressão que tive é que a preocupação em repetir a todo momento o caráter humanizado da gestão privada era inversamente proporcional à convicção dos entrevistados a respeito da condição humana dos presos, como já disse antes sobre o pessoal que trabalha diretamente na segurança. No caso do corpo técnico, a justaposição, com a marca da ciência, entre o discurso de humanização padronizado pela empresa e postulados da criminologia lombrosiana, é que assume um caráter ubuesco.

A feminização da assistência na prisão, que é reflexo da feminização das profissões (magistério, enfermagem, serviço social), também faz do corpo técnico a instância de micropoder que atua sobre os comportamentos corriqueiros e cotidianos distribuindo pequenas lições de moral e alguma condescendência. Quando me refiro à feminização de determinadas profissões, apoio-me em uma série de trabalhos que os limites desta tese não permitem tratar adequadamente, mas é importante demarcar que se trata de processos histórico-políticos ancorados em estereótipos de gênero, de forma que não há qualquer naturalidade na relação entre mulheres e determinadas profissões ou maneiras de exercê-las. Assim é que assistentes sociais medeiam telefonemas entre presos e suas famílias, profissionais de saúde fornecem remédios paliativos para dores inexistentes, dentre outras microrregulações, enquanto distribuem reprimendas que não possuem a formalidade de uma advertência e negociam os limites do tolerável pela administração.

> *"(...) eu não posso dar o telefone pro interno falar, mas eu posso falar com ele na minha sala e passar o recado, tudo que é permitido né, porque assim, a gente evita dar recado de dinheiro, depois de uns anos você conhece se ele tá usando algum código, ah veja se ela recebeu o aluguel, aí eu até brinco, você sabe que eu não vou falar isso, aí ele começa a rir, às vezes eu faço, melhore o código esse eu já conheço"*

Amanda fala com a esposa do preso na frente dele e transmite as frases, as preocupações, o choro. Faz o mesmo com o preso, sentado à sua frente, repetindo o que ele diz para a esposa ao telefone. Como até mesmo as cartas dos presos são lidas pelas assistentes sociais e esses telefonemas são feitos em uma sala do prédio da administração, altamente controlado por câmeras, fiquei me perguntando quais os sentidos daquela forma de intermediação da chamada telefônica, para além das suposições sobre faltas disciplinares e práticas ilícitas, pouquíssimo prováveis naquele contexto.

"A gente evita dar recado de dinheiro" e "mude o código" são expressões particularmente interessantes. Não é proibido ao preso falar de dinheiro ao telefone, inclusive, muitos presos trabalham durante a pena e parte do valor é depositado em uma conta cujo cartão para movimentação bancária é entregue à família. Há uma suposição ou prevenção materialmente injustificada, afinal, aluguel, mensalidade escolar, são assuntos familiares corriqueiros. A relativa proibição — relativa porque não se afirma categoricamente que é proibido, mas que se "evita" falar de dinheiro — implica mais na demonstração de autoridade do que no potencial risco à segurança contido nas mensagens. É uma autoridade, no entanto, que se impõe como controle de dimensões subjetivas. Ao dizer "mude o código", a assistente social também está alertando "eu te conheço, sei quem você é, você não me engana".

Esse poder de normalização, segundo o qual "o duro ofício de punir vê-se assim alterado pelo belo ofício de curar" (FOUCAULT, 2001, p. 29), também faz parte da associação de gênero que opera no COMPAJAF, onde a parte ostensiva da pena, a mais característica, retributiva, e que expressa força, é uma atividade predominantemente masculina, enquanto outra parte da estratégia punitiva, aquela que busca legitimação na transformação moral, é feminina. Disto não decorre que as atividades desenvolvidas por mulheres na prisão não punam, mas que essa punição, como é o caso da dinâmica das ligações telefônicas, opera em uma dimensão capilar que não deixa marcas visíveis, nos corpos ou nos prontuários.

Assim como as assistentes sociais, as profissionais de saúde também formulam, a partir dos atendimentos ambulatoriais dentro da unidade, perfis e classificações que buscam assemelhar o preso ao crime cometido. Brenda, por exemplo, enfermeira na unidade há seis anos, explica o crime a partir de comportamentos não criminais, nem criminalizáveis (e muitas vezes até valorados socialmente de forma positiva), mas que uma vez associados ao delito, produzem estereótipos úteis a processos de criminalização.

> *"Às vezes até uma coisa, tem uma pessoa que é bem falante né, que você vê que a pessoa tem um nível de instrução diferente aí você fica curiosa, aí você vai olhar aí geralmente são tráfico (...) Não olho sempre não, mas é raro assim, caramba, o cara fala muito bem né, você ver que ele tem uma instrução, uma educação no jeito deles se comportar, o jeito dele sentado, você observa isso tudo".*

No caso dos presos acusados ou condenados por tráfico, a ideia de que são inteligentes e letrados será suscitada, com frequência, para enquadrá-los em delitos como de associação ou de organização criminosa, bem como para que sujeitos com tais características tornem-se mais facilmente enquadrados como traficantes. O poder de normalização, assim, realiza-se como eficácia invertida, pois se anuncia como ressocializador, mas compõe as bases do sempre renovado ciclo de reincidência. Este ciclo, por sua vez, diz menos respeito à conduta individual e mais ao funcionamento de um sistema que se retroalimenta dos corpos que passam pela prisão. As classificações produzidas pelos subcontroles da assistência ao preso são parte fundamental da recondução à prisão, chamada de reincidência, que a própria prisão opera.

Brenda sempre trabalhou em regime de terceirização após sua formatura. Com ampla preferência por trabalho ambulatorial, ela me contou que a Secretaria de Saúde do estado de Sergipe, há muito tempo, terceirizou grande parte deste tipo de atendimento nos grandes hospitais da rede pública. Assim, suas contratações sempre foram por meio de empresas privadas, mas para trabalhar no Hospital de Urgência de Sergipe (HUSE), que é público, quase sempre no setor de hemodiálise. Brenda não abandonou o trabalho no hospital, pois sua escala no COMPAJAF permite a compatibilização dos dois empregos. Sua contratação para trabalhar na unidade foi indicação de uma amiga que já trabalhava para a Reviver. Foi Brenda que me conduziu à atuação da psiquiatria no COMPAJAF. A maneira como ela destacou a atuação deste setor específico ligado à saúde me fez entender que se tratava da atuação médica mais relevante na unidade prisional.

Uma vez que mesmo o tabaco é proibido na unidade, clonazepam se converteu na droga lícita mais consumida pelos presos. Conforme explicou Brenda, o antiepilético e antidepressivo, mais conhecido pelo nome comercial, Rivotril, é "cachacinha deles que é para poder dormir para relaxar". Todos os presos, obrigatoriamente, passam pelo setor de psiquiatria para avaliação, pois se trata também de uma meta estipulada pela empresa gestora.

Ao mesmo tempo que o consumo de clonazepam é alto, surge também um comércio interno do qual pouco se fala. Assim, Brenda fez rápida referência ao assunto: "eu acho que entre eles sim lá né, é questão de troca, a moeda de troca né, no entanto quando ele faz baculejo encontra muitos comprimidos". Mais uma vez, o tom ubuesco do discurso científico vem à tona quando o assunto é o alto consumo de clonazepam em comparação com a abstinência do que a enfermeira considera "droga mesmo", ou seja, a maconha.

Não pretendo aqui fazer longa digressão a respeito da potencialidade lesiva do clonazepam ou da maconha, duas drogas separadas pela linha divisória da legalidade sem que isso tenha, cientificamente, qualquer plausibilidade, haja vista o proibicionismo em relação às drogas não estar indexado aos seus efeitos, mas às demandas econômicas e políticas de grandes indústrias farmacêuticas e elites governantes (RODRIGUES, 2003). No entanto, é necessário sublinhar que a ênfase dada pela enfermeira ao problema da abstinência de drogas como tabaco, álcool e maconha — "muitos tremores, tremores, aquela impaciência, aquele nervosismo, aquela agonia assim, que na verdade se manifesta também com álcool" — aliado ao alto consumo de clonazepam, pode indicar que se está enfrentando a proibição/ausência das primeiras substâncias com a indicação psiquiátrica da última.

Embora não tenha sido possível o acesso aos prontuários de saúde dos presos, devido ao sigilo profissional entre médico e paciente, pela entrevista de Brenda, desconfio que a prisão realiza uma substituição do uso regular de substâncias associadas à degradação moral — álcool, tabaco, maconha — pelo uso igualmente regular de substâncias com igual ou maior potencial de causar dependência, porém, sob a chancela da prescrição médica. A obrigatoriedade de passar pelo psiquiatra combinada com a ampla disponibilidade de medicamentos na unidade, inclusive, é considerada um diferencial positivo da gestão privada, de maneira que não seria exagero dizer que parte da eficiência anunciada pelo setor quanto aos indicadores de segurança (fugas e rebeliões) passa pela medicalização psiquiátrica dos presos. Embora o psiquiatra seja um homem, ele só vai à unidade uma vez por semana. As rotinas com medicamentos ficam por conta das profissionais da enfermagem. A elas cabe, aliás, toda rotina ambulatorial, assim como assistentes sociais são responsáveis por toda marcação de consultas externas e a coleta de medicamentos especiais em unidades básicas de saúde da cidade.

A feminização da assistência na prisão se relaciona, ainda, com a vida familiar do preso. Das enfermeiras que ouvem as angústias após diagnósticos de sífilis às assistentes sociais que providenciam a lista de exames pelas quais as companheiras devem passar para acessar a visita íntima, são reforçadas noções tradicionais de família e sexualidade.

No COMPAJAF, assim como em outras prisões, apenas familiares podem fazer visitas aos encarcerados. Desta forma, namoradas, por exemplo, estão excluídas do rol de visitação, salvo se reconhecerem união estável ou se casarem com seus parceiros, o que muitas acabam realmente fazendo. Cada preso possui o nome de uma única mulher na condição de parceira sexual habilitada a entrar na unidade, o que inibe a formação de relacionamentos não-monogâmicos, bem como a atividade de profissionais do sexo.

Quem produz as carteirinhas de visitação após verificação da documentação requerida são as assistentes sociais. É possível dizer que parte significativa do trabalho delas consiste no controle de entrada e saída das visitas. Para as visitas comuns, a documentação civil é suficiente, acrescida da demonstração do domicílio. Já para as visitas íntimas, é necessário entregar exames negativos de Infecções Sexualmente Transmissíveis (ISTs), como HIV, Hepatite B e C, Gonorreia, dentre outras, das quais a Sífilis é a de maior incidência, segundo Brenda.

> *"A gente encaminha pro médico, faz os exames e começa o tratamento, eles têm muita vergonha até porque eles acham que estão sendo traídos, né? Eles falam assim '(...) será que ela tava me traindo? Eu vou trocar de companheira, entendeu? Então, vou trocar, não quero que minha esposa venha me visitar, vou cancelar a carteirinha.'"*

Rapidamente, Brenda transita de enfermeira à confidente e conselheira amorosa. Com cuidado, pergunta sobre as namoradas antes da prisão. Assim como o preso diagnosticado com a IST, ela não faz qualquer referência à possibilidade de contágio dentro da prisão, embora as relações sexuais entre presos não sejam incomuns. "A senhora não pode me encaminhar para o médico", a enfermeira relata o pedido do preso. Uma coisa é falar que foi traído para uma mulher ou, quem sabe, deixar subentendida uma relação homossexual. Dirigir-

-se a outro homem para tratar de assuntos tão delicados está fora de cogitação. A feminização da assistência está nos detalhes.

Lúcia também é assistente social, recém-chegada à unidade quando a entrevistei. Não é possível dizer se ela ocupou uma vaga que surgiu com o aumento da demanda ou se a vaga foi criada para ela, já que seu marido, integrante dos quadros do DESIPE, indicou seu nome. No momento em que a conheci, havia uma tensão perceptível entre ela e Amanda, que sempre reivindica seu acesso ao emprego de forma exclusivamente meritocrática para demarcar a diferença com quem recebeu indicações. Por isso mesmo, a todo tempo Lúcia tentou demonstrar seu empenho no projeto de humanização da empresa.

> *"(...) Família que nunca botou os pés no presídio, até isso, Aline, a gente tem que ter muito cuidado, porque o quê que ocorre, quê que se acha de uma mãe que o filho foi preso pela primeira vez e ela nunca botou uma unha, nem perto. O acolhimento daquela família tem que ser diferente, então, assim, eu tenho o olhar muito voltado pra isso, de dar aquele tratamento decente como deve ser, as informações, se vão trazer criança na primeira vez que vem pra visita (...) às vezes vem muito empolgado, quer trazer os dez filhos. Não traga, não, venha só a senhora, veja como é, né?"*

O cuidado com a família foi o tema principal que Lúcia escolheu para a entrevista toda vez em que o roteiro semiestruturado se abriu para sua coautoria. Casada e mãe, ela estende ao serviço social essas duas condições familiares, assim como sua carreira profissional é também uma extensão da carreira do marido: "eu já vivenciava isso em casa, a diferença, o tratamento com o preso".

A escolha da família como local privilegiado de intervenção na vida dos presos não é fortuita, pois as regras sobre visitação íntima, casamento, presença de crianças, dentre outras, precisam ser ajustadas a cada caso, conforme Lúcia aponta a respeito da família que é recém-chegada ao sistema prisional, dentre outras variáveis que precisam ser consideradas. Durante o período que estive em campo, o projeto mais recente de Lúcia era viabilizar a troca de cartas dos presos do COMPAJAF com as presas do Presídio Feminino (PREFEM), num claro reforço dos padrões da heteronormatividade, em uma prisão onde, como apontou a enfermeira Brenda, existem muitos casos de sífilis, quase todos creditados às mulheres que visitam seus maridos/companheiros, embora todas tenham que passar por exames médicos regulares para detecção de ISTs. Com apenas quatro meses de trabalho no COMPAJAF, ela já via o impacto de sua chegada ao setor, e dizia ser a assistente social mais procurada do serviço de assistência.

> *"A minha chegada pra o setor trouxe uma forma delas também mudarem, eu percebi que elas mudaram, a forma, o jeito de tratar e começaram a perceber que as pessoas só queriam vir nos dias que eu tô de plantão, os internos passaram a querer sair pro atendimento social nos meus dias de plantão, então, consequentemente todo mundo começou a mudar de postura, tanto com os internos como com a família, isso foi muito bom pra mim".*

"Elas" é uma referência às outras duas assistentes sociais, mas como fui entendendo ao longo da pesquisa, mais especificamente, à Amanda. As diferenças e tensões entre as duas são uma boa amostra dos conflitos da gestão privada.

Como mencionei anteriormente, Amanda foi contratada pela Reviver sem indicação, logo que o COMPAJAF foi inaugurado. É uma exceção e sabe disso. Durante toda a pesquisa, encontrei apenas ela e uma advogada da empresa nesta condição. Entrevistei Amanda uma única vez, como fiz com todos(as) os(as) demais, mas durante o período em campo tivemos outros contatos, esporádicos, em que ela sempre se mostrava em conflito com a gestão, com destaque para os agentes do Estado.

> *"Eu questionei ao diretor o porquê eu passava no bodyscan e o funcionário do estado não passava no bodyscan, ele me respondeu que (...) a equipe dele não ia passar no bodyscan e era da extrema confiança dele. É, que era da extrema confiança dele e que não passaria. Que era um acordo do estado com eles (...). Ah! E que eles eram os fiscalizadores e que estavam lá para fiscalizar a gente, não pra ser fiscalizado, então, quem tinha que passar no bodyscan era a gente, pronto. Então, eu não satisfeita, fui perguntar ao segundo diretor pra ver qual a visão dele, com todo cuidado, 'não me leve a mal, não, mas eu queria saber como vai ficar em relação ao bodyscan', (...) ele disse que o funcionário do estado*

> *era um funcionário concursado, que não tinha tanta rotatividade quanto o funcionário da empresa, e que existia uma corregedoria que fiscalizava funcionário, e se esse funcionário fizesse alguma coisa que não fosse lícita, ele devolveria para o DESIPE, o DESIPE resolveria se mandaria ele ou não para a corregedoria. E a gente não existe órgão pra fiscalizar a gente direito, que a gente é muito rotativo, que a gente tá lá hoje, amanhã pode não tá. Aí, eu não satisfeita, eu disse: 'não, mas eu tô aqui há nove anos e todo dia tem um funcionário novo do estado aqui, então, vocês também são rotativos, embora vocês sejam concursados, cada hora vocês estão num posto diferente'. Aí ele não teve o que me responder e disse que ficou decidido assim e pronto".*

Entre Amanda e Lúcia não há divergência quanto à avaliação positiva da presença do setor privado no gerenciamento da prisão. No entanto, há uma disputa sobre os termos e as condições desta gestão. Amanda adota uma perspectiva que chamo de formal/normativa, baseada na meritocracia para o acesso ao emprego, sua manutenção, e promoção na carreira. Ela sabe que é um caso excepcional e acredita que desempenha melhor suas funções justamente por causa disso. A presença de Amanda no COMPAJAF indica que a relação entre eficiência e meritocracia no setor privado é da ordem da exceção. Sua principal qualidade na assistência aos presos e suas famílias é tratá-los segundo os procedimentos, de forma impessoal.

Já Lúcia assume uma perspectiva material/consuetudinária e defende exatamente a maneira como tem se dado a cogestão, cujo recrutamento ocorre segundo a questão da confiança e estabelece, entre a empresa e o Estado, um vínculo familiar. Ela sabe que seu caso é comum e acredita que desempenha melhor suas funções justamente por causa disso. A presença de Lúcia no COMPAJAF indica que a eficiência do setor privado, em regra, está na familiaridade de suas relações com o Estado. Sua principal qualidade na assistência aos presos e suas famílias é tratá-los com familiaridade, de forma pessoal, a ponto de fazê-los preferir os dias dela no plantão, em detrimento das outras assistentes sociais.

Enquanto Amanda tensiona a gestão pela impessoalidade dos procedimentos, Lúcia atua sempre em favor dos vínculos pessoais que constituem a questão da confiança. Da mesma forma que Amanda sinaliza uma noção de mérito ligada à qualificação profissional, Lúcia, que tem a mesma qualificação técnica que Amanda, ativa a confiança como mérito. Apesar dos ânimos e humores entre as duas, ambas são fundamentais para operacionalizar a prisão. A primeira ocupa uma posição estratégica que confere credibilidade ao setor privado, pois corresponde à maneira como ele se apresenta ao público externo. A segunda mobiliza a questão da confiança como prática de gestão que fomenta a credibilidade entre os que operam as rotinas internas da unidade.

Naquilo que convergem, Lúcia define a cogestão como "maravilhosa, o investimento aqui dentro é muito bom, tudo aqui dentro tem qualidade", enquanto Amanda depõe a favor da lisura e da moralidade da empresa: "eu nunca soube de problemas com agentes da Reviver (...) corrupção direta com o interno, até porque a gente é revistado dos pés à cabeça, a gente é vigiado 24 horas por dia".

Lúcia reclama das indicações ruins feitas por funcionários públicos que, ao contrário dela, geraram contratações de pessoas que não trabalham: "o problema são as indicações, eu sou um caso que chama a atenção porque eu trabalho muito (...) enquanto as minhas colegas botam atestado". Já Amanda imputa aos agentes do Estado eventuais práticas ilícitas. Desta forma, uma superação possível das divergências entre Amanda e Lúcia é atribuir ao Estado todos os problemas de gerenciamento da unidade.

A minha última entrevistada dos setores de assistência ao preso foi uma advogada que atua no COMPAJAF. A assistência jurídica funciona como um serviço de acompanhamento de processos. Neste sentido, advogada não desempenha funções propriamente jurídicas, ou seja, ela não peticiona ou participa de audiências em favor dos presos. Seu trabalho consiste em oficiar a Defensoria Pública quando percebe que há possibilidade de progressão de regime ou outro direito já disponível ao encarcerado e tirar dúvidas dos presos sobre seus processos.

> *A gente faz consultoria processual, a gente faz remissão dos internos, a gente passa por uma triagem pra ver se os internos vão ter direito à remissão e a gente conversa com a terapeuta ocupacional e a pedagogia que são quem fazem a contagem toda para dar o tempo que vai ser remido. A gente faz uma ponte com a Defensoria*

> *Pública, porque a DP trabalha aqui, então a gente infelizmente não pode atuar no processo do interno, a gente faz mesmo uma ajuda que é uma ponte entre o presídio e a Defensoria Pública, o que precisar a gente vai tá mandando o ofício para DP, e a DP vai vir até aqui e ver o que vai poder ajudar na vida deste interno na questão processual mesmo (...) a gente faz um atendimento com o interno mesmo, a gente tem uma sala própria, eles vão todos os dias, manhã e tarde, e tem uma conversa com a gente sobre o que eles têm dúvida, questão processual. Muitas vezes eles recebem oficial de justiça aqui, uma intimação, eles querem saber o que está acontecendo, se vai receber um alvará, às vezes um advogado faz um pedido, às vezes não fez um pedido, falou que fez o pedido, aí vai lá na nossa sala para ter essa viabilização, essa confirmação mesmo do pedido que foi feito".*

Patrícia havia se formado há apenas dois anos quando conversamos. Seu emprego no COMPAJAF foi o primeiro na condição de advogada. Como mencionado anteriormente, ela não recebeu nenhuma indicação vinda do setor público para ser contratada. De certa forma, a indicação até existiu, mas foi de sua própria colega, também funcionária da Reviver que, ao sair de férias, indicou Patrícia para ocupar temporariamente seu lugar. Este tipo de indicação também é comum na unidade e não difere do que acontece no setor privado de maneira geral. Ao final deste período, Patrícia foi convidada a permanecer no emprego e, atualmente, duas advogadas fazem o trabalho descrito por ela no trecho acima.

Nosso único encontro foi rápido porque o setor jurídico funciona nos dois turnos, com um atendimento de 12 a 15 presos por turno, isso se não chegar nenhum comboio de delegacia com mais de 20 conduzidos que precisam passar pela triagem, inclusive, jurídica. Nessa triagem, Patrícia observa os tipos penais, a condição do processo ou da condenação, a existência de recurso, e se o preso está ou não assistido por advogado. Como são apenas duas advogadas se revezando entre os turnos, o trabalho é intenso.

A advogada relatou que também conversa com os presos sobre assuntos extrajurídicos durante os atendimentos que são, no entanto, realizados na presença de um monitor de ressocialização (verdinho). Atender pessoas algemadas e na presença de um agente prisional de disciplina não é uma escolha de Patrícia. Ela relata que os assuntos mais frequentes são "sobre família, sobre perspectiva do futuro" e sobre ressocialização. É bastante possível que os encontros com as advogadas sejam uma chance de demonstrar bom comportamento, já que é pouco provável que um sujeito algemado e sob a vigilância de um carcereiro fale algo além do esperado.

Patrícia considera que o setor jurídico é menos íntimo que o serviço social e a assistência psicológica e isso deu o tom de toda a entrevista. Embora a advogada não tenha adotado nenhuma formalidade na nossa conversa, nem mesmo pelo uso de uma linguagem jurídica mais específica, diferente das entrevistadas de outros setores, ela simplesmente demonstrava um conhecimento distanciado em relação aos presos. Neste sentido, a advogada informou ainda que os já condenados não costumam aparecer no atendimento jurídico, pois não há mais o que conversar, algo que não acontece nos outros setores, em que os profissionais confirmam que a presença dos presos, muitas vezes, é apenas para sair do pavilhão e dar uma volta. Patrícia percebe a feminização do corpo técnico como uma forma de deixar os presos mais à vontade para falar, por isso mesmo, é possível atribuir ao distanciamento dela em relação aos presos um efeito da presença do carcereiro e das algemas durante os atendimentos.

> *(...) a maioria do corpo técnico são mulheres, na verdade homem só vai ter professor de educação física e farmacêutico, o resto é tudo mulher, todas são mulheres, eu acho que mulher ela tem um jeito melhor para tratar o interno, acho que o interno se sente mais à vontade sendo mulher que homem, eu acho.*

A presença de advogadas que trabalham, sobretudo, junto à Defensoria Pública para agilizar os pedidos de progressão de regime (os mais comuns, segundo Patrícia), reforça a afirmação de que o setor privado não tem qualquer propósito ou lucro em reter pessoas presas ou em produzir superlotação. A lógica do preço global se impõe a favor da obediência à capacidade de lotação e, desta forma, também vai ao encontro das reivindicações e normativas de humanização das prisões. Por isso, a existência de um setor jurídico para agilizar demandas de liberação de presos não é apenas uma formalidade contratual. O encarceramento privado encontra sua possibilidade de expansão na celebração de novos contratos e numa forma de gestão que não opera, como regra, pela violação de direitos, como ocorre na gestão tradicional comandada exclusivamente pelo Estado. O encarceramento tendencialmente mais cumpridor da LEP nos coloca diante de novas questões na sociologia da prisão e/ou da violência, sendo a principal a respeito da pertinência e legitimidade da prisão legal.

Diante de todas as considerações acima, para o prosseguimento da análise, anoto o seguinte sumário extraído das entrevistas com o corpo técnico: 1) trata-se de um grupo de profissionais com diploma de nível superior e formado por ampla maioria de mulheres, consideradas mais aptas para trabalhar questões ligadas à humanização e ressocialização dos presos (em oposição ao setor de segurança, marcadamente masculino); 2) o grupo atende às determinações da LEP, também contempladas no contrato, no que diz respeito à assistência ao preso (para esta pesquisa foram entrevistadas integrantes das assistências social, médica e jurídica); 3) a assistência ao preso funciona pela microrregulação de comportamentos ou normalização das condutas e fornece elementos para as práticas de segurança em sentido estrito (disciplina, controle de fugas e rebeliões, distribuição pelos pavilhões, etc.); 4) o corpo técnico pode ser considerado o setor de humanização da prisão, pois seus profissionais trabalham a partir da noção de ressocialização; 5) a noção de ressocialização é vaga e se apoia em pressupostos não assumidos (sequer conhecidos, na verdade) de uma criminologia positivista que separa os presos entre os que nasceram para o crime e os que cometeram crimes por necessidades materiais; 6) os serviços de assistência se expressam quantitativamente pelo número de atendimentos, metas distribuídas entre os setores (sendo o serviço social o que apresenta maiores números pois também atende as famílias dos presos), mas não há qualquer avaliação qualitativa dos resultados dessa assistência, nem interesse dos profissionais envolvidos em projetos de médio/longo prazo que possam ser avaliados qualitativamente.

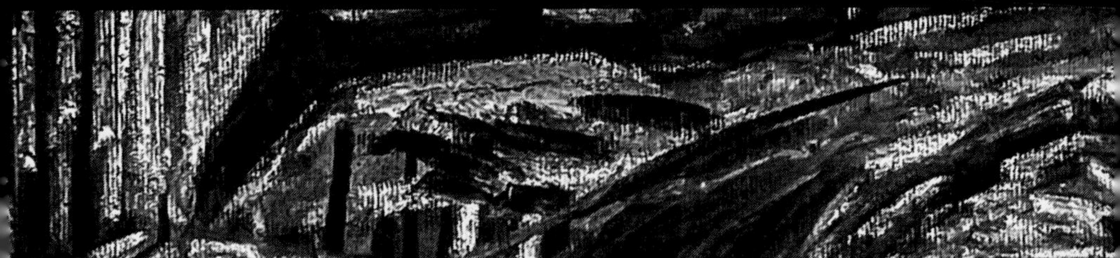

IV

AGENTES PÚBLICO-PRIVADOS E OUTROS OLHARES SOBRE A COGESTÃO

OS AGENTES do Estado, como são conhecidos no COMPAJAF, são os funcionários públicos concursados e integrantes dos quadros da SEJUC. Todos que eu entrevistei ingressaram em 2001, no primeiro concurso para guarda prisional de Sergipe, função que atualmente se chama policial penal.

Enquanto categoria profissional reunida no Sindicato dos Policiais Penais de Sergipe (SINDPPEN), os agentes do Estado são um dos raros setores da sociedade sergipana contra a cogestão de unidades prisionais com a iniciativa privada. Para o sindicato, o governo do estado gasta demais e gasta mal com a cogestão, ao mesmo tempo em que engessa a realização de concursos — o segundo e último foi em 2017 — e a convocação de aprovados. O argumento, ao mesmo tempo, fiscal e corporativo, reverbera pouco na sociedade civil e também entre os agentes entrevistados.

De forma geral, entre os agentes do Estado, a cogestão já foi aceita, seja como mal necessário, seja como superioridade administrativa do setor privado. A intensidade da colaboração entre eles e a empresa gestora ultrapassa os termos contratuais. Exemplo disso é a situação de um ex-diretor da unidade, designado em contrato como agente do Estado responsável pela fiscalização do gerenciamento privado e que é conhecido por também atuar como consultor da Reviver, conforme explicarei adiante. Mas também pode se tomar como exemplo da intensidade da colaboração a maneira como a categoria trabalha para a ativação de guaritas, que são postos de vigilância ao redor do COMPAJAF e que rendem uma remuneração extra aos agentes, de forma que ir trabalhar na cogestão se torna uma espécie de prêmio. É neste sentido que os estou nomeando agentes público-privados, pois embora o vínculo jurídico deles seja com o estado, eles já estão compromissados com a iniciativa privada e trabalham pela sua permanência e crescimento.

Todos os agentes do Estado que atuam na cogestão do COMPAJAF são homens e, embora formalmente não possam ser vistos como superiores hierárquicos dos empregados da Reviver, pois não há vínculo empregatício ou funcional entre eles, desempenham trabalhos de fiscalização, inspeção e chefia da unidade e são tratados como autoridades pelos sujeitos da iniciativa privada.

Os agentes do Estado na unidade variam de 12 a 15, mais ou menos, a depender das guaritas em funcionamento. Eu entrevistei 4 deles com o objetivo de olhar o gerenciamento empresarial "de fora", contando inclusive com o antagonismo do movimento sindical que eu já acompanhava há algum tempo. Neste sentido, o campo me trouxe a frustração da hipótese, pois como dito, encontrei os funcionários públicos não apenas trabalhando na cogestão, mas engajados nela. Aqui, é preciso retomar a questão da confiança, pois ela se conecta com este engajamento e o explica.

Os agentes do Estado são os sujeitos que mais indicam amigos e familiares para serem contratados pela Reviver. Estas indicações, em sua maioria, não passam pela alta cúpula da secretaria competente ou do departamento penitenciário, mas consistem, prioritariamente, em uma forma de prover a família de segurança material. No capítulo anterior, destaquei como Antônio encontrou na Reviver o melhor emprego que já tivera na vida, aos quase 50 anos de idade. Há 12 anos trabalhando no sistema de cogestão prisional, seu horizonte profissional se confunde com a prosperidade da própria empresa. Ele foi contratado por indicação de seu parente, agente do Estado, que também entrevistei, e depois de se considerar estável no emprego, indicou mais um membro da família. A família de Antônio, por meio de um agente de Estado, encontrou na cogestão a possibilidade de empregar seus membros mais vulneráveis, todos homens, com mais de quarenta anos, nível médio de ensino, e nenhuma perspectiva no mercado de trabalho formal, nem mesmo para ganhar um salário-mínimo.

A história da família de Antônio é a de muitos outros verdinhos e agentes do Estado, de maneira que não há um centro, uma única família ou chefia política que coordena a distribuição de empregos. Há uma questão da confiança que compromete diretamente os agentes do Estado com os interesses da Reviver e que faz com que eles saiam em defesa desta forma de gerenciamento de unidades prisionais e enfraqueçam a própria demanda sindical pelo fim da cogestão. Para além disto, eles também se empenham na execução de rotinas de maneira distinta do que faziam nas prisões administradas exclusivamente pelo setor estatal, sob o argumento de que lá não havia condições de executá-las, ainda que estivéssemos falando de unidades muito menores e sem histórico de rebeliões ou fugas. Assim, mesmo considerados e se considerando autoridades locais, mesmo performando a força e a masculinidade da cogestão, os agentes do Estado estão submetidos aos métodos, técnicas e rotinas do gerenciamento privado que se voltam para a expansão de seus negócios.

4.1 AGENTES PÚBLICO-PRIVADOS: O GÊNERO DA FORÇA

Eles portam armas de fogo na unidade e fazem questão de deixá-las à mostra. Mais de uma vez, cheguei para entrevistas e, entre as salas do prédio da administração, agentes do Estado ostentavam espingardas calibre 12, penduradas em seus corpos, escoradas nas paredes ou passando de um para o outro. Também utilizam, a todo tempo, coletes à prova de balas, mesmo que eles sejam os únicos armados na unidade. Uniforme preto, à moda dos grupos de operações especiais da Polícia Militar. Já não lembram o carcereiro da literatura do Drauzio Varella ambientada no Carandiru durante os anos 1990.

> *Esses homens foram contratados numa época em que bater nos presos malcomportados era política institucional consentida pela sociedade, não receberam treinamento nem tinham preparo para tomar conta daqueles que queremos ver atrás das grades, sem nos importamos com a precariedade dos espaços nos quais serão encarcerados. Atirados num ambiente dominado pelos piores instintos humanos, em contato direto com a violência, com salários insuficientes para sustentar a família, em condições de trabalho quase medievais e a vida em risco permanente, cada um procurou agir da forma que lhe pareceu mais sensata (2012, p. 226).*

Hoje, no COMPAJAF, posso afirmar que o investimento institucional é para fazer funcionar as formas legais e ditas legítimas de inflição de dor. Ou seja, fazer funcionar a prisão com presos algemados e de cabeça baixa em trajetos internos; limitar os horários de banho ao mínimo possível; proibir o acesso às comidas levadas por familiares; interditar a intimidade, tanto pela leitura e censura prévias de suas correspondências, quanto pela ostensiva presença de câmeras de vigilância; dentre outras rotinas. Não se pode dizer que castigos físicos não ocorram, inclusive, porque a rotatividade dos funcionários da iniciativa privada e seus processos de demissão não favorecem a apuração de casos assim, da mesma forma que a ausência de controles sobre os agentes do Estado, conforme dito anteriormente. Porém, seria incorreto dizer que a política institucional da empresa gestora é de aplicação de castigos físicos.

A gestão privada investe na sofisticação dos próprios mecanismos prisionais de dimensão racional-legal. Os agentes do Estado que atuam na cogestão atualmente não são mais sujeitos sem qualificação técnica ou preparo no manejo de regulamentos, leis, trâmites burocráticos. Em sua maioria, possuem ou estão cursando o nível superior de ensino. Frequentam treinamentos, fazem pós-graduação lato senso, assistem palestras sobre cuidados com a saúde e até direitos humanos. O que está em jogo, então, não são os antigos carcereiros de instrução formal limitada, mas são sujeitos formados para serem policiais, de maneira que o advento da legislação que os reconheceu enquanto polícia penal foi a conclusão de um processo que vinha ocorrendo há anos. O carcereiro-policial de hoje também tem menos contato, trato e sagacidade com as dinâmicas relacionais dos presos e, assim, a ostentação do uniforme e da arma parece, de alguma forma, substituir a vivência que fazia dos antigos carcereiros bons conhecedores da população carcerária.

Outra passagem de Drauzio Varella que ajuda a compreender a expertise dos antigos carcereiros é o relato sobre o Massacre do Carandiru, ou melhor, sobre como os carcereiros que trabalhavam na prisão naquele dia impediram que a matança da Polícia Militar se espalhasse pelos demais pavilhões da gigantesca unidade localizada onde hoje fica a Secretaria de Administração Penitenciária de São Paulo (SAP-SP). Antever que a polícia não invadiria pavilhões pacificados, convencer os presos a entrarem nas celas sem uso de violência, inclusive, sem porte de armas, combinar repasses de informações sobre a ação da polícia em intervalos regulares, tudo isso que foi substituído ao longo dos anos por treinamentos e cursos de gerenciamento de crises e subtraiu a pessoalidade do trato entre presos e agentes do Estado.

> *"— Ou muito me engano ou a cadeia vai virar.*
> *De fato, virou. No começo da tarde, os presos tomaram o pavilhão Nove, depredaram as dependências da administração e levantaram barricadas atrás da porta de entrada. Por sorte, os funcionários de plantão conseguiram escapar, o que nem sempre é possível nessas eventualidades. (...) Uma vez que o Oito era vizinho de parede do Nove, na parte do fundo da cadeia, dele separado apenas por um muro e um pequeno portão de ferro maciço, o grupo concluiu que seria mais prudente recolher os homens do campo para melhor controlá-los, porque, se os reincidentes aderissem, a rebelião se espalharia pelo presídio inteiro (...). Sem aparentar pressa, foram explicando às rodinhas formadas no campo que eles não tinham nada a ver com os problemas alheios, que seria mais sensato irem para o pátio interno do pavilhão porque o pelotão do Choque já estava no presídio e os PMs poderiam vir para cima deles, atrás dos desafetos que lhes causavam tantos dissabores nas ruas, como era hábito sempre que invadiam a Detenção (...). A intenção era manter cada homem em sua cela para não desafiar os militares. Que justificativa haveria para invadir um pavilhão em paz?" (VARELLA, 2012, pp. 8-9).*

A passagem do carcereiro ao que hoje se chama de policial penal pode ser pensada como uma assepsia realizada nas relações entre presos e funcionários que, como bem notou Varella, pouco se diferenciam uns dos outros, seja pela classe social onde são recrutados, seja pela condição de passarem o dia inteiro fechados numa unidade prisional (IBID., p. 16). A necessidade de demarcar uma separação mais clara entre esses dois grupos que habitam a prisão parece ter orientado as reformas na carreira dos carcereiros pós-Carandiru. Ainda nas conversas sobre como limitar a intervenção da PM no dia do Massacre, a fala do carcereiro Osmar é indicativa da indiferenciação entre presos e funcionários:

> *"— Araújo, é o seguinte: você, eu, o Osvaldo e o Silvão subimos para os andares. Jeremias monta guarda no portão que dá para o Nove; os outros ficam aqui na sala da chefia, porque eles têm*

> *pouco conhecimento com a malandragem. Vamos tentar trancar todo mundo: é a única saída. Se a polícia entrar, vai morrer muita gente, inclusive nós. No tropel, eles não vão perguntar quem é quem" (IBID., p. 9-10).*

A indiscernibilidade entre presos e agentes do Estado é algo, segundo um dos diretores do COMPAJAF que entrevistei, que "vem mudando", mas durante muito tempo "as pessoas viam não só os internos, mas os agentes, como uma coisa só". Ao encontro desta percepção há também o trabalho de pesquisa desenvolvido por Manoel Mendonça Filho nos presídios sergipanos, e mais especificamente na CDA, cuja desativação ele atribuiu a um processo de modernização do sistema prisional que envolvia desde a arquitetura até as relações entre presos e agentes do Estado, e prognosticou que desembocaria numa gestão privatizada (2009, p. 114).

> *Em lugar do improvisado depositório de corpos que, na experiência acompanhada, produziu uma forma de autorregulação das relações, diminuindo os conflitos e negociando as concessões, vão surgindo estéreis galerias de concreto (...) com o contato ultrareduzido e padronizado com os agentes (...) O burburinho do cortiço substituído pelo silêncio das tumbas. A cada intervenção visando à melhoria da fiscalização, do controle e da segurança, vai aumentando o grau de destrutividade das relações organizacionais propostas pela modernização da arquitetura e das normas de funcionamento (...) tal modelo, que certamente contaria com gestão privatizada e se faria de modo articulado com a indústria em busca de mão de obra cada vez mais barata, seria a concretização da escravidão atualizada (IBID., p. 115).*

De fato, a gestão privada em Sergipe chegou para assentar esse novo perfil de agente do Estado, distanciado dos presos e frequentador de cursos de gerenciamento de crises. Esta é outra razão pela qual escolhi destacar que a função do agente prisional na cogestão é também de agente privado. Ou seja, não apenas porque os que trabalham no COMPAJAF hoje defendem a presença do gestor privado, mas porque o processo de mudança no perfil, nas normas e nas condutas desta categoria profissional foram esculpidos em consonância com uma forma de gestão que foi gradualmente se dirigindo à privatização.

Neste capítulo, apresento quatro agentes público-privados: Lucas, Nelson, Silvio e Clóvis. Os dois últimos ocuparam cargo de direção do COMPAJAF enquanto estive em campo, de maneira que Clóvis substituiu Silvio, e eu acabei entrevistando o recém-chegado muito mais como forma de garantir minha permanência na unidade do que propriamente por um interesse da pesquisa.

Lucas e Nelson, por sua vez, já apareceram nas páginas anteriores, embora não tenham sido nomeados. São parentes de funcionários da Reviver, por eles mesmos indicados, e que fazem parte do rol de sujeitos que contribuíram para esta pesquisa. Como forma de preservação dessas fontes/sujeitos, não vou aqui relacionar uns aos outros de maneira direta, indicando quem tem qual parentesco. Em todo caso, apenas Clóvis não possuía, ao tempo que o entrevistei, algum parente trabalhando para o setor privado do COMPAJAF. Silvio, assim como os demais, fez suas indicações, mas não entrevistei nenhuma delas.

O primeiro que encontrei e que ofereceu uma das entrevistas mais longas de toda a pesquisa foi Lucas. Aos 47 anos, ele deixou o magistério no serviço público municipal e estadual para se tornar agente do Estado ou, como designava o concurso à época, guarda prisional. Muito incisivo sobre o que o fez mudar tão abruptamente de carreira, Lucas me contou que "o desgaste como professor é dez mil vezes pior do que como agente prisional". Diante da minha reação visivelmente espantada, prosseguiu:

> *"Professor é trabalho vinte e quatro horas, leva trabalho vinte e quatro horas pra casa, durante sete dias por semana. No sistema prisional, você trabalha vinte e quatro horas, mas nos outros dias, você tem o dia livre para fazer o que você quiser (...). Eu costumo dizer que são dois polos. Não deu certo em uma, cai na outra. A solução é a educação, não teve, o futuro é a outra ponta, é o sistema prisional (...) como professor, a minha obrigação era fazer o melhor que eu podia, que eu pudesse fazer pra tentar mudar (...). A ponta de cá parte do estado querer fazer alguma coisa pra mudar. Eu não posso fazer nada (...) a minha função lá não é essa, eu não sou educador, eu não sou ressocializador, eu não sou assistente*

> *social. Nada. Lá eu sou guarda do sistema prisional. A minha função ali é: não fuja".*

A diferença de demanda, de expectativas, e sobretudo o caráter criativo e transformador que se atribui ao magistério, sem contrapartida em termos remuneratórios, segundo Lucas, tornaram a carreira de agente do Estado mais atrativa, uma vez que na prisão tudo que se exige dele é que cumpra horários e rotinas. "A minha função (...) não é consertar aquilo ali", repetiu algumas vezes, deixando entender, ao mesmo tempo, que a prisão não tem conserto, assim como a escola, mas no primeiro caso, ninguém espera que o profissional, de fato, tente fazer alguma coisa pelos sujeitos institucionalizados.

Lucas estava há apenas um ano no COMPAJAF quando o entrevistei. Foi ele que chamou minha atenção para a existência de um grupo na SEJUC chamado Grupo de Operações Penitenciárias Especiais (GOPE), onde atuou antes de ir para a unidade em cogestão. Quando encerrei as idas a campo, uma troca na direção havia levado outro ex-integrante do GOPE ao cargo de diretor geral do COMPAJAF. Segundo me explicou Lucas, a função do grupo é exclusivamente repressiva.

> *"Pro sistema prisional é a tropa de choque. Quando o bicho tá pegando, chama o GOPE. Isso teoricamente. Por que, teoricamente? Porque o nosso efetivo é muito pouco (...) A gente não vai lá pra negociar, a gente vai pra resolver o problema. Quais são os problemas assim... mais... ah, de repente, uma ala de um pavilhão se rebelou, tá amotinada, a gente vai lá tentar resolver. Ah, tem uma conversação antes? Tem, não vai dizer que não tem. Tem, mas a gente, o grupo, não é preparado pra isso. A nossa função não é essa. A nossa função é chegar lá e resolver o problema".*

"Resolver o problema" é como Lucas se refere, na entrevista, ao emprego da força. A referência à tropa de choque é clara, porém, ele diferencia uso da força de violência. Esta última é desnecessária, enquanto o uso da força é acionado somente quando não há outra forma de lidar com as situações tensas na prisão. Após algum tempo no GOPE, ele se sentiu, mais uma vez, como alguém que deseja fazer um determinado trabalho, mas não tem condições porque o Estado não as proporciona. E, assim, ele foi parar na cogestão, modelo de gerenciamento com o qual não concorda, em tese, mas admite que, na prática, é o melhor lugar para trabalhar.

> *"Do GOPE eu voltei para o COPEMCAN... O COPEMCAN o estado perdeu o controle. O estado perdeu o controle. Vou até repetir pra gravar de novo: o estado perdeu o controle do COPEMCAN. Perdeu (...). O estado é que deve tomar conta daquilo ali. Mas como o estado não toma conta porque tem interesses escusos, políticos, por conta da terceirização, a gente sabe disso, eu sou contra, mas não sou burro de ficar numa panela de pressão sabendo que ela vai estourar. Eu não quero estar lá quando ela estourar, então, eu vou sair. Vim para aqui, apesar de ser contra (...) não sou contra o agente que trabalha na Reviver, eu sou contra o sistema, ao tipo de cogestão. Quem tem que tá lá é o servidor público, que tenha concurso, que assuma e esteja lá. Mesmo porque o trabalho que eles fazem lá é um trabalho que é do guarda prisional. Eles ficam, falam, vão pra mídia, dizer 'não, o que eles fazem aqui é trabalho de hotelaria...'. Balela. O que eles fazem lá é o trabalho de guarda prisional. Hotelaria é o pessoal da cozinha, é o pessoal da lavanderia, é o assistente social, é o dentista, é o médico, é tudo. Mas e no dia a dia lá dentro do pavilhão quem é que está? São eles também. É contra isso que a gente é, que eu sou, contra. É esse itemzinho aí que eu sou contra. Terceirize todo o resto, inclusive das outras unidades, pode terceirizar também. Terceirize COPEMCAN, Glória, Tobias, Cadeião, tudo, mas que a atividade-fim seja do agente penitenciário, guarda prisional. E não é. Aí fui para lá. Fui. Porque lá eu me sinto mais seguro para trabalhar. Lá eu me sinto mais seguro para trabalhar, faço minha atividade? Faço. Exerço minha... Ah, mas 'Fulano, lá você exerce a sua atividade de agente penitenciário, guarda prisional'? Faço. 'Tem condições'? Tenho. 'Tem efetivo?' Tenho. Então é aí que eu vou trabalhar".*

Durante a entrevista, Lucas também falou sobre a mobilidade dos agentes do Estado entre as unidades prisionais sergipanas, de gestão tradicional ou de cogestão. Segundo ele, os agentes com problemas disciplinares são enviados para passar um tempo no HCTP, enquanto os que não se rendem à corrupção são lotados nas unidades mais distantes da capital. No COMPAJAF, porém, há uma dinâmica extraoficial entre os agentes que filtra quem vai trabalhar na unidade, para que sejam apenas pessoas que querem trabalhar corretamente, de acordo com Lucas. Chama a atenção como o entrevistado não relaciona esta dinâmica à qualidade que atribui à iniciativa privada, ou seja, como seu próprio empenho na seleção dos colegas a serem transferidos para o COMPAJAF não é contado como um dos fatores que fazem da unidade um lugar melhor para se trabalhar.

A questão da confiança reaparece na entrevista de Lucas sob outro aspecto. Para me explicar a dinâmica de mobilidade dos agentes do Estado, ele me contou que sempre "tira o plantão" ao lado de um colega, de forma que são responsáveis pela vigilância e inspeção dos pavilhões em dupla. Uma vez que o colega pediu afastamento, Lucas se lançou à tarefa de selecionar quem o substituiria, alegando que não poderia ser qualquer um, precisava ser alguém de confiança, alguém que "trabalha direito" e que este perfil não era fácil de encontrar. A explicação se parece muito com a que me acostumei a ouvir sobre os presos: não querer ir para cogestão por possuir acessos privilegiados a esquemas lucrativos — celulares, drogas, visitas, etc. — em outras unidades. Nas palavras de Lucas, o mesmo vale para os agentes do Estado. Antes de encerrar meu período em campo, ele encontrou novo parceiro de plantão, alguém que aceitou ser transferido para o COMPAJAF.

A todo momento, Lucas procurou destacar que a forma de cumprir pena na cogestão é o que realmente se espera de uma cadeia, ou em suas palavras "ali a pena é pena mesmo", expressão utilizada para se referir aos horários rígidos, às refeições entregues (em quantidade e qualidade), à limpeza, à clareza dos protocolos de visitação, enfim, à disciplina imposta, sobre a qual admite existirem, às vezes, problemas, em geral causados por ruídos na comunicação entre funcionários, mas que sempre são satisfatoriamente resolvidos, mesmo que seja necessário demitir alguém. Com essa leitura, Lucas resgata a noção de que o preso do COMPAJAF não se ressocializa "se não quiser" e torna individual o ônus de sair da prisão e não ser preso novamente. Desta forma, a responsabilidade individual se sobrepõe a quaisquer análises sobre processos de criminalização que, inclusive, estigmatizam e reconduzem as pessoas à prisão, além e aquém de comportamentos individuais.

Lucas foi fundamental na minha compreensão sobre a maneira como a qualidade da gestão privada constrói-se em oposição à gestão estatal. É incontornável que o próprio Estado opera para que a cogestão se apresente com melhores indicadores e condições de gerenciamento. A maneira como os agentes do Estado indicam uns aos outros para preencherem os postos de trabalho no COMPAJAF acaba formando uma equipe mais coesa e comprometida com a cogestão, ainda que permaneça, teoricamente, contra o modelo de transferência de atividades-fim à iniciativa privada. Às relações entre público e privado no COMPAJAF, Lucas acrescentou a história de Silvio e sua posição estratégica duplamente favorável, de um lado, agente do Estado, de outro, consultor da Reviver: "Silvio tem os acordos dele lá".

Silvio também foi assunto das minhas entrevistas com Joana (monitora de ressocialização/verdinha) e Amanda (assistente social). De certa forma, ele foi assunto em quase todas as entrevistas porque, à época, tinha acabado de deixar um cargo na direção do COMPAJAF e seguiu transferido para outra prisão também gerida pela Reviver. Porém, Lucas, Joana e Amanda não fizeram simples referência à presença de Silvio na unidade, mas destacaram sua importância para o bom desempenho da cogestão em Sergipe, e foi a partir da experiência dele que pude elaborar a noção de agente público-privado.

Agente público-privado é o agente do Estado que trabalha no regime de cogestão da unidade prisional e investe suas forças, conhecimento, relações, indicações, inteligência e habilidades para qualificar as práticas de gerenciamento que servirão como indicadores de superioridade do modelo de gestão com participação da iniciativa privada. O agente público-privado mobiliza sua autoridade enquanto representação do Estado para agenciar a expansão do setor privado do encarceramento. Quando indica um familiar para ser contratado pela empresa gestora, por exemplo, o agente público-privado garante a sobrevivência material de sua própria família, mas oferece também um vínculo e um comprometimento que contratações meramente meritocráticas não produzem. Da mesma forma, ele se compromete à prestação de um serviço de qualidade superior ao que fazia quando lotado em unidades de gestão tradicionalmente estatal.

A questão da confiança que deriva destas relações se desdobra ainda no engajamento do agente público-privado que desempenha melhor suas funções no contexto da cogestão. Lucas fez questão de ressaltar para mim que, no COMPAJAF, os agentes do Estado cumprem horários, ao contrário do que ocorre nas unidades de gestão exclusivamente estatal. Perguntei a ele o motivo da diferença de comportamento já que, mesmo na cogestão, eles são subordinados ao DESIPE/SEJUC, e não à empresa, logo, em nada diferindo de quando atuavam em outras unidades prisionais. Lucas me respondeu que quem não cumpre horário, na verdade, nem chegava a ser lotado onde há cogestão, mais uma vez explicitando a seleção extraoficial que os próprios agentes do Estado fazem em favor do bom funcionamento do COMPAJAF. Esse processo de engajamento do agente público-privado é recebido e transformado pelo setor privado em indicadores que "demonstram" sua "superioridade administrativa" frente ao gerenciamento estatal.

Silvio é o exemplo paradigmático desse engajamento. Quando o entrevistei, por indicação de Lucas, não me dei conta, imediatamente, do caráter ambíguo de sua atuação como funcionário público designado pela SEJUC/DESIPE para fiscalizar a implementação contratual da gestão da Reviver e que passou a ser também um homem de confiança, espécie de consultor, mais ou menos oficial, da própria empresa, para orientá-la em relação às tratativas com o estado de Sergipe. Em outras palavras, ele foi designado para fiscalizar o setor privado e se tornou um colaborador da empresa.

> *"(...) Eu fui na Bahia, fui até em Serrinha, duas vezes pra saber como é que funciona, tentar entender (...) foi novidade pra todo mundo, né? E aí veio algumas pessoas de lá da empresa pra cá, trouxeram alguns modelos, documentos, com algumas coisas que funcionavam, né? A gente só fez adaptar à nossa realidade, porque lá de uma forma que, queira ou não queira, é outra, né? Então, a cultura, essas coisas, né? Então, mas foi bem desgastante no começo né? Pra todo mundo assim, pra tentar entender, tanto parte dos funcionários, as dos presos também que não tinha essa coisa que chamam que é rígido, né? Que é rigidez, que é tudo limitado, tudo. Lá é de acordo com a lei, mas às vezes eles acham que não*

é, que é pra estar mais soltos, né? Pra familiares deles, pra advogados, que pra entrar aqui tem que passar por uma revista mais minuciosa, então isso aí no começo foi mais turbulento, né?"

Silvio me explicou que ao assumir o cargo na direção do COMPAJAF fez uma seleção para sua equipe, dentre os agentes do Estado, de acordo com o que ele considera um bom perfil para trabalhar na cogestão. Embora sem definição muito precisa deste perfil, ele relatou dificuldades que enfrentou na adaptação dos agentes do Estado, de maneira que pude ler o que ele chama de bom perfil pelo sentido contrário a tais dificuldades.

> *"Geralmente é assim, o Estado nomeia o diretor, né? E o diretor vai escolhendo alguns servidores (...). É porque vai muito do perfil de quem vem, então, tem pessoa que eu acho que certa função não daria, né? (...) vai muito de quem tá a frente, né? O Estado dá muita liberdade, muita liberdade da gente escolher (...) aquelas pessoas que venham a colaborar (...) tinha algumas agentes que estavam aqui, mas que acha que a empresa tinha que ser submissa a eles, né? Então, não, a empresa, se a gente pedir e a empresa tem que fazer mesmo, mas não é assim, a gente tem contrato a seguir, então, a empresa vai cumprir aquilo que tá no contrato, não é eu que vou dizer à empresa que tem que fazer algo que não tá no contrato e ela tem que fazer de todo jeito, não".*

Um bom perfil significa entender que a empresa não é subordinada ao Estado e, portanto, os agentes deste último não podem dar ordens aos funcionários do setor privado. Este foi um dos momentos na entrevista de Silvio em que tive a sensação de estar entrevistando um empregado da Reviver. Embora a noção de que não há hierarquia entre os participantes da cogestão esteja correta, a função de Silvio na direção do COMPAJAF é fiscalizar e impor limites à atuação do setor privado e, no entanto, sua fala é a de alguém que se ocupa em impor limites à atuação estatal. Na condição de agente público-privado, Silvio assumiu a tarefa de impedir que o estado atrapalhe o funcionamento e o desenvolvimento da atividade empresarial.

Em várias entrevistas, Silvio foi mencionado como a pessoa que orienta e intercede a favor da Reviver em trâmites burocráticos, como o processo licitatório de 3 unidades realizado em 2017, de maneira que a ideia de ter ido conhecer atuação da empresa na Bahia sugere uma via de mão dupla, em que ele atuou como representante da SEJUC/DESIPE perante a Reviver e construiu boas relações com a empresa a ponto de tornar-se também seu representante junto à SEJUC/DESIPE. Quando encerrei o campo, Silvio já havia sido transferido para outra unidade prisional, recém entregue à cogestão da mesma empresa e que precisava do seu *know-how* para as adaptações necessárias.

Clóvis substituiu Silvio e nossa conversa foi rápida, pois havia um mês que estava lotado no COMPAJAF e um, ainda, processo de adaptação que lhe custava muito tempo, como me disse. Sua entrevista teve muito mais o propósito de garantir meu acesso à unidade da forma como já ocorria sob a direção anterior. Embora já fosse sua sexta unidade carcerária, de um total de nove que compõem o sistema prisional sergipano, era a sua primeira vez numa cogestão. Diferentemente de seu antecessor, Clóvis ressalta que é a presença do agente do Estado numa unidade prisional que significa força — "O preso vê o agente do Estado de outra forma. Basta um só da gente entrar e dar um comando" — e a empresa serve apenas para "facilitar nosso trabalho". Ele admite que há, entre seus colegas, uma preferência pelas unidades administradas exclusivamente pelo Estado. Na condição de diretor de unidade jamais instaurou processos disciplinares por corrupção ou violação de direitos humanos, mas já respondeu a vários, como afirma ser comum entre os agentes do Estado, devido a denúncias que considera infundadas por parte, sobretudo, de familiares de presos. A impressão que guardei da nossa breve entrevista foi de que estava diante de um dos últimos representantes da resistência à cogestão. Embora afirmasse não ter encontrado problemas em sua recepção no COMPAJAF, Clóvis elogiou a governança do sistema prisional em Sergipe, ressaltando que "não há morte diária em unidades, não há matança" e também que "não tem problema com facção", em razão de um trabalho conjunto de "inteligência" com a SSP-SE, sem especificar em que consistia.

O último agente do Estado com quem conversei foi Nelson. Cheguei a ele porque, antes, entrevistei sua esposa, que trabalha para a Reviver por indicação dele. Como em todas as entrevistas, iniciei perguntando por sua trajetória profissional e, então, percebi que se repetia algo já notado quando conversei com Antônio, ex-verdinho promovido a gerente operacional do setor privado. O grau de identificação com a empresa fez Antônio responder sobre sua trajetória com uma narrativa sobre a trajetória da empresa. A mesma coisa fez Nelson, com a significativa diferença de que ele é um agente do Estado.

> *"Eu entrei no estado em 2002 e estou nesse cargo há 3 anos, sou graduado em Direito. É uma experiência inovadora porque toda a minha trajetória enquanto agente penitenciário, sempre trabalhei nas unidades que nunca atuaram nesse formato de cogestão, então, para mim, o choque de realidade é tamanho, isso é imensurável em todos os aspectos (...) essa cogestão, o modelo que ela opera, ela é benéfica do ponto de vista tanto pra funcionários quanto pra internos. Para funcionários, em que sentido? No sentido do suporte, o suporte, a estrutura para o funcionário trabalhar num presídio que ocorre cogestão é outra estrutura, desde a alimentação, o alojamento, e pra interno nem se conta, desde a assistência à saúde, assistência jurídica, assistência educacional, a disparidade é terrível para um presídio gerido apenas pelo estado. A cogestão é alvo de críticas, né? (...) eu vou deixar de lado essa parte, que nosso sindicato critica (...) Vamos deixar essa parte de lado, vamos para a parte da cogestão em si (...) eu, sinceramente, acho assim, que o modelo da cogestão deveria ser o modelo utilizado por todas as unidades do estado".*

Assim como a concordância contrariada de Lucas ou a consultoria prestada por Silvio, a postura de Nelson ratifica a noção de agente público-privado ao escolher a defesa do modelo de cogestão para responder sobre sua trajetória. Como parte da equipe de direção da unidade prisional, Nelson gosta de ressaltar que foi convidado para trabalhar no COMPAJAF por mérito.

> *"Sou uma pessoa que eu vou dizer pra senhora que eu estou nesse cargo aqui não foi apadrinhamento político de ninguém eu tô aqui por mérito, eu fui convidado, durante todo esses anos que estou envolvido em sistema eu nunca me envolvi com nada de corrupto, digamos assim e sou anticorrupto, eu abomino corrupção".*

Duas dimensões da questão da confiança emergem da fala de Nelson. A primeira é que o recrutamento dos agentes do Estado para o COMPAJAF é extraoficial. Com isto, não digo que é ilegal, apenas que não segue qualquer normatização, mas, como explicou Lucas anteriormente, a direção da unidade escolhe, dentre os colegas da categoria, quem vai integrar o reduzido número — não mais que duas dezenas — de funcionários públicos atuando naquela prisão. Essa escolha, tanto Lucas quanto Nelson afirmam, baseia-se no mérito, seja o de não se corromper, seja o de ser pontual, assíduo e cumprir demais obrigações que, em tese, compõem os deveres funcionais desses agentes em qualquer unidade que estejam lotados. A segunda é que, na noção de corrupção de Nelson, não se encontra o sistema de indicação de parentes de agentes do Estado para contratação pela empresa Reviver que ele mesmo utiliza. Isto porque, como já me referi no capítulo anterior, confiança é mérito no sistema de recrutamento para trabalhar no COMPAJAF, seja entre os concursados do Estado, seja entre seus parentes e amigos indicados para trabalhar no setor privado da cogestão.

> *"Ela [a empresa] tem exigências, tipo pedir os antecedentes criminais, mas assim, é muito de indicação, entende? Então, assim, eu não vou faltar com a verdade, porque o que tenho visto ultimamente é indicação, alguns dão certo, outros não, e eles possuem um certo sistema na internet, um site, que você se cadastra, fica aguardando ser chamando, quando você é convocado, faz um curso de formação que dura em média 5 dias e após esse curso se tiver vaga você é convocado imediatamente se não você fica aguardando sua convocação".*

Embora o discurso do setor privado se ancore na possibilidade de rápida demissão em virtude do vínculo empregatício dos verdinhos, a entrevista com Nelson permite formular que é a pessoalidade do recrutamento que define quem é demitido em caso de conduta considerada inadequada, como introduzir celulares ou drogas, e até mesmo, espancar um preso.

> *"(...) já teve por espancamento (...). Então, assim, foi demitido, certo? Hoje ele confessa que fez, que tá arrependido, que quer reintegrar os quadros da empresa, mas aí é uma situação que, in-*

felizmente, fica insustentável e a natureza de tudo e da gravidade da situação (...) mas assim, eu vou falar por mim, enquanto gestor aqui, eu desconsidero esse tipo de indicação, se errar eu faço por onde ser punido porque assim, eu digo à senhora, se foi até uma pessoa que eu indiquei, se errar... Pode ter certeza que eu sou extremamente duro nesse sentido".

A entrevista com Nelson foi muito importante porque eu não estava falando com alguém que corresse risco de demissão ou transferência, tampouco com um gestor novo, como Clóvis. Tratava-se de um sujeito de pesquisa experiente na direção da unidade e sem qualquer constrangimento de falar sobre como funciona o modelo de cogestão, inclusive quando se trata das dinâmicas pessoais e informais de recrutamento e demissão. Mais uma vez, eu não estava acessando qualquer segredo ou informação privilegiada. Não era também um vazamento de informação, mas o exato contrário: alguém do topo da hierarquia gestora expondo a racionalidade da questão da confiança e o gerenciamento informal promovido também pelos agentes do Estado, cuja função, como ele mesmo disse, era fiscalizar a legalidade da execução do contrato. Em outras palavras, Nelson explicou-me como a fiscalização da legalidade e a gestão das ilegalidades são dimensões indissociáveis da atividade de quem dirige a prisão.

Em reforço ao discurso de Lucas, que é consensual entre os entrevistados, o COMPAJAF, para Nelson, oferece todas as condições para que um preso "se ressocialize". Ou seja, há uma compreensão de que o processo de criminalização é de responsabilidade individual, uma vez oferecidas condições mínimas de tratamento na prisão, previstas na LEP. Por isso, ressalta Nelson, alguns presos "preferem o COPEMCAN", pois se trata de uma escolha racional pelas "mordomias e facilidades" de uma cadeia "sem disciplina".

Das quatro entrevistas com agentes público-privados, é possível dizer que eles apoiam o modelo de cogestão da unidade prisional, ao contrário do sindicato da categoria. A eficiência deste modelo, por sua vez, é creditada à empresa, que aparece nas falas destes sujeitos sempre relacionada à organização, limpeza, cuidado e abundância de recursos, notadamente de recursos humanos. Em oposição a tudo isto, há o Estado, de onde destacam a desorganização e a escassez de funcionários e de insumos (comida, algemas, alarmes, câmeras, etc.), porém, onde também se localiza a força e a autoridade, que coincidem com a presença dos próprios agentes no COMPAJAF.

Loïc Wacquant, ao tratar da erosão das funções previdenciárias estatais em relação ao incremento do sistema de justiça criminal, chamou essa operação de remasculinização do Estado:

> *O deslocamento da atividade estatal do braço social para o braço penal e a incipiente penalização da assistência social fazem parte, por sua vez, da remasculinização do Estado como reação às profundas mudanças provocadas no campo político pelo movimento das mulheres e pela institucionalização de direitos sociais antinômicos à mercadorização (commodification). A nova prioridade atribuída às obrigações sobre os direitos, à sanção sobre o amparo, a retórica severa das "obrigações da cidadania" e a reafirmação marcial da capacidade do Estado de controlar os pobres "problemáticos" (os beneficiários da assistência social e os criminosos) (...) todas essas plataformas políticas anunciam e promovem a transição do gentil "Estado babá" da era fordista-keynesiana ao rigoroso "Estado pai" do neoliberalismo (WACQUANT, 2015, p. 8).*

Para pensar a cogestão no COMPAJAF, é necessário dar um passo adiante na análise do sociólogo francês. A assistência social em sentido amplo, o "Estado babá", não foi apenas reduzido pelo desmonte da burocracia relacionada a estas funções e pelos cortes brutais nos orçamentos correlatos, ela foi também privatizada. Na prisão terceirizada, a grande oposição estatal x privado, desdobra-se também em força x cuidado ou masculino x feminino. Assim, é possível pensar dois trípticos conceituais para analisar a cogestão: de um lado, o estatal-força-masculino e, de outro, o privado-assistência-feminino. Tomados como gradações entre as quais coexistem distintas posições em campo, os trípticos ajudam a apontar a situação de vulnerabilidade dos verdinhos, pois são trabalhadores, em sua maioria homens, que desempenham função de carcereiros, mas isso não pode ser assumido, uma vez que denotaria "atividade-fim", ou seja, do Estado. Desta forma, são considerados funcionários de hotelaria, não portam armas e trabalham na iniciativa privada, o que os aproxima da dimensão feminizada do aparato prisional. No entanto, são carcereiros. Carcereiros desarmados, sem autoridade, vigiados, escaneados e facilmente demitidos, o que sustenta, no Estado e na empresa, o discurso de eficiência da gestão.

As entrevistas com os agentes do Estado me permitem sintetizar algumas coisas: 1) eram contrários à cogestão, por força da posição sindical, mas foram convencidos de sua eficiência; 2) trabalham ativamente na seleção de colegas que são lotados no COMPAJAF, o que faz com que o desempenho da categoria na cogestão seja melhor do que quando estão em unidades de gestão tradicional (assiduidade, pontualidade, moralidade, etc.); 3) indicam parentes e amigos para trabalharem na Reviver, com isso, garantem sustento material para suas famílias e comunidades, e se comprometem com a permanência e expansão do sistema de cogestão; 4) consideram-se pessoalmente responsáveis por suas indicações; 5) mobilizam o discurso de que a cogestão faz a cadeia ser o que ela deveria ser: um local de disciplina e assistência ao preso nos termos da lei; 6) compreendem o crime e a criminalidade pela ótica da responsabilidade individual, de maneira que se a gestão prisional entrega o que a LEP prevê em termos de assistência, o preso se torna o único responsável pela sua vida, dentro e fora da unidade.

4.2 SOCIEDADE CIVIL ORGANIZADA: “LÁ O PRESO É PRESO MESMO”

Todas as entrevistas deste tópico foram realizadas fora da prisão. Ao todo, entrevistei duas mães, uma esposa e um agente da pastoral carcerária. A limitação do tempo de visita no COMPAJAF, diferentemente da extinta CDA e do COPEMCAN, faria com que as entrevistas tomassem tempo dos visitantes junto a seus familiares ou assistidos, o que nos fez combinar outros locais. Os quatro entrevistados indicaram suas residências, às quais me dirigi no dia e horário combinados.

Antes de passar à entrevista com o agente da pastoral, é importante resgatar alguns posicionamentos da entidade católica que, desde meados dos anos 1990, é contra a gestão privada da execução penal.

> *O estado tem que, ao contrário de privatizar os seus presídios, realmente "estatizá-los"! Assumir o seu povo preso e conclamar as mesmas firmas particulares que tomariam conta de presos (pela privatização), a serem os primeiros a ajudarem encaminhar a questão de emprego aos egressos e profissionalização, desde já, dentro das penitenciárias, detenções, cadeias públicas e outros estabelecimentos penais (PASTORAL CARCERÁRIA, 2019b).*

> *Nesse sentido, o levantamento realizado buscou responder às questões relativas aos argumentos mais comumente apresentados contra e a favor da privatização do sistema prisional. Partiu-se da verificação de que esses argumentos são elaborados retoricamente, sem base empírica, muito em virtude da baixa permeabilidade dessas instituições ao escrutínio público e, por vezes, motivados por posições ideológicas ou interesses de toda sorte assumidos por defensores e detratores da privatização. Os defensores tendem a fazer malabarismos estatísticos para provar o melhor desempenho institucional das unidades privatizadas, já os detratores inclinam-se a apresentar argumentos éticos e constitucionais contra a privatização (PASTORAL CARCERÁRIA, 2014).*

> *Verifica-se que a terceirização das unidades prisionais precariza o trabalho daqueles que são contratados para prestação dos serviços internos, trazendo ainda mais insegurança e violação de direitos às pessoas presas no interior desse espaço que produz um conflito interno inerente, devendo, pois, ser rechaçada qualquer proposta de terceirização do trabalho do agente penitenciário (PASTORAL CARCERÁRIA, 2019a).*

A Pastoral Carcerária, organização que faz parte dos quadros da Confederação Nacional dos Bispos do Brasil (CNBB), foi uma das primeiras grandes organizações da sociedade civil a se manifestar contra as propostas de privatização do sistema prisional no Brasil, logo no momento das primeiras incursões deste discurso. Por privatização, a entidade compreende qualquer modelo contratual que coloque a iniciativa privada como gestora de uma unidade carcerária, seja terceirização/cogestão (como é o caso da Reviver em Sergipe), seja Parceria Público-Privada (PPP). Em 2014, a entidade produziu o relatório mais completo existente no país até então sobre as empresas que participam do mercado prisional, bem como sobre os contratos já existentes. O documento conta com relatórios de visitas técnicas realizadas em unidades privatizadas e conjuntos de recomendações para os órgãos estatais competentes.

Destaco o histórico de posicionamento da Pastoral Carcerária no que diz respeito à privatização de unidades carcerárias porque Saulo, coordenador da visitação da pastoral no COMPAJAF, apresentou um posicionamento distinto do que a organização preconiza.

> *"Agora, o que eu vejo na terceirizada, o preso é preso mesmo, é ali preso, 'cabousse'. Nos presídios que não é terceirizada, há uma flexibilidade maior, certo? Por exemplo, nos presídios que não é terceirizados, a gente pode trazer uma ala toda pra gente. Nos terceirizados, né? Ou por medo ou por alguma coisa, eles só veem aquela quantidade certinha (...). Eles não têm muita folga, certo? No terceirizado, é preso mesmo, certo? Não tem esses negócios de, por exemplo, aqui no bairro América, era solto todo mundo numa área bem grande, uns iam jogar bola, outros iam fazer horta, outros iam jogar baralho, né? Solto. No de São Cristóvão é um pouco mais solto também, certo? Mas nos terceirizados, eles fazem isso, mas dentro da ala trancados (...), brincar de baralho, dama, dominó, não sei o quê, tal, tal, tal, fazem isso, mas trancados, não soltos assim, né? (...) O COMPAJAF é um dos melhores, lá o preso é preso mesmo".*

Obviamente, dada a minha preparação para a entrevista a partir dos documentos da Pastoral Carcerária Nacional, eu não esperava ouvir uma declaração assim. No entanto, após entrar em contato com militantes da Pastoral de outros estados, ouvi várias vezes que uma organização tão grande e capilarizada no sistema prisional guardava suas tensões e divergências, eventualmente capturáveis por agentes externos, como era meu caso.

Assim, a entrevista com Saulo me ajudou na leitura sobre o grau de consensualidade que o processo de terceirização das unidades prisionais atingiu em Sergipe. Já me referi a este consenso, no início do trabalho, para explicar por que a dinâmica de indicações que compõe a questão da confiança não me parece atrelada a ciclos eleitorais, como se pode concluir de práticas tradicionalmente analisadas pelo conceito de clientelismo. Certamente, o posicionamento da Pastoral que atua no COMPAJAF foi decisivo para que eu compreendesse que a terceirização não é interesse exclusivo de um ou outro setor da política local, mas uma composição entre Estado, mercado e setores da sociedade civil organizada, cada um na medida de sua própria força.

Saulo é um agente pastoral experiente. Há mais de 20 anos, em suas palavras, recebeu "um chamado do alto" para uma missão que "até mesmo sacerdote não suporta". Durante nossa conversa, ele ressaltou que, embora o trabalho principal seja de evangelização, não escapa também de prover ajuda material e de pressionar os diretores prisionais por melhorias nas condições do cárcere.

> *"(...) Tentamos amenizar algumas situações dentro da lei, dentro do regimento, né? Então, como somos um pouco o olho da sociedade lá dentro, certo? Um outro ponto de vista que nós fazemos lá dentro, a gente traz a realidade da sociedade, certo? Pra mostrar lá pra eles. Exemplo, se eu tivesse uma mãe de 80 anos ou 70 anos, e fosse no banco tirar o salariozinho dela, e um fica dentro do banco e outro fora, e quando ela sai, vocês vão lá e subtrai aquele salário daquela senhora, a gente leva ele a uma reflexão: 'Você acha que isso tá correto? Você acha isso está esquecido dos olhos de Deus? Você acha que dias mais dias menos, você não vai pagar pelo que fez?". Então, a gente tenta sensibilizá-los com uma coisa que a vida nos mostra, tudo que a gente faz aqui de bom ou de mal, a gente paga na pele, na carne pelo que fez, isso a vida tem me mostrado perfeitamente e dentro dessas realidades, a gente se embasa no texto bíblico, certo?"*

Parte do que faz Saulo não sentir diferença quanto ao encaminhamento e resolução de suas demandas junto à burocracia das unidades é que no modelo de cogestão a direção geral permanece exercida por um agente do Estado. Assim, ele afirma não ter problemas com a empresa, pois raramente tem que tratar de alguma coisa com os funcionários terceirizados. Horários de visita, tamanho dos grupos assistidos, entrada nos pavilhões, dentre outras questões relativas à sua presença e a de outros quatro agentes da Pastoral que prestam assistência religiosa, tudo é decidido junto à direção geral.

> *"Normalmente o diretor é um agente penitenciário, certo? Ligado ao Desipe, né? E esses tratamentos é acordo que nós fazemos com os diretores, embora seja um direito nosso, certo? (...). A gente tenta uma convivência pacífica e amigável, certo? Às vezes perdemos, às vezes ganhamos, certo?"*

Saulo disse nunca ter chegado a seu conhecimento qualquer denúncia de tortura por parte de terceirizados ou de agentes do Estado contra presos no COMPAJAF. A única vez que os assistidos pela Pastoral relataram tortura, segundo ele, foi de preso contra preso, o que foi resolvido pela administração separando os envolvidos do convívio. A leitura de Saulo coincide com as dos demais entrevistados em dois aspectos fundamentais.

O primeiro é a leitura do crime como responsabilidade individual a ser combatida por meio da fé e do arrependimento. Embora engajado em outros projetos sociais de alívio à pobreza, como servir alimentos a moradores de rua ou distribuir cestas básicas em comunidades periféricas, o agente da Pastoral não esboçou qualquer crítica a processos de criminalização que encarceram pessoas.

> *"Eu sempre digo aos colegas de evangelização, que o nosso trabalho é seguinte, da mesma forma que o mundo fez a cabeça dele dizendo que o bom é a criminalidade e o roubo, a gente tem que entrar na cabeça dele pra desfazer isso, que nada se compara à liberdade, nada se compara à honestidade, nada se compara ao pão ganho com o suor do trabalho. A gente tem que fazer o trabalho inverso, né? Mesmo que o mundo fez mostrando a ele que o ganho*

fácil é o caminho mais tranquilo, a gente tem que agora mostrar a eles que, pelo ganho fácil, eles tão passando pelo suplício, e se eles quiserem uma vida nova, eles têm que mudar".

O segundo é a leitura de que os presos preferem outras unidades prisionais ao COMPAJAF, pois esta unidade tem um controle mais rígido do tempo e dos fluxos de celulares, drogas, visitas: "eles são loucos pra ir pra outro presídio porque lá tem um pouco mais de liberdade (...) independente que lá a comida seja estragada, não tenha todo material". A máxima de Saulo que, naquela unidade, "o preso é preso mesmo", refere-se à disciplina local, com controle de horários, uso de algemas em traslados internos, e ao ostensivo aparato de vigilância, humana e eletrônica.

A entrevista com Saulo foi uma das primeiras a me alertar para o encontro entre o processo de terceirização e um projeto disciplinar de inspiração europeia que nunca se ambientou muito bem no Brasil, embora tenha figurado em teses e trabalhos importantes como horizonte analítico. Em outras palavras, desde trabalhos não acadêmicos como Estação Carandiru, de Drauzio Varella (2001), até etnografias clássicas como Oficina do Diabo (2005), de Edmundo Campos Coelho, as prisões brasileiras se mostram mais parecidas, paradoxalmente, com uma feira livre do que com um quartel. A hipótese foucaultiana da prisão como instituição disciplinar, até o momento, sofre sérias restrições diante da realidade de um amontoado caótico de gente como o COPEMCAN, em Sergipe.

Com a terceirização, o setor privado entrega algo mais próximo à noção de prisão como instituição disciplinar e resgata a ideia da humanização de um castigo que é preferível à barbárie de outras formas punitivas. Da mesma maneira como Foucault sinalizou a passagem do suplício para a prisão, trata-se agora, pelas mãos do setor privado, da passagem da prisão suja, fétida, bagunçada, para uma prisão limpa, que cheira a alvejante e organizada. Um processo de humanização do cárcere, sem dúvida.

A formulação de Saulo — "lá o preso é preso mesmo" — indica que a terceirização realizou, enfim, uma promessa, ou ainda que a prisão terceirizada corresponde a uma ideia que o entrevistado tinha a respeito de como deveria ser uma prisão. Essa compreensão perpassou outras entrevistas com elaborações parecidas. "Preso mesmo" corresponde à limitação de horários, atividades e restrição do acesso a objetos como celular e drogas, cuja circulação todos admitem, ainda que em menor fluxo que nas unidades de gestão estatal. Assim, não é equivocado dizer que a ideia dos meus interlocutores sobre a prisão aproxima-se de uma noção de disciplina, e quem se habilitou a fazer a ideia coincidir com a experiência foi o setor privado.

Embora surpreendente devido ao posicionamento oficial da Pastoral Carcerária, a fala de Saulo não destoou dos demais entrevistados até aqui, sejam eles do setor privado ou funcionários públicos. Em comum, partilham da sensibilidade da humanização das prisões como métrica, ou melhor, como indicador de gestão. Todos concluíram facilmente que o incremento de medidas de disciplina e hotelaria (vestuário, higiene, refeições) correspondem ao que uma prisão deveria ser, e assim, que a unidade terceirizada é melhor do que a gerida exclusivamente pelo Estado.

Ao mesmo tempo, em uníssono, os mesmos sujeitos que estão convencidos a favor da terceirização, disseram-me que os presos preferem o COPEMCAN, unidade prisional extremamente superlotada, fétida e de arquitetura degradada. O grau de repetição desse discurso me chamou muito a atenção porque ele mobilizava a noção de responsabilidade individual — "não se ressocializa porque não quer" — aliada a uma espécie de naturalização do sujeito criminalizado como alguém que "nasceu para aquilo".

> *"[Os presos] não querem o COMPAJAF, é aquilo que eu falei, lá é um presídio de segurança máxima, lá eles tão é... limitados, certo? E outros não, eles têm um pouco mais de liberdade, eles não querem. A alimentação é boa? É. A roupinha é limpa? É. Tão todos calçados? Tão, né? Todos dormem numa cama? Dormem. Recebe material de limpeza? Recebe. Mas não querem ir pra lá".*

Embora o tom assumido por Saulo tenha sido de repreensão ao analisar as prioridades dos presos, a fala deixa entrever que existe uma outra métrica, baseada em outras prioridades, que são desqualificadas pelos reformadores e gestores em geral como indicativos de degeneração moral, natureza criminosa e todo um arsenal discursivo que busca ontologizar a condição do preso, ou nas palavras de Foucault, "mostrar como o indivíduo já se parecia com seu crime antes de o ter cometido" (2001, p. 24). A despeito dessa naturalização do criminoso, no entanto, esta outra ordem de prioridades e valores existe e, a partir dela, a avaliação sobre a gestão privada do cárcere muda de sentido e direção. Neste sentido, à questão se o COMPAJAF é melhor ou pior que as unidades do estado de Sergipe geridas exclusivamente pelo Estado, é necessário apresentar outra pergunta: melhor para quem? Esta parece ser a indagação que a sensibilidade da humanização das prisões, compartilhada pelos que não estão presos, esqueceu de fazer.

4.3 FAMÍLIA: "EU PREFIRO QUE PAPAI VENHA PRA CASA"

A antropóloga estadunidense Megan Comfort, no início dos anos 2000, conduziu uma pesquisa na Prisão Estadual de San Quentin, na Califórnia, observando e entrevistando as famílias dos presos da instituição que, à época, operava com 179% da sua capacidade, retendo 6.121 homens, distribuídos em áreas distintas de segurança mínima, média e máxima. A tese de Comfort é que, apesar dos discursos oficiais e do senso comum sobre a necessidade de o preso manter laços familiares para ajudar em sua eventual ressocialização, o que acontece é que as famílias, progressivamente, vão sendo absorvidas pelas rotinas carcerárias e "participam da 'institucionalização' paradoxal da sua própria vida familiar, estendendo assim o alcance e a intensidade dos efeitos transformadores do aparato carcerário" (2004, p. 80).

Meu trabalho não é sobre as trajetórias, percursos e movimentos de visitação de presos e seus familiares, mas como algumas entrevistas com parentes de pessoas encarceradas no COMPAJAF ajudaram-me a compor uma leitura sobre o que significam processos de privatização carcerária no grande e sempre inacabado projeto de humanização das prisões, utilizo aqui o trabalho de Comfort para demarcar o que encontrei em campo ao me aproximar das famílias dos presos.

Quando afirmo que a medida da humanização das prisões não passa pela sensibilidade e pelas experiências dos presos, também estendo essa conclusão às suas famílias. Uma das primeiras coisas que eu soube sobre o funcionamento do COMPAJAF, apareceu ainda no portão da unidade. Eu estava me preparando para entrar e conversei com as poucas pessoas que estavam por ali. Não era dia de visita, nem eu estava propriamente entrevistando ninguém, porém, uma jovem que tinha ido deixar documentos para fazer a carteirinha — documento de identificação de todas(os) as(os) visitantes, com foto, nome próprio, grau de parentesco, nome do preso, etc. (Figuras 2 e 3) — explicou-me que cada pavilhão recebia visita em um dia da semana em sistema de rodízio. Ou seja, se nesta semana o pavilhão A recebeu visita na quarta-feira, o B na quinta e o C na sexta, na semana que vem o C vai receber visita na quarta, o A na quinta e o B na sexta, e assim sucessivamente.

FIGURA 2 - CARTEIRINHA (FRENTE)

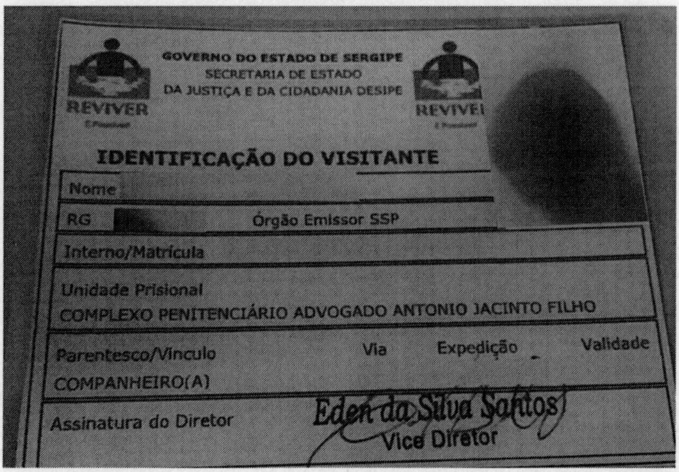

Fonte: REVIVER, 2020.

FIGURA 3 - CARTEIRINHA (VERSO)

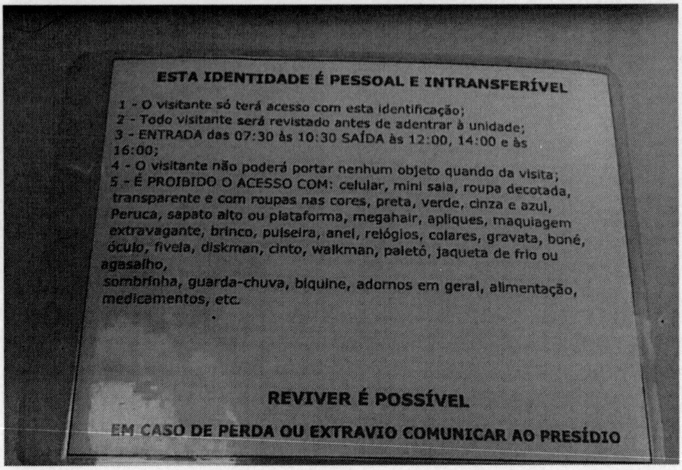

Fonte: REVIVER, 2020.

A empregabilidade de quem visita um preso nesse sistema é praticamente nenhuma. Como depois me explicaram as entrevistadas, algumas das quais chegam na madrugada do dia anterior à visitação para pegar um bom lugar na fila de entrada, é praticamente impossível um emprego com grau de flexibilidade que permita ausência em dias de semana, horário comercial e, a cada semana, um dia diferente. E nem se trata de emprego formal, pois grande parte das mulheres que visitam o COMPAJAF integra um grupo social já bastante precarizado, onde o trabalho formal é cada vez mais raro. Suzana, Mara e Flávia, que conversaram comigo, são cuidadora de idosos, empregada doméstica e funcionária pública, respectivamente. As duas primeiras ficaram sem trabalho logo quando começaram as visitas semanais na unidade, e a última optou por só ir lá uma vez ao mês. As histórias dessas mulheres tratam de vidas submetidas à extrema precariedade pelo processo de humanização da instituição carcerária que hoje é também um ativo no mercado de serviços.

Como dito anteriormente, as entrevistas que fiz com visitantes do COMPAJAF não foram realizadas na unidade para não invadir o tempo, já bastante limitado, de permanência dos presos entre familiares. Também para retomar o início deste trabalho, reafirmo que não vou analisar aqui estratégias de organização de presos ou familiares, modos de negociar bens e relações entre os encarcerados e com a administração, porque o meu propósito é dissecar as dinâmicas de gestão privada, não as formas de sobrevivência dos presos. Neste sentido, as entrevistas com familiares se voltaram à experiência de visitação no COMPAJAF em comparação com as unidades prisionais exclusivamente geridas pelo estado.

Suzana me recebeu em sua casa e a entrevista ocorreu enquanto ela conduzia algumas tarefas domésticas. Nós fomos apresentadas por Flávia, entrevistada de quem falarei mais adiante. Os contatos com familiares vieram de indicações da Pastoral Carcerária ou do serviço social do COMPAJAF e foram previamente travados por telefone, onde eu me identifiquei como pesquisadora e dei a referência da indicação. Enquanto conversávamos, Suzana e eu, esteve presente o pequeno Guilherme, de 4 anos, filho da união de Suzana com Nico, preso pela última vez havia pouco mais de um ano. Alheio às reprimendas da mãe, Guilherme respondeu à entrevista como se eu tivesse ido falar com ele. Assim, em vários momentos, obtive duas respostas para a mesma pergunta. A resposta que abre esta seção é de Guilherme.

Suzana me explicou que não era a primeira passagem do marido pelo COMPAJAF, mas que desta vez a transferência foi a pedido de sua sogra, mãe de Nico, devido aos custos de manter alguém no COPEMCAN, localizado no município de São Cristóvão: "a mãe dele tinha um conhecimento e que tirou ele de São Cristóvão (...) tava gastando demais lá, aí pediu pra conhecido (...). Lá leva feira quase, né? Aí a mãe pediu pro conhecido pra trazer pra cá". Nico, no entanto, recebeu muito mal a ordem de transferência, pois o pedido foi feito sem seu conhecimento, que preferia permanecer no COPEMCAN.

Este conflito, que pôs a sogra de Suzana de um lado e Nico, encarcerado, de outro, aponta para um universo de sensibilidades mais diversas e complexas do que cabe nos indicadores das gestões humanizadas, do Estado ou do setor privado. É importante que se diga que numa unidade administrada exclusivamente pelo Estado, quando o ônus da subsistência do preso — alimentação, higiene, vestuário — é transferido à família, já se pode falar em privatização do encarceramento. Dessa forma, o custo de ter um parente preso, além de toda a dor da separação, do estigma, do medo, é material para muitas famílias. Nesse contexto, a gestão terceirizada — e seu serviço de hotelaria embutido no contrato com o poder público — apareceu como um alívio para a sogra de Suzana, provedora da família, porque a urgência dela era financeira. Por outro lado, o mesmo alívio não se repetiu com Suzana e por um motivo simples: na condição de esposa, é ela quem arca com os custos dos itens proibidos no COMPAJAF e que Nico não se atreve a pedir à mãe — "o que se gastava de comida lá, gasta com essas outras coisas cá (...) no COPEMCAN é tipo o preço da rua, aí ele arranjava quem levasse e só pagava uma besteirinha (...) aí [COMPAJAF] é caro que só."

Na sequência da comparação entre as duas unidades, Suzana me contou da prioridade de Nico em relação ao controle do tempo e das atividades que desempenha na prisão, dentre as quais desenhar e escrever cartas. Na unidade gerida exclusivamente pelo Estado, esses afazeres podem se estender por todo o dia, no pátio ou na cela. Já no COMPAJAF, há hora e lugar para cada coisa, e assim, Nico não tem acesso a papel e lápis dentro da cela. Algo parecido ocorre nos dias de visita, uma vez que no COPEMCAN, Suzana podia passar o dia inteiro com Nico na cela, porque "dizia que não tinha [visita] íntima, mas tinha", enquanto no COMPAJAF, a visita íntima é cronometrada em exatos 30 minutos, compreendidos dentro das 4 ou 5 horas de visita semanal.

Suzana confirma parcialmente o que outros entrevistados já tinham dito, isto é, que os presos preferem as unidades administradas exclusivamente pelo Estado. No entanto, os funcionários, os gestores e o agente da Pastoral com quem conversei atribuem esta preferência à facilidade para cometer ilícitos e a uma caracterização moral indicativa de que esta preferência se deve à "má índole", à degeneração, a uma "natureza da pessoa". Quando olho os itens proibidos que Suzana custeia para o marido no COMPAJAF e vejo que entre eles estão biscoitos recheados e cigarros, penso na conveniência de certos estereótipos situados na base disso que se chama humanização das prisões. Não quero dizer que Nico não utilize alguma substância tida como droga ou não compre créditos de celular, mas que estas não são necessariamente suas prioridades. Na conversa com Suzana, ficou claro que, para ela e o marido, a condição de encarceramento não melhora com 5 refeições ao dia (café da manhã, almoço, janta e dois lanches) se Nico é "enjoado pra comida" e gosta de carne assada com farofa, que não são servidas na unidade terceirizada. A privação de sabores não é um aspecto de menor importância para Nico na hora de comparar as unidades prisionais.

Em nenhum momento Suzana reclamou das condições de higiene da unidade administrada exclusivamente pelo Estado, afinal, os próprios presos cuidam da limpeza com o material que a direção da unidade não apenas permite como recomenda que os familiares levem. O item, portanto, tão destacado das ações de hotelaria pelo setor privado passa ao largo das preocupações de Suzana. Outra coisa à qual Suzana se mostrou indiferente foram os atendimentos nos setores do serviço social e psicologia. A ausência destes serviços na unidade exclusivamente estatal não interferia nas suas prioridades, uma vez que as informações sobre o processo de Nico eram obtidas por sua sogra junto à Defensoria Pública.

Porém, como disse anteriormente, o grau de complexidade da condição carcerária não permite saídas simplistas a partir de comparações cuja condição de possibilidade é não estar preso. Dentre as vantagens do COMPAJAF, Suzana destacou que se sentia menos desconfortável ao entrar com o filho. Sem dúvidas, a possibilidade de levar Guilherme até o pai pesou no relato. Segundo ela, na unidade terceirizada tem menos gente no horário de visita e, sobretudo, os presos que não têm visitação não se misturam com as famílias, algo que ela considera muito positivo. Nos três meses que Nico ficou no COPEMCAN, ela não levou Guilherme — "era chato levar ele no meio de tanto preso, de tanta gente".

Como pude constatar, o núcleo familiar de Suzana é bastante dividido em relação às vantagens e desvantagens de um modelo ou outro de gestão. As prioridades para avaliar as condições carcerárias não são as mesmas que constituem os indicadores partilhados pelo Estado e pela iniciativa privada como metas de humanização das prisões. Ao final de todas as comparações entre o COMPAJAF e o COPEMCAN, Suzana disse, desanimada, que "cada uma tem a sua qualidade". Num suspiro e dar de ombros, deixou entrever mais indiferença do que razões a favor de uma ou outra prisão. Foi Guilherme quem deu a dimensão da impertinência das comparações. Quando perguntei se seu pai manifestava alguma preferência entre as unidades carcerárias, o menino foi assertivo: "eu prefiro que papai venha pra casa".

Mara e Flávia são mães de preso. Seus filhos possuem trajetórias semelhantes no sistema de justiça criminal, embora venham de contextos sociais distintos. Mara é moradora de uma periferia de Aracaju e durante toda a vida trabalhou como empregada doméstica. Flávia é servidora pública e educou seus quatro filhos pagando escola particular, coisa que ainda faz para um neto. O filho de Mara morava com ela quando foi preso em casa, numa invasão da polícia que lhe custou diversos móveis quebrados, além do agravamento de problemas de saúde. O filho de Flávia foi preso na rua, onde morava depois de passar tanto pela prisão quanto por comunidades terapêuticas nas quais a mãe depositava a esperança de vê-lo recuperado de um estilo de vida. Dois filhos com menos de 30 anos, já na segunda passagem pelo sistema carcerário e considerável histórico de transferências entre unidades. Por coincidência, enquanto estive em campo, os dois rapazes foram sentenciados a penas altíssimas.

Mara havia visitado o filho em várias unidades prisionais quando nos conhecemos, dentre elas, o COMPAJAF, onde ele estava no momento da entrevista, e o COPEMCAN, onde ele preferia ficar, segundo a mãe, "porque lá tem televisão, lá tem ventilador, porque televisão passa o tempo. Tem celular, porque todo mundo sabe que lá entra celular, então fica no WhatsApp, fica passando coisa que passa o tempo". Sobre o COMPAJAF e a gestão terceirizada, Mara prosseguiu:

> *Quem é que gosta de ficar preso? Quem gosta de estar numa cela daquela, num calor sem direito a um ventilador, sem direito de sair, sem direito de assistir uma televisão nem nada, tem televisão no pátio, mas assim numa cela que eles passam a maior parte do tempo não tem um ventilador, não tem privilégio nenhum, tem que comer o que dão, tá ali preso, então basta isso, ele tá pagando, se*

eles têm uma comida digna, isso é mordomia? Não é mordomia, ele está lá na paz, não é?

A fala de Mara ecoa a do pequeno Guilherme: não existe prisão boa. Dito isto, outra vez, o controle do tempo dentro da prisão emergiu como condição mais importante para a sobrevivência em situação de encarceramento, e é precisamente esse controle que é retirado pela gestão terceirizada ao incorporar um projeto disciplinar e humanizador. Vale lembrar que, no senso comum, inclusive acadêmico, existe a ideia de um tempo ocioso na prisão que enseja o cometimento de novos crimes e infrações disciplinares. O ócio, neste tipo de compreensão, é sinônimo da ausência de uma ocupação oferecida pela administração carcerária enquanto trabalho.

Como já dito anteriormente, no COMPAJAF, a gestão carcerária extrai parte do seu lucro empregando presos nas funções de manutenção da prisão (lavanderia, confecção de fardamento, etc.). Uma vez que estes postos de trabalho são limitados, o restante da população carcerária se engaja em outras atividades. A questão colocada por Mara sobre a unidade terceirizada é que a gestão vem trabalhando para limitar estas atividades. Em nome de um rigor disciplinar, segundo o qual "o preso é preso mesmo", assistir televisão, jogar futebol, fazer exercícios físicos, jogar dominó, tudo isso foi enquadrado em horários rígidos, fora dos quais não há, nem trabalho, nem essas outras atividades. Com a maior parte do tempo trancados nas celas e só uma hora de banho de sol, a preferência por outras unidades prisionais, creditada a uma suposta natureza criminosa, muitas vezes é uma preferência por poder se engajar em alguma atividade como, por exemplo, assistir novela.

Diferente de Mara, quando Flávia soube que seu filho estava preso mais uma vez e havia sido enviado ao COMPAJAF, ela acionou alguns contatos de gente conhecida e, rapidamente, foi atendida pelo setor do serviço social da unidade. Assim, ela recebeu todas as informações e atualizações possíveis pelo WhatsApp antes do primeiro dia de visita. Esta forma de recepção de familiar não é comum e, talvez, seja irregular, mas o que retorna aqui, mesmo que desta vez não tenha sido nomeada, é a questão da confiança. Flávia, além de vir de uma classe social privilegiada se comparada à Mara, trabalhava junto com uma parente de uma assistente social empregada no COMPAJAF.

> *"Eu conheço Amanda porque ela é parente de uma colega minha de trabalho. Aí foi essa colega, quando soube que meu filho estava lá, aí ela disse 'Flávia! Quem trabalha no COMPAJAF é Amanda! Vou ligar pra ela pra ter certeza que ele está...'. Porque eles não dizem, não, é um sistema... é desumano. Eles não têm noção, ou tem, que por trás de uma pessoa dessa, tão defeituosa como eles dizem (...), eles não acreditam que exista uma família".*

Foi pela dinâmica de indicações e pela questão da confiança que Flávia deixou de ser tratada de forma desumana, pois ainda que fosse mãe de preso, a pessoalidade lhe garantiu, não privilégios, mas acesso a informações básicas, como saber se o filho estava mesmo naquela unidade. Esta recepção não deixou dúvidas nela sobre a qualidade da gestão terceirizada, tanto que decidiu só visitar o filho enquanto estivesse no COMPAJAF, pois o tratamento recebido em outras unidades tornou-se insuportável. Há, no entanto, um registro importante no relato dela sobre o que significa ser tratada de forma não desumana: "Eles são treinados. Eu já cheguei direcionada a falar com Amanda. As pessoas reclamam, mas pelo que eu observei, eles são tipo quase uns robôs pra atender as pessoas, mas atendem".

Flávia sabe que sua caminhada no COMPAJAF foi marcada pela pessoalidade do contato com Amanda que, inclusive, possibilitou visita ao filho mesmo antes da confecção da carteirinha de visitação. Entretanto, ela caracterizou o atendimento na unidade como robótico, com isso dando a entender que o contrário do tratamento desumano é o tratamento mecânico, fixo, repetitivo, sem inovações e que dá alguma resposta a uma demanda, ou seja, atende — mesmo que essa resposta seja protocolar. É em comparação ao COPEMCAN que, por isso mesmo, não pode desaparecer do horizonte da terceirização — que o COMPAJAF performa uma gestão humanizada, só que o sentido desta humanização não diz respeito à percepção do preso e da sua família como pessoas, mas à padronização de um serviço.

As histórias de Suzana, Mara e Flávia ajudam a colocar em perspectiva outros setores que, a princípio, não tinham interesse direto na terceirização, como os agentes do Estado e a Pastoral Carcerária. O que a pesquisa de campo trouxe à tona é que, se há uma linha divisória entre grupos favoráveis à presença do setor privado na execução penal, não é uma linha que opõe mercado e Estado, nem sociedade civil organizada e mercado, uma vez que nestas posições estratégicas estão interesses convergentes e que se apresentam como uma sensibilidade humanizadora da prisão. Entre as famílias alvo do encarceramento é que se encontra uma fratura nos discursos sobre terceirização e humanização. Em síntese, o que pude concluir destes três grupos, que possuem em comum o fato de não fazerem parte da iniciativa privada, foi:

1) os agentes do Estado que atuam na unidade terceirizada cederam à iniciativa privada o reconhecimento de superioridade gestora, seja porque nela encontraram empregos para membros de suas famílias, seja porque a lotação oferece vantagens materiais como horas-extras; 2) essa superioridade, no entanto, é também efeito da mobilização dos agentes do Estado que selecionam, na própria categoria, outros agentes para ocupar postos de trabalho do COMPAJAF, além de fiscalizarem o comportamento das pessoas que são suas indicadas no quadro de funcionários da empresa gestora; 3) a Pastoral Carcerária que atua no COMPAJAF também se apresentou favorável à gestão terceirizada, sob o argumento de que a iniciativa privada submete o preso à disciplina como se espera de uma prisão; 4) quase tudo que se apresenta como superioridade da gestão terceirizada sobre a gestão exclusivamente estatal, em especial a hotelaria (higiene, vestuário e alimentação), e que se traduz como humanização da prisão, não corresponde às prioridades dos presos e suas famílias; 5) os recursos para dispor e ocupar o tempo na prisão — televisão, celular, rádio, dentre outros — são significativamente limitados na gestão terceirizada, o que é considerado um agravamento da punição pelos familiares de presos.

V

CARTOGRAFIA MENOR

ESTE CAPÍTULO tem a finalidade de situar o encarceramento no Brasil, tanto no que diz respeito ao complexo prisional (unidades, vagas, ocupação), quanto à população nele inserida (raça, gênero, escolaridade, etc.). Da mesma forma, os dados sobre as prisões em Sergipe serão colocados em relevo para que se possa sobrepor mapas e visualizar melhor alguns aspectos e localizações mais pertinentes a este trabalho. Acrescentarei ainda o mapa das privatizações no país e as empresas que atuam neste mercado.

As principais fontes para os mapas carcerários do Brasil e de Sergipe são os relatórios do Levantamento Nacional de Informações Penitenciárias do Ministério da Justiça (Infopen/MJ). No entanto, só foram considerados aqui dados publicados até 2017, ano do último relatório antes de mudanças operadas na metodologia do Infopen/MJ que ainda foram pouco debatidas e analisadas. Sobre estas mudanças, seguem breves considerações:

A partir de 2011, o Infopen/MJ passou a produzir dois relatórios por ano, em junho e dezembro, sobre o sistema carcerário brasileiro, que tem como característica ser de competência administrativa dos estados da federação, à exceção do sistema penitenciário federal, criado em 2006, que é administrado pela União. O relatório referente a junho de 2016 foi publicado em 2017, no entanto, os relatórios referentes a dezembro de 2016 e junho de 2017 só foram publicados em 2019, com data de 2018, já sob a gestão do ex-ministro Sérgio Moro, sob o governo do presidente Jair Messias Bolsonaro. Estes foram os últimos relatórios apresentados de forma estruturada, com explicação da metodologia utilizada. Os dados referentes a dezembro de 2017, e daí em diante, já foram entregues ao público no "formato interativo", que é bastante resumido e não explicita questões metodológicas de maneira minimamente suficiente (BRASIL, 2021).

Os relatórios publicados em 2019, com data de 2018, apresentados pela gestão Moro, alteraram, por exemplo, a forma de contabilizar taxas de presos provisórios, e passaram a considerar para estes percentuais apenas os indivíduos sob custódia das administrações penitenciárias dos estados. Com isso, ao olhar para taxas de encarceramento de presos provisórios destes relatórios, não é mais possível ver os encarcerados em delegacias e unidades de competência das secretarias de segurança pública. Observa-se, em seguida, uma "queda" significativa no percentual de provisórios entre relatórios que se referem a períodos muito curtos.

Assim, Sergipe que, no relatório referente a junho de 2016, aparecia com um percentual de 65% de presos sem condenação, no relatório que corresponde a dezembro de 2016 consta com 55,9% de presos sem condenação. Como foge aos objetivos deste trabalho analisar detalhadamente a "queda" de aproximadamente 9% da taxa de presos provisórios num intervalo de seis meses em Sergipe, descartei os relatórios do Infopen/MJ relativos a dezembro de 2016 e seguintes, pois compreendo que as mudanças na metodologia podem ter gerado alterações muito bruscas de resultados, o que atrapalha a compreensão do problema estudado (BRASIL, 2017b, p. 14; 2018, p. 17).

Outras fontes utilizadas para se elaborar esta cartografia foram os relatórios do Fórum Brasileiro de Segurança Pública (FBSP) que, inclusive, participava das elaborações do próprio Infopen/MJ até o relatório de 2017. Sobre a administração prisional privada, os dados foram obtidos nos sites das secretarias estaduais competentes, como é o caso da SEJUC, em Sergipe e, residualmente, na imprensa.

O objetivo deste capítulo é mais descritivo que analítico, uma vez que os dados podem levantar hipóteses além dos limites desta tese. Considerei, no entanto, a pertinência de organizar e expor esses dados tanto como forma de aproximar o leitor menos habituado a lidar com o tema geral do encarceramento no Brasil quanto pela possibilidade de contribuir para a divulgação científica de um conjunto de informações básicas sobre o assunto. Sobretudo, há aqui uma proposta de contextualizar o universo no qual a própria tese se inscreve.

5.1 PERFIL DO ENCARCERAMENTO

O relatório do Infopen/MJ referente a junho de 2016 (BRASIL, 2017) apontava a existência de 726.712 pessoas presas no Brasil, dentre as quais 5.316 no estado de Sergipe. Neste total, estavam incluídos os custodiados em delegacias e em estabelecimentos prisionais propriamente ditos, ou seja, sob responsabilidade da administração penitenciária estadual. As Figuras 4 e 5, abaixo, revelam a evolução do encarceramento no Brasil e no estado de Sergipe, respectivamente, no período de 2006 a 2016.

FIGURA 4 - EVOLUÇÃO DO ENCARCERAMENTO NO BRASIL (2006-2016)

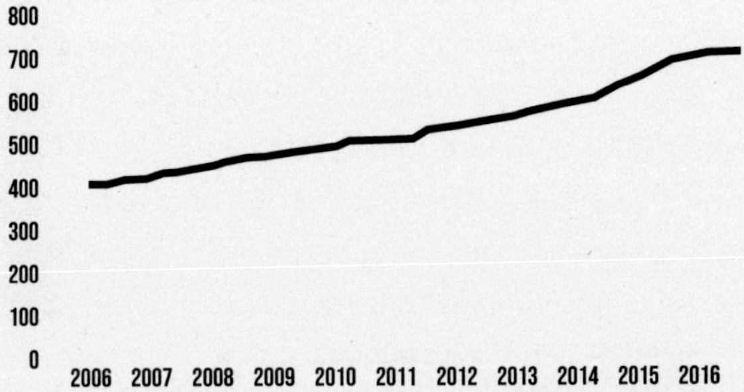

Fonte: Da Autora, 2021. Dados: BRASIL, 2017b.

FIGURA 5 - EVOLUÇÃO DO ENCARCERAMENTO EM SERGIPE (2006-2016)

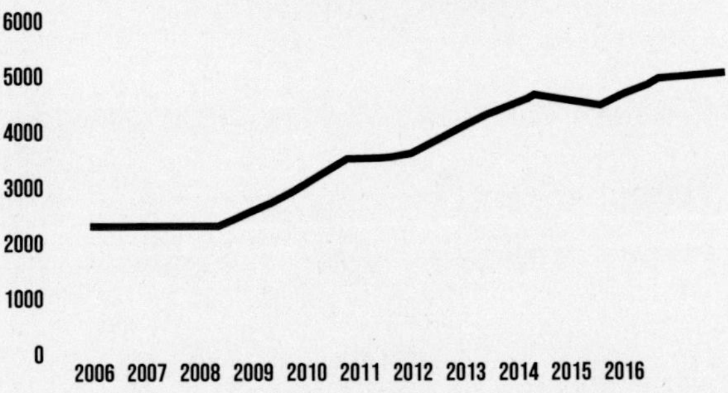

Fonte: Da Autora, 2021. Dados: BRASIL, 2017b.

Os dados do Ministério da Justiça, em sua forma "interativa", contabilizaram 748.009 pessoas presas no Brasil até o final de 2019, excluídas as custodiadas em delegacias, o que parece indicar um aumento da população carcerária entre 2016 e 2019, embora seja difícil afirmar um percentual, porque a inclusão ou exclusão dos dados das carceragens de delegacias faz diferença.

Em 2020, o Monitor da Violência, que é uma parceria entre Núcleo de Estudos da Violência (NEV) da Universidade de São Paulo (USP), FBSP e o portal de notícias G1, apresentou o total de 710.240 pessoas presas, também sem contabilizar os presos em delegacias. Como o FBSP e o NEV participavam da elaboração dos dados do Infopen/MJ até 2017, considerei os dados do Monitor da Violência uma fonte complementar de pesquisa (G1, 2020).

Uma vez que não dá para comparar os totais apresentados em termos de crescimento ou retração da população carcerária porque as pesquisas mencionadas não trabalharam com o mesmo universo, utilizei dados do Monitor da Violência (G1, 2020) para fazer o mapa abaixo (Figura 6) porque são mais recentes. Assim, a quantidade de presos por 100 mil habitantes por estado da federação não considera os custodiados em delegacias. Em 2020, o Brasil tinha 338 presos por 100 mil habitantes. Seis estados brasileiros e o Distrito Federal possuíam uma média superior à brasileira.

FIGURA 6 - PRESOS POR 100 MIL HABITANTES POR ESTADO

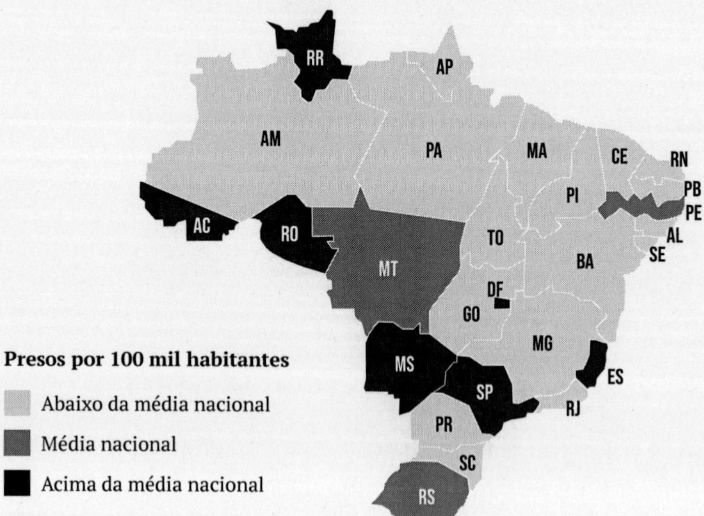

Fonte: Da Autora, 2021, com dados do Monitor da Violência (G1, 2020).

Dentre os estados que mais elevam a média nacional de presos por 100 mil habitantes, estão os que se situam em regiões de fronteira, como Mato Grosso do Sul (MS), Rondônia (RO), Acre (AC), Roraima (RR), o que pode estar relacionado à forte criminalização do comércio transnacional de substâncias consideradas ilícitas. Já no caso do DF, trata-se, provavelmente, da concentração de muitas prisões, inclusive uma do sistema penitenciário federal, em um território muito pequeno, mas que custodia presos de toda a região centro-oeste. Para essa tese, é interessante observar, como ficará claro no mapa da Figura 11, que os processos de privatização praticamente não coincidem com as maiores taxas de encarceramento por 100 mil habitantes. Assim, para além das alegadas restrições orçamentárias dos estados da federação, é possível pensar que o setor privado avançou sobre regiões com menores tensionamentos dentro e fora do sistema carcerário, o que coincide com as orientações dos pesquisadores que defendem a privatização (CABRAL, 2006).

De volta ao relatório do Infopen/MJ do período de junho de 2016, a evolução da população carcerária no intervalo de 10 anos (2006-2016) foi de aproximadamente 44,8%. Do total de presos até aquele ano, 40% eram provisórios. Em Sergipe, a população encarcerada sem condenação chegava a 65%, a segunda maior taxa do país, atrás apenas do Ceará, e o tempo mínimo de duração da prisão provisória era de 90 dias (BRASIL, 2017b, pp. 15-16). A existência de mais da metade de presos provisórios na população carcerária indica que o sistema prisional de Sergipe seria economicamente inviável se tivesse que condenar as pessoas antes de prendê-las e, também, que a eficácia da presunção de inocência no judiciário local é baixa. Sobretudo, indica um importante nicho de mercado, tanto que a cogestão do COMPAJAF surgiu como unidade para presos provisórios e só gradativamente passou a abrigar condenados ao regime fechado.

A Figura 7 traz o percentual de presos sem condenação em cada estado da Federação, com dados publicados pelo Infopen/MJ em junho de 2016.

FIGURA 7 - TAXA DE PRESOS SEM CONDENAÇÃO POR UNIDADE DA FEDERAÇÃO (JUN/2016)

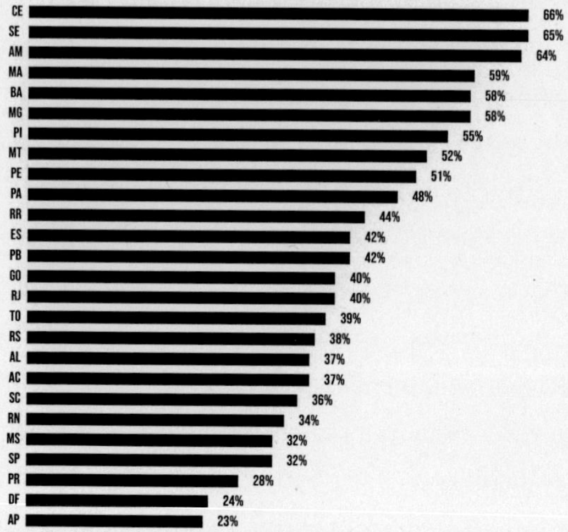

Fonte: Infopen, BRASIL, 2017b.

5.2 PERFIL DA POPULAÇÃO ENCARCERADA

Em junho de 2016, 55% da população carcerária brasileira tinha menos de 29 anos. Em Sergipe, essa proporção era ainda maior, chegando a 62%. Dentro destes percentuais, os que possuíam até 24 anos eram mais da metade. É um universo, portanto, formado por uma população bastante jovem (BRASIL, 2017, p. 30). Do total de encarcerados(as) no país, 5,8% eram mulheres, enquanto no estado de Sergipe as mulheres eram 4,5% das pessoas presas.

No que concerne à raça, 64% das pessoas presas no Brasil eram negras, de acordo com o mesmo relatório. Ressalta-se que, até então, a categoria Negra era a soma dos percentuais de Pretos e Pardos. Em Sergipe, as pessoas negras compunham 86% do total de encarcerados(as)[15], quarto maior percentual do país, atrás apenas de Acre (95%), Amapá (91%) e Bahia (89%) (Figura 8). Esta

15. Segundo a Pesquisa Nacional por Amostra de Domicílios (PNAD-contínua), em 2019, o estado de Sergipe contava com 72% de pessoas autodeclaradas pardas e 9,19% de pessoas autodeclaradas pretas. O total de pessoas negras, portanto, seria de 81,19% (IBGE, 2019).

população também possui baixo índice de escolaridade. No Brasil, 61% dos(as) presos(as) não completaram o ensino fundamental. Em Sergipe, esse número vai a 79% (IBID., pp. 33- 34), como mostra a Figura 9.

FIGURA 8 - ESTADOS COM MAIS DE 80% DE POPULAÇÃO CARCERÁRIA NEGRA (JUN./2016)

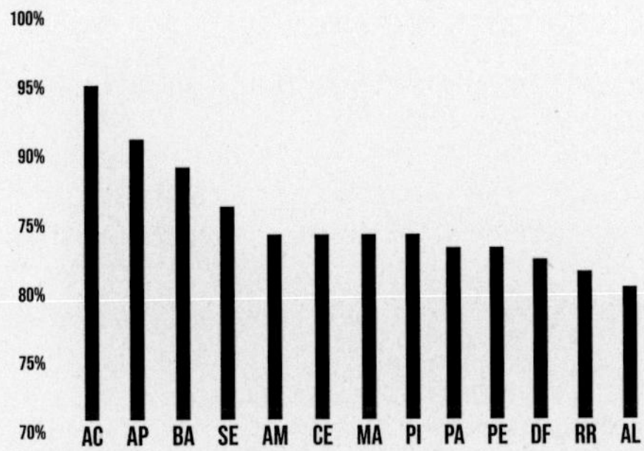

Fonte: Da Autora, 2021, com dados de Infopen, BRASIL, 2017b.

FIGURA 9 - ESCOLARIDADE PRESOS(AS) EM SERGIPE

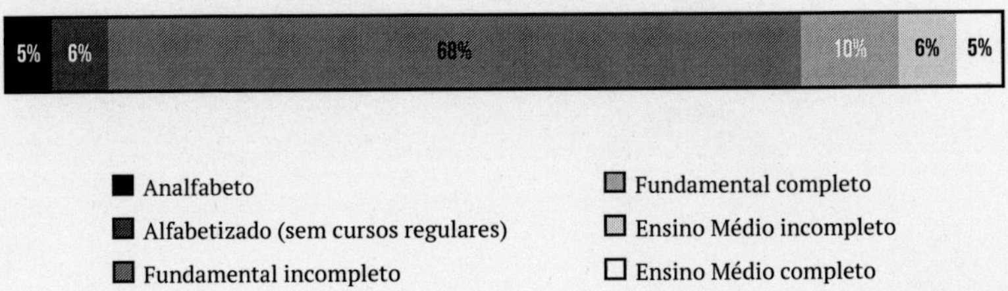

Fonte: Da Autora, 2021, com dados de Infopen, BRASIL, 2017b.

No que diz respeito aos tipos penais que causaram o encarceramento, entre os homens, 26% foram enquadrados por tráfico, outros 26% por roubo, 12% por furto e 11% por homicídio. Em relação às mulheres, 62% foram presas por tráfico, 11% por roubo, 9% por furto e 6% por homicídio. A proibição do comércio de determinadas substâncias, claramente, afetou mais o encarceramento feminino. Entre homens, contudo, embora o percentual seja muito menor, o proibicionismo é um dos principais causadores da prisão (Figura 10). Além disso, cabe dizer que os delitos de tráfico, por serem considerados crimes permanentes — crimes que se prolongam no tempo enquanto a pessoa estiver portando, transportando, mantendo em depósito, a substância ilícita — produzem um estado permanente de flagrância, o que torna desnecessário qualquer mandado judicial para se efetuar a prisão. Produz, assim, uma imensa quantidade de presos provisórios.

FIGURA 10 - POPULAÇÃO CARCERÁRIA BRASILEIRA POR TIPO PENAL E POR GÊNERO (JUN/2016)

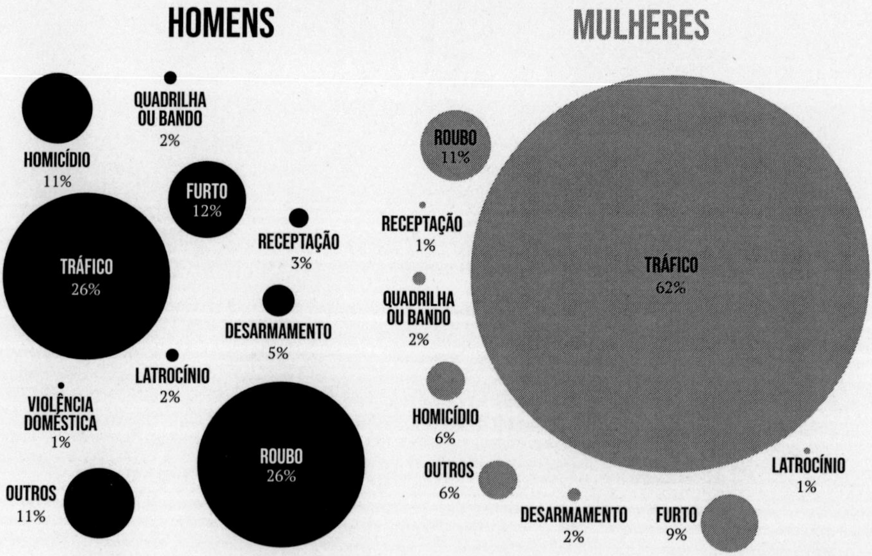

Fonte: Infopen, BRASIL, 2017b.

Para efeito de informação geral, portanto, pode-se dizer que a população carcerária brasileira é jovem, negra, de baixa escolaridade e amplamente criminalizada por delitos relacionados à proibição do comércio de drogas e ao patrimônio. No que concerne à Sergipe, trata-se de uma população ainda mais jovem, mais negra e de menor nível de escolaridade do que os verificados no país.

5.3 PERFIL DA PRIVATIZAÇÃO

Os relatórios do Infopen/MJ (BRASIL, 2017, 2018), curiosamente, nunca tiveram um tópico dedicado a organizar os dados sobre a gestão privada de unidades carcerárias no Brasil. Tampouco o Monitor da Violência, o FBSP, o NEV-USP o fizeram até hoje. Para mapear quantas unidades prisionais, quantas pessoas custodiadas nestas unidades e quais as empresas que participam do mercado do encarceramento no Brasil existem, basicamente, três tipos de fontes. O primeiro é uma fonte secundária, pois se trata de um relatório de 2014 elaborado pela Pastoral Carcerária Nacional; o segundo são os sites das secretarias competentes para administrar o sistema carcerário de cada estado, onde geralmente os dados estão dispersos, em alguns casos, até no menu "notícias"; e o terceiro são os sites das empresas que administram as unidades. A partir do cruzamento destas fontes, em 2019, elaborei o mapa abaixo (Figura 11).

FIGURA 11 - QUANTIDADE DE UNIDADES PRIVATIZADAS POR ESTADO EM 2019

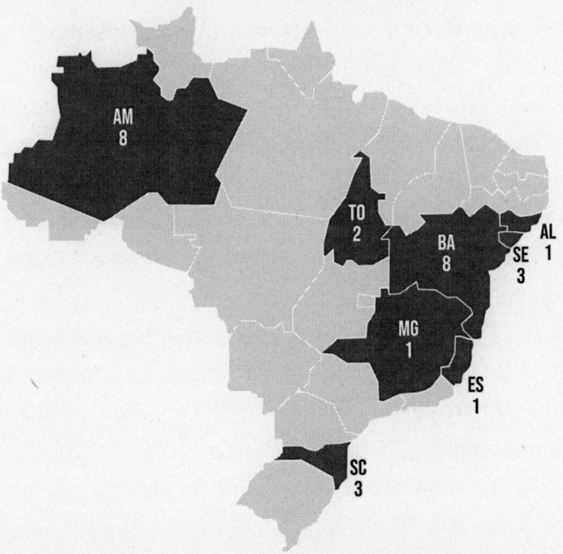

Fonte: Da Autora, 2021, com dados de SAP (SC); SEJUSP (MG); SEJUS (ES); SEAP (BA); SEJUC (SE); SECIJU (TO); SERIS (AL); SEAP (AM)

Eram 27 unidades geridas pela iniciativa privada no Brasil em 2019. Em 2014, o relatório da Pastoral Carcerária possuía inconsistências na totalização das unidades privatizadas, pois em alguns momentos afirmava que eram 23 e, em outros, "cerca de 30" (PASTORAL CARCERÁRIA, 2014, pp. 10 e 19). No entanto, em várias passagens do documento, Sergipe não aparecia contabilizado, ainda que o COMPAJAF estivesse sob gestão privada desde 2009. De qualquer forma, entre 2014 e 2019, a variação foi pequena e "cerca de 30" não é um diagnóstico equivocado.

Como dito anteriormente, as unidades administradas pelo setor privado situam-se nos estados em que a população carcerária por 100 mil habitantes é menor, à exceção do Espírito Santo[17], onde há apenas uma unidade gerida no regime de cogestão. Da mesma forma, o modelo de cogestão ou terceirização prevalece, já que só em MG foi realizada uma parceria público-privada.

Quando a Pastoral Carcerária publicou seu relatório em 2014, quatro empresas participavam do mercado do encarceramento: a) Instituto Nacional de Administração Prisional (INAP); b) Reviver Administração Prisional; c) Umanizzare Gestão Prisional Privada; d) Montesinos, empresa do grupo Ondrepsb. Naquele momento, o INAP já fazia parte do Consórcio GPA, formado por várias empresas, para construir e gerir o complexo penitenciário de Ribeirão das Neves (MG).

Entre 2014 e 2019, no entanto, houve um deslocamento importante neste cenário. Dois massacres de presos, um em 2017 e outro em 2019, no COMPAJ, em Manaus, forçaram o governo do estado do Amazonas a trocar a empresa gestora desta e de várias outras unidades, a Umanizzare Gestão Prisional LTDA. Duas novas empresas surgiram neste cenário, a RH Multi Serviços Administrativos LTDA e o consórcio CGPAM, formado pelas empresas EMBRASIL Serviços LTDA e EMBRASIL Empresa Brasileira de Segurança, que assumiram quatro prisões, ao passo em que a empresa Reviver assumiu outras quatro (ESTADO DO AMAZONAS, 2021). Assim, a Reviver, empresa que atua em Sergipe, chegou a seis dos oito estados onde há cogestão no sistema carcerário atualmente, tornando-se a maior empresa do país neste setor.

---

17. O ES passa por um processo de reestatização das unidades prisionais que chegaram a um total de 6, mas em 2019 era apenas uma que, possivelmente, será reestatizada em breve.

VI

PRIVATIZAÇÃO E HUMANIZAÇÃO: O GRANDE ENCONTRO

EM 22 DE JANEIRO de 1992, o criminólogo paraense Edmundo Oliveira apresentou ao Conselho Nacional de Política Criminal e Penitenciária (CNPCP), órgão integrante do Ministério da Justiça, o primeiro projeto de privatização do sistema penitenciário no Brasil. O documento, intitulado "A privatização das prisões", possui um texto de apresentação que traça um panorama das principais características das experiências de privatização nos EUA e na França, e aponta quais delas devem ser repetidas ou rejeitadas no Brasil. Apesar de concluir que "não será possível adotar em países pobres as regras convenientes aos países ricos" (OLIVEIRA, 1992, p. 17), o autor sugere que o Brasil adote "uma fórmula de gestão mista (...) cabendo ao Estado dirigir o estabelecimento, cuidar da vigilância, da segurança e ainda supervisionar as atividades (...) levadas a efeito pela instituição privada" (IBID., p. 18), de maneira que a proposta se aproxima do modelo francês, no qual:

> *a) ao Estado compete a indicação do Diretor Geral do estabelecimento, relacionamento com o juízo de execução penal e responsabilidade pela segurança interna e externa da prisão;*
>
> *b) à empresa privada incumbe as tarefas de promover, no estabelecimento prisional, o trabalho, a educação, o transporte, a alimentação, o lazer, bem como a assistência social, jurídica, espiritual e à saúde física e mental do preso;*
>
> *c) pelas atividades acima indicadas, o Estado paga por preso, por dia, à empresa privada, cerca de 150 francos (25 dólares) (IBID., p. 13).*

Em linhas gerais, este se tornou o modelo mais adotado no Brasil desde 1999, quando a gestão da Prisão Industrial de Guarapuava, no interior do Paraná, foi repassada à empresa Humanitas Administração Prisional LTDA (CABRAL e LAZZARINI, 2010, p. 185). Conforme atesta relatório da Pastoral Carcerária, embora as PPPs, instituídas por lei em 2004, sejam mais debatidas, foi o sistema misto de administração, também denominado cogestão ou terceirização, que se tornou responsável pela custódia de quase 20 mil presos no Brasil num intervalo de 15 anos (2014, p. 10). As principais diferenças entre a cogestão/terceirização e as PPPs são: 1) a duração dos contratos, que na cogestão é habitualmente de 5 anos, e nas PPPs pode chegar a 35; 2) a construção das instalações prisionais, realizadas pelo Estado na primeira, e pelas empresas privadas nas últimas; 3) a existência de parâmetros contratuais instituídos por lei que caracterizam as PPPs, mas não regem a cogestão, cujas cláusulas, portanto, são mais discricionárias e abertas aos ajustes das administrações estaduais.

É menos o modelo contratual, do qual já tratei anteriormente, e mais a agenda política inscrita no projeto de Edmundo Oliveira que me interessa neste momento. Trata-se de um documento inaugural, pois foi a primeira vez em que se falou de uma instituição de Estado, o Ministério da Justiça, em privatizar o sistema carcerário no todo ou em parte. Duas dimensões deste documento alcançaram continuidade e apareceram ainda mais consistentes na tese de Sandro Cabral, egresso da escola de Administração da UFBA, que é uma referência em estudos comparativos de modalidades de gestão prisional no Brasil, nos quais analisou e defendeu o modelo de terceirização implementado em unidade administrada pela empresa Reviver. Separados por pouco mais de uma década, os textos de Oliveira e Cabral explicitam o que considero serem as duas principais condições para a introdução e permanência do setor privado na execução penal brasileira: 1) a identificação da superlotação carcerária como principal problema a ser combatido; 2) a orientação para que a gestão privada se concentre em unidades de pequeno e médio porte.

> *Assim sendo, vale a pena ficarmos atentos às alternativas que, vez por outra, surgem para avaliação, diante do anseio geral pela descoberta da solução ideal para o dramático problema carcerário, ou, pelo menos, da melhor forma de se atenuar a superlotação nas penitenciárias (OLIVEIRA, 1992, p. 9).*

Na justificativa do projeto apresentado por Oliveira, algo que se concretizaria 14 anos depois: a criação de um sistema penitenciário federal, dentre outras coisas, como reserva para administração exclusiva do Estado custodiar os presos considerados mais perigosos.

> *Convém, então, preliminarmente, chamar a atenção, desde logo, para a ideia de se viabilizar a criação do Sistema Penitenciário Federal do Brasil. Com a implantação desse sistema, aos Governos Estaduais, comportaria a responsabilidade pelo cumprimento da pena privativa de liberdade em regime médio, semiaberto (colônia agrícola, industrial ou estabelecimento similar) e, em regime aberto (casa de albergado ou estabelecimento adequado), enquanto que, ao Governo Federal, caberia a responsabilidade pelo cumprimento da pena privativa de liberdade em regime fechado (estabelecimento de segurança máxima).* ***O cumprimento das penas altas, em regime fechado,*** *onde incidem delinquentes considerados socialmente perigosos, como traficantes e sequestradores,* ***deve realmente ficar sob a égide do Governo Federal*** *(IBID., p. 20, grifo meu).*

Digna de nota, embora tangencial ao problema que abordo aqui, a menção a sequestradores como clientela de um futuro sistema penitenciário federal ainda respondia aos acontecimentos do período da ditadura civil-militar, como também ocorreu na aprovação da lei de crimes hediondos, apenas dois anos antes do projeto de Oliveira. Já a respeito dos chamados traficantes, o texto apontava para o grande inimigo interno da segurança pública até os dias de hoje, o comerciante de substâncias consideradas ilícitas, notadamente os varejistas (BATISTA, 2003; RODRIGUES, 2004). A ideia de que o Estado deve ser responsável pela execução das penas mais altas aplicadas a sujeitos supostamente muito perigosos, enquanto cria um mercado para penas médias e leves, permaneceu como postulado dos processos de privatização, em especial, do modelo de cogestão, como se extrai da tese de Sandro Cabral:

> *Transpondo-se o conceito de especificidade de ativos para o sistema prisional, altos níveis de especificidade poderiam estar relacionados à custódia de condenados com maior periculosi-*

> *dade, retidos em penitenciárias de segurança máxima, na medida em que, neste caso, é de se esperar que ocorram elevados investimentos em ativos altamente especializados, necessários à execução da atividade, tais como: construção de instalações à prova de fugas, instalação de bloqueadores de comunicação e funcionários altamente treinados para lidar com população carcerária de maior potencial ofensivo. Além das maiores pressões por parte da opinião pública, a custódia de internos nestas condições exige níveis elevados de coordenação entre o estabelecimento penal, ministério público e judiciário, contribuindo para a elevação do nível de especificidade de ativos envolvidos, vide o exemplo do caso do traficante fluminense Fernandinho Beira-Mar (...) Além disso, tem-se que ao redor de 45% da população carcerária brasileira é composta por réus primários (...) Logo, a maior parte das unidades necessárias à absorção do déficit, anteriormente apresentado, seria destinada a indivíduos, em tese, de menor agressividade, justamente em uma área de menor especificidade, portanto, propícia à gestão não--estatal (2006, pp. 108-109, grifos meus).*

Defensor do modelo de cogestão, Cabral foi mais específico que Oliveira, seu antecessor, ao deixar claro que o investimento em unidades de segurança máxima é muito alto, o que pode não compensar para o gestor privado. Principalmente porque são prisões que ficam muito em destaque e sob maior escrutínio da chamada opinião pública, incidentes como rebeliões e fugas levam o gestor privado a gastar mais, tanto com equipamentos e instalações físicas, quanto com a imagem da empresa. Além do mais, Cabral ressalta que a maior demanda de vagas é para uma clientela primária, cuja custódia não exige muito investimento. Assim, de maneira implícita, o pesquisador informa que há uma relação entre o aprisionamento de pessoas de "menor agressividade" e a expansão do mercado prisional. Em outras palavras, do aprisionamento desnecessário que produz o alegado déficit carcerário e, por conseguinte, a "necessidade" de contratar empresas para administrar prisões.

Nem tudo, no entanto, saiu como planejado. Ao observar o COMPAJAF, por exemplo, nota-se que é uma unidade de segurança máxima, contrariando as afirmações de Oliveira e Cabral que, no entanto, permanecem válidas como prescrições. A partir da criação do Sistema Penitenciário Federal, a noção de segurança máxima dentro das unidades da federação foi matizada. Além disso, as "pressões da opinião pública" operam também no sentido de fazer com que a inauguração de uma prisão dificilmente não seja de "segurança máxima", embora isso nada tenha a ver com padrões oficiais, mas com um discurso eleitoral e midiático, afinal, governadores e outros políticos locais também atendem a uma demanda punitiva que vem da sociedade civil.

O COMPAJAF já estava construído quando foi entregue à iniciativa privada, sob a justificativa de que ficaria ocioso e fechado se assim não fosse feito, pois o estado de Sergipe carecia de recursos orçamentários e humanos para operar a unidade. Naquele momento, em 2009, a prisão localizada no bairro Santa Maria foi a oportunidade que a empresa Reviver encontrou de entrar no mercado sergipano e isso, não o tipo de unidade objeto de contrato, decidiu pela cogestão. Alguns anos depois, a empresa conseguiu mais dois contratos para, então, gerenciar unidades menores nas cidades de Estância e Areia Branca.

Outro bom exemplo é o Complexo Penitenciário Anísio Jobim (COMPAJ), em Manaus, que passou à administração da Reviver em 2019, dois anos após um massacre que resultou nas mortes de 56 presos. O COMPAJ é uma unidade antiga, inaugurada em 1982, que foi muito reformada até abrigar tanto regime fechado quanto semiaberto. Em 2017, quando ocorreu o massacre, a unidade já era terceirizada, sob a direção da empresa Umanizzare Gestão Prisional Privada. Naquele momento, as mortes dos 56 presos e a visibilidade nacional destes acontecimentos confirmaram as prescrições de Oliveira e Cabral a respeito do alto custo-benefício no gerenciamento de unidades de segurança máxima. No entanto, uma vez encerrado o contrato com a Umanizzare, o COMPAJ foi a grande oportunidade da Reviver no estado do Amazonas, onde ainda não possuía negócios. Assim, embora o ideal para gestores privados, segundo pesquisadores e defensores da privatização, seja administrar unidades destinadas aos presos ditos menos perigosos, esta possibilidade nem sempre está colocada e é preciso ajustar-se à demanda.

O que realmente importa nas prescrições de Oliveira e Cabral é que elas sinalizam um sentido para a expansão do mercado do encarceramento sobre pessoas consideradas menos perigosas ou agressivas, custodiadas em unidades que exigem menor aparato de segurança. Este sentido permanece como meta, eventualmente atingida, eventualmente mais distante, mas que impulsiona reformas e estratégias de aprisionamento no país, ao lado de outras forças sociais e políticas.

O projeto de privatização das prisões que Oliveira escreveu trazia ainda outras preocupações, como sujeitar os funcionários da iniciativa privada ao estatuto de servidores públicos e eximir o Estado de qualquer contraprestação pelo gerenciamento prisional, deixando o setor privado extrair seu lucro de alguma fonte de receita própria, como a venda de produtos aos presos. Essas proposições ficaram adormecidas e não encontraram continuidade, nem nas teses que aperfeiçoaram o projeto, nem nos contratos celebrados no Brasil.

O modelo preconizado por Oliveira e atualizado por Cabral, desde o início, preocupou-se em responder à objeção central de seus opositores no que diz respeito ao fundamento da execução penal como atividade exercida pelo poder que detém o monopólio da violência. A elaboração de um projeto que reservou ao funcionalismo público as posições de direção e supervisão teve como finalidade responder a essa objeção.

> *Em atenção a essa observação, evitamos elaborar um projeto, atribuindo plena delegação de poderes à iniciativa privada. De acordo com a nossa proposta, a função jurisdicional do Estado em comandar e controlar a execução penal fica preservada, uma vez que idealizamos uma fórmula mista envolvendo a administração pública e a iniciativa privada, cabendo ao Estado dirigir o estabelecimento, cuidar da vigilância, da segurança e ainda supervisionar as atividades materiais de reinserção so-*

> *cial e moral do preso, levadas a efeito pela instituição privada (OLIVEIRA, 1992, p. 18).*

As bases contratuais da cogestão no Brasil estão expressas nesse trecho e, de maneira geral, são as mesmas até hoje, com a diferença que, originalmente, eram chamadas de privatização. Oliveira também tomou o cuidado de reservar a assistência jurídica aos presos "carentes" como atividade de Estado para não esbarrar na competência de instituições como Defensoria ou Ministério Público, nem produzir conflito de interesses entre a empresa gestora e os presos. Atualmente, no COMPAJAF, a empresa fornece assistência jurídica na forma de consultoria, ou seja, seus advogados não demandam nada em juízo a favor dos presos, mas tiram dúvidas e encaminham pedidos à Defensoria Pública.

No mesmo ano em que Oliveira apresentou seu projeto de privatização das prisões, ocorreu o Massacre do Carandiru. No dia 2 de outubro de 1992, a polícia militar invadiu a Casa de Detenção de São Paulo e executou 111 presos a pretexto de pacificar uma rebelião. Mais conhecida pelo nome do bairro onde se localizava — o Carandiru —, a prisão era um complexo gigantesco que custodiava milhares de presos, aproximadamente 8 mil até aquela data. Após o Massacre, este modelo de encarceramento, aos milhares por unidade prisional, passou a ser atacado por especialistas e acadêmicos que se dedicaram a elaborar a história do que se passou e também recomendações para reformas, não só naquela unidade, mas em todo o estado de São Paulo e até mesmo no país.

O Massacre do Carandiru é um acontecimento que já foi exaustivamente narrado e analisado na academia, na literatura e no cinema. Como destaca Adalton Marques em sua tese de doutoramento, a polifonia esconde uma grande ausência na produção destes conteúdos, que é a ausência dos sobreviventes.

> *O segundo problema, diz respeito ao silêncio imposto, direta ou indiretamente, aos sobreviventes não apenas do Massacre do Carandiru, mas dos massacres diários das cadeias paulistas, enfim, brasileiras. Os relatórios dessas entidades reafirmam a voz da lei,*

> *a mesma que não é observada pelas autoridades criminosas que perpetuam os massacres policiais, jurídicos e carcerários. Desse ponto de vista, seria preciso fazê-la valer; conhece-se a ladainha legalista. Contudo, a nenhum preso é dado o espaço para falar por si só, exigindo que os especialistas e políticos retirem consequências de seu pensamento (MARQUES, 2018, p. 183).*

É possível encontrar depoimentos dos sobreviventes apenas em raríssimos documentos, como no Relatório da Comissão de Inquérito instaurado no Ministério da Justiça (MACHADO e MARQUES, 2017, p. 128). Porém, são histórias contadas dentro dos limites de uma apuração administrativa, sob direção de uma autoridade institucional que, portanto, estabelece limites à narrativa. A imensa ausência das vozes dos sobreviventes parece explicar o conteúdo das proposições que saíram de órgãos como a OAB/SP, subsidiada pelos pesquisadores do Núcleo de Estudos da Violência da USP (NEV-USP). São recomendações que não se ocuparam em pensar formas de reparação e o pouco que dizem sobre direitos dos presos se reduz à sugestão de mutirão judiciário para agilizar "benefícios pleiteados na Vara de Execuções Criminais" (IBID., p. 85).

O simples fato de tratar direitos como benefícios já indica a ausência dos sobreviventes nas formulações. Para além disso, no entanto, não se encontra nenhuma proposta que não seja sobre o incremento da segurança dos estabelecimentos pela adoção de medidas de redução da superlotação. Nenhuma linha sequer sobre reivindicações de pessoas encarceradas. A médio prazo, o relatório da Comissão de Defesa dos Direitos da Pessoa Humana (CDDPH) do Ministério da Justiça, chefiada pela OAB, recomendou duas medidas administrativas:

> *1) Construção de novos estabelecimentos penitenciários dentro dos padrões fixados pelas normas internacionais e do Departamento Penitenciário Nacional, para substituir a Casa de Detenção, bem como resolver o problema da superlotação existente nos distritos policiais da Grande São Paulo.*

> *2) Reformulação da legislação penal para que a prisão fechada seja destinada exclusivamente para delinquentes violentos, reincidentes e que tenham cometido crimes graves (MACHADO e MARQUES, 2017, p. 86).*

A semelhança com as prescrições para privatização do sistema carcerário salta aos olhos. Repetem-se aqui as recomendações para se reduzir o tamanho das unidades carcerárias e se reservar um tipo de regime aos sujeitos considerados mais perigosos. Isso corresponde precisamente à organização de um sistema carcerário gerenciado, no caso da primeira recomendação, pelo setor privado, e no caso da segunda, a uma reserva de unidades para gestão exclusivamente estatal da custódia de presos supostamente mais violentos.

É possível observar que, enquanto o projeto de privatização fala de "segurança máxima" para reserva exclusivamente estatal, o documento de recomendações pós-Carandiru trata de "regime fechado". Estas, porém, são expressões que falham em objetividade, embora existam normatizações que buscam traçar limites para o que elas significam. Em tese, o regime fechado é parte de um sistema progressivo de cumprimento de pena e, portanto, o principal critério de permanência de um preso nesta condição é o tempo cumprido da condenação. Mas, assim como "segurança máxima", o regime fechado se desloca de sua legalidade estrita para designar um amálgama de "delinquência", "reincidência" e outros discursos de pânico moral disseminados na sociedade.

Então, quando o documento produzido a partir do discurso de defesa dos direitos humanos falou em construir prisões "dentro dos padrões fixados pelas normas internacionais", isso significou a construção de unidades menores para desconcentrar a população carcerária e torná-la, em tese, melhor administrável. Fato curioso, o projeto de privatização apresentado perante o Ministério da Justiça no mesmo ano do Massacre considerava propícias à gestão privada justamente as unidades de médio e pequeno porte.

Para efeito de melhor visualização, mesmo correndo o risco de ser repetitiva, organizei no Quadro 3 os dois documentos apresentados ao Ministério da Justiça em 1992 de que trato neste tópico.

QUADRO 3 - COMPARATIVO DAS PRESCRIÇÕES PARA PRIVATIZAÇÃO E PARA HUMANIZAÇÃO DAS PRISÕES - MINISTÉRIO DA JUSTIÇA - 1992.

	Projeto de Privatização (CNPCP/Ministério da Justiça)	**Inquérito para apuração do Massacre do Carandiru (CDDPH/Ministério da Justiça)**
Data	jan./92	dez./92
Autoria	Presidente da CNPCP – Edmundo Oliveira.	Presidente da OAB – Marcello L. Machado; Procurador-Geral da República – Aristides Junqueira; Representante da Associação Brasileira de Imprensa – Carlos Chagas; Membro da Comissão de Direitos Humanos da OAB/SP – João B. de A. Marques.
Identificação do Problema	Superlotação das prisões "a dramática situação de superpovoamento no conjunto do parque penitenciário nacional" (p. 20)	Superlotação das prisões "atual superlotação da Casa de detenção" (p. 86). "Superlotação existente nos distritos policiais da Grande São Paulo" (Id.).
Prescrição 1	Regime fechado somente para os casos mais graves: Criação do Sistema Penitenciário Federal para que o regime fechado seja reservado ao cumprimento de penas altas por parte de "delinquentes considerados socialmente perigosos" (p. 20).	Regime fechado somente para os casos mais graves: Mudança legislativa para que regime fechado seja destinado exclusivamente para "delinquentes violentos, reincidentes e que tenham cometido crimes graves" (p. 86).
Prescrição 2	Gestão estadual de prisões menores: Responsabilidade dos governos Estaduais apenas pelo cumprimento das penas menos graves.	Construção de prisões menores pelo governo estadual: Divisão do Carandiru em "duas ou três unidades autônomas" (p. 86) e construção de unidades prisionais de menor porte.

Objetivos	Privatização sob a forma de gestão mista (cogestão). No caso dos estados da federação, em consequência da prescrição 2, os alvos principais são prisões de segurança média ou baixa para regimes semiaberto ou aberto.	Reformular a política de segurança pública e reformar o sistema penitenciário. "Para que não haja a impunidade dos criminosos e para que os direitos humanos sejam também integralmente respeitados" (p. 81).

Fonte: Da Autora, 2021, com informações de OLIVEIRA, 1992; MACHADO e MARQUES, 2017.

A semelhança das prescrições tornou os objetivos compatíveis, não apenas em tese, mas nas medidas que foram adotadas sequencialmente, a partir daquele ano, pelos governos estaduais e federal. Em São Paulo, nas palavras do geógrafo Zomighani Jr., a reforma do sistema carcerário iniciada nos anos 1990, deu-se da seguinte maneira:

> *A saída política encontrada foi a de retirar dos grandes centros urbanos a enorme massa carcerária que não parava de crescer, e alocá-la em municípios onde a visibilidade dos problemas seria mínima e as perdas políticas – pelo número reduzido de eleitores neles existentes, ou possibilidades de atrair a atenção da grande mídia – insignificantes. Com o objetivo de diminuir a tensão metropolitana, tendo como apelo resolver o problema da superlotação, falta de vagas e aumento do aprisionamento, outras regiões do território paulista passaram a ser requisitadas – com frequência cada vez maior – para expansão do sistema prisional. (ZOMIGHANI JR., 2013, p. 232).*

Uma vez abandonado o paradigma das grandes prisões em centros urbanos para ingressar na era das pequenas prisões em cidades interioranas, não só foi possível descomprimir a população carcerária da cidade de São Paulo, como aumentar a quantidade de vagas e o total de pessoas presas, segundo a regra de que toda prisão já se inaugura em estado de superlotação caso não haja qualquer redução da oferta de presos combinada com políticas criminais de desencarceramento.

Em Sergipe, um processo parecido ocorreu com a desativação da CDA, em 2007, quando a unidade contava com 2.150 presos (SANTOS e SANTOS, 2019, n.p) e foi substituída pelo COPEMCAN que, em 2018, já custodiava 2.500 pessoas. A unidade desativada ficava em um dos bairros mais populosos da capital, já sua substituta foi parar em um município da grande Aracaju. Este foi o resultado das prescrições para se reduzir a superlotação e se respeitar integralmente os direitos humanos a partir dos anos 1990, conforme se depreende das palavras do então governador Marcelo Déda:

> *A Casa de Detenção não tem mais condições efetivas de funcionar, nem do ponto de vista humanitário para os internos, nem de segurança prisional. A transferência também dá resposta a alguns dos nossos problemas mais dramáticos, que é a superlotação e o aumento de fugas (ESTADO DE SERGIPE, 2007).*

A este processo, Zomighani Jr. chamou de "modernização incompleta e conservadora" (2013, p. 229), uma vez que manteve e aprofundou uma tendência ao encarceramento massivo ainda em curso quase 30 anos depois. E foi ao encontro de uma curva ascendente de aprisionamento fundada na dispersão de unidades carcerárias pelo território de cada estado e do país que também se disseminaram contratos de gestão privada. Embora não tenha se dedicado ao tema da privatização, Zomighani Jr. vislumbrou o problema:

> *Torna-se também necessário considerar que a prisão no Brasil não seria apenas mais um negócio banal. Do ponto de vista do tamanho do negócio que poderia ser gerado, os números mostram o contrário. Se todas as prisões do país fossem geridas por empresas privadas, o volume de recursos pagos a elas pelo Estado seria de, aproximadamente, 1,35 bilhão de reais mensais (...). O consumo anual de recursos públicos seria de 16,2 bilhões de reais, apenas com os repasses por prisioneiros, fora outros gastos como reforma e reaparelhamento das unidades prisionais. Esta movimentação e consumo de recursos públicos colocaria as empresas gestoras das prisões privadas no patamar das maiores empresas brasileiras como Petrobrás, Ipiranga, Vale do Rio Doce e AMBEV, por exem-*

> *plo, e à frente dos grandes bancos como Bradesco, Unibanco, Itaú, dentre outros (ZOMIGHANI JR., 2013, p. 316).*

Há, portanto, um encontro entre as diretrizes de reforma das prisões que emergiram na década de 1990, após o Massacre do Carandiru, e a oferta de gestão privada de unidades carcerárias. Ou ainda, pode-se dizer, embora corressem paralelamente umas às outras, que as prescrições pós-Carandiru prepararam o caminho para a privatização de parte do sistema prisional, fazendo com que este processo fosse mais uma etapa daquelas prescrições que uma força antagônica, como pode parecer a um olhar apressado. Na verdade, o paralelismo desaparece quando se observa que, ao contrário da suposição de Zomighani Jr. para efeitos meramente ilustrativos, o setor privado não reivindica a totalidade das unidades carcerárias, pois compreende que algumas delas possuem alto custo-benefício, conforme já explorado. Portanto, a coexistência entre a gestão exclusivamente estatal e a gestão privada é um pressuposto desta última que precisa da primeira para funcionar como contramodelo e também para suportar praticamente todos os riscos de eventos indesejáveis decorrentes da suposta periculosidade de sua clientela.

Neste sentido, de acordo com o apurado na pesquisa de campo, não há que se falar em falsidade no discurso dos gestores privados quando afirmam que estão humanizando as prisões. Seja porque seus objetivos não são antagônicos ao que se chamou historicamente de humanização dessas instituições — redução da superlotação, higiene, disciplina, assistência médica, etc. — seja porque, de fato, estes indicadores aparecem melhorados em gestões como a do COMPAJAF. Isso não quer dizer que a gestão privada vai necessariamente humanizar o cárcere, mas que pode fazê-lo: não é mentira, não é maquiagem de dados, é compatibilidade de objetivos.

Ainda hoje, movimentos sociais quando se manifestam contra a privatização do sistema carcerário, utilizam aspas para indicar uma espécie de dissimulação a ser desvendada sempre que os defensores do setor privado apresentam seus projetos falando de humanização.

> *A proposta de "co-gestão" inaugura o processo de privatização do sistema prisional anunciado pelo Governador João Dória em janeiro deste ano, que disse se inspirar no modelo norte americano, bem como nas parcerias-público-privadas realizadas no Estado de Minas Gerais para otimizar a gestão e ampliar a oferta de trabalho e "**humanizar**" o cárcere (PASTORAL CARCERÁRIA, 2019, grifo meu).*

Ao colocar a palavra entre aspas, os movimentos sociais contrários à privatização parecem supor uma humanização que seja outra àquela que o setor privado apresenta: um incremento da hotelaria e de alguma assistência ao preso combinado com o aumento do aparato de vigilância, seja por meios tecnológicos, seja pelo efetivo de agentes prisionais privados. No entanto, esta suposição não se ampara nas demandas históricas de humanização das prisões no Brasil, construídas a partir de uma perspectiva de reforma das instituições carcerárias com a finalidade de torná-las mais habitáveis e/ou apresentáveis aos olhos de quem está fora dos muros. Assim, quando o setor privado apresenta a distribuição de três refeições ao dia ou a existência de uniformes lavados periodicamente, trata-se de uma resposta condizente com o propósito reformador que a humanização da prisão designa.

De forma geral, o que a semelhança entre o projeto de privatização do sistema carcerário apresentado ao Ministério da Justiça em 1992 e as providências posteriores ao Massacre do Carandiru expostas no mesmo ano significa, para além dos termos específicos ali expostos, é que, ao se compreender a humanização da prisão como um problema de gerenciamento, não há como se opor objeções consistentes ao setor privado. Ou ainda, não há incompatibilidade entre política de humanização e gestão privada uma vez que a primeira se constituiu como via de reforma que atualizou a instituição carcerária e permitiu sua expansão, como demonstram as recomendações pós-Carandiru. Logo, o que o setor privado do encarceramento diz, no mínimo, desde 1992, é que se humanização for a reivindicação por melhores instalações, disciplina, vigilância e hotelaria, ele pode fazer mais e melhor que a gestão tradicionalmente estatal.

De olho nas prescrições de 1992, observei que em Sergipe, a evolução da população carcerária obedeceu à tendência de uma curva ascendente a partir da desativação da Casa de Detenção de Aracaju (CDA), em 2007, e a chegada da gestão privada em 2009 — dois eventos que a pouca literatura especializada em prisões no estado não costuma relacionar, mas que faço a partir deste trabalho justamente porque não parecem fortuitos ou desconectados, desde o momento em que se observa uma relação entre o que se pode chamar de modernização do sistema carcerário (FAGUNDES, 2009; MENDONÇA FILHO, 2009) — marcada pela desativação das grandes prisões do século XX (Carandiru - 1920; CDA - 1926) — e a privatização das gestões prisionais.

Como mostra o Plano Diretor do Sistema Penitenciário de Sergipe, datado de 2008, a população carcerária do estado era de 2.263 pessoas custodiadas em sete unidades prisionais[18] e 750 retidas em delegacias, num total de 3.013 presos (ESTADO DE SERGIPE, 2008). Apenas um ano antes, a CDA, em processo de desativação, concentrava mais de 2.000 presos, ou seja, quase toda a população prisional da primeira década do século XXI em Sergipe (SANTOS e SANTOS, 2019). Foi neste ponto da curva de encarceramento que o COMPAJAF foi inaugurado, com suas 476 vagas originais sob gestão privada, em 2009. Quase dez anos depois, conforme atesta relatório da OAB-SE, o estado passou a contar com oito unidades prisionais e 5.274 presos (2018, p. 4). Trata-se de um aumento da ordem de 57% de encarcerados no intervalo de dez anos, durante os quais a iniciativa privada também aumentou sua participação na gestão das prisões de uma para três unidades.

Embora não seja preciso afirmar uma relação de causalidade, que dependeria da análise de outras variáveis como mudanças legislativas no âmbito penal, é clara uma relação de convergência entre a modernização das unidades prisionais, a adoção do sistema de terceirização e o aumento da população carcerária em Sergipe. Em outras palavras, a privatização se insere numa estratégia geral, ou numa política geral, de aumento da população privada de liberdade.

---

18. Estão excluídos destes números o HCTP e os internos submetidos a medidas de segurança porque no próprio plano diretor não há contabilização da população encarcerada neste tipo de unidade.

É necessário ainda acrescentar que, na desativação da CDA, a maior parte dos presos foi direcionada primeiramente ao COPEMCAN, unidade já inserida na lógica da modernização, com capacidade para até 800 pessoas, e que permaneceu sob gestão exclusivamente estatal, tornando-se quase imediatamente superlotada. De maneira que também é possível afirmar que a modernização que pulverizou a população custodiada nas antigas prisões não renunciou às grandes unidades superlotadas, mas reservou à iniciativa privada unidades menores, como é o caso do COMPAJAF, com capacidade pouco maior que a metade do COPEMCAN. Neste sentido também, as prescrições apresentadas ao Ministério da Justiça em 1992 encontram realização.

6.1 OS SENTIDOS DA HUMANIZAÇÃO

Para que fique claro do que trato ao falar de humanização das prisões, vou me concentrar aqui em três referências sobre as quais construo o sentido de humanização que opera nesta tese. A primeira, em sentido teórico mais amplo, vem do trabalho de Michel Foucault em Vigiar e Punir; a segunda se localiza na política de administração prisional do governo Franco Montoro, em São Paulo, entre 1983 e 1987, e que se chamou, precisamente, de política de humanização das prisões; e a terceira está no modelo da Associação de Proteção e Assistência aos Condenados (APAC) de aprisionamento, que é hoje o grande e festejado modelo humanizado de encarceramento no Brasil. Assim, ao mesmo tempo em que não pretendo traçar uma história do humanismo e das ideias humanistas no Ocidente ou no Brasil, procuro fixar um conteúdo para humanização, humanizado e humano que não é vago e abstrato, mas histórica e socialmente referenciado.

O marco foucaultiano do qual me aproprio e utilizo afirma que a prisão é uma instituição de humanização da pena. A substituição dos castigos corpóreos, entre 1830 e 1848 na Europa, pela supressão de direitos do condenado, notadamente a liberdade, significou a "utopia do pudor judiciário: tirar a vida evitando de deixar que o condenado sinta o mal, privar de todos os direitos sem fazer sofrer, impor penas isentas de dor" (FOUCAULT, 1999, pp. 14-15). Não se trata de dizer que o sofrimento anatômico e fisiológico deixou de acompanhar a aplicação da pena, apenas que este já não era seu objetivo principal. Voltado para uma realidade incorpórea, que poderia se chamar de espírito ou vontade, o castigo se voltou para a reforma moral dos sujeitos.

> *O afrouxamento da severidade no decorrer dos últimos séculos é um fenômeno bem conhecido dos historiadores do direito. Entretanto, foi visto, durante muito tempo, de forma geral, como se fosse fenômeno quantitativo: menos sofrimento, mais suavidade, mais respeito e "humanidade". Na verdade, tais modificações se fazem concomitantes ao deslocamento do objeto da ação punitiva. Redução de intensidade? Talvez. Mudança de objetivo, certamente (IBID., p. 18).*

É certo que o marco europeu não corresponde aos processos históricos nos territórios coloniais. Há, no entanto, uma passagem ilustrativa do controle penal sobre a população negra escravizada no Brasil que também pode ser lida como um deslocamento da punição baseada no castigo corpóreo para a privação de liberdade como proposta de reforma moral. Em 1830, o Código Penal do Império estabeleceu uma pena de prisão com trabalho de 8 a 24 dias para mendigos e vadios. Trata-se do tipo penal que ficou conhecido como crime de vadiagem. Naquele momento, em que a escravidão, baseada em castigos corpóreos infligidos num registro de dominação do espaço privado, começava a se encaminhar para a abolição, um contingente significativo de pessoas negras libertas já circulava pelas ruas das cidades. Desta maneira, os corpos que já não estavam sujeitos aos açoites senhoriais passaram a ser submetidos ao encarceramento pelo simples fato de ocuparem livremente o espaço público. Nas palavras de Ana Flauzina, "a vadiagem, em última instância, é a criminalização da liberdade" (2017, p. 70). É possível, portanto, ainda que resguardadas as especificidades históricas brasileiras, localizar a passagem do suplício ao encarceramento no processo histórico de abolição da escravatura e, com isto, também compreender que lugar o sistema de justiça criminal e a prisão ocuparam na sociedade pós-abolição enquanto atualização de controles sobre uma determinada parcela da população.

Em todo caso, a prisão como elemento central do sistema punitivo baseou-se numa assepsia da própria penalização. O sangue e as vísceras exibidos em praça pública foram substituídos por uma execução penal que corre quase inteiramente longe dos olhos do público. Como dito nos capítulos anteriores, a assepsia que vai do suplício à prisão tem como medida a dor dos espectadores e reformadores, não a dos presos, e, também por isso, a execução penal por detrás dos muros tem a característica de proteger sensibilidades externas das dores que não se apartam do exercício punitivo: a fome, o frio ou o calor, as doenças, as surras. A prisão humanizou o castigo para fora, afinal, o que os olhos não veem...

A humanização da prisão enquanto medida da sensibilidade de quem não está preso é, portanto, uma condição que acompanha o encarceramento sempre que alguém se propõe a humanizá-lo, quase sempre com as melhores intenções. Quando, no Brasil, a ditadura civil-militar de 1964 começava a arrefecer, uma série de denúncias dos chamados presos políticos sobre a situação das prisões brasileiras começou a mobilizar diversos setores organizados como a Comissão Teotônio Vilela, a OAB e a Comissão de Justiça e Paz da Arquidiocese de São Paulo, sob o comando de Dom Paulo Evaristo Arns, dentre outros (MARQUES, 2018, p. 12). Foi no esteio desses debates que se elegeu governador de São Paulo André Franco Montoro (PMDB), em 1983. Para secretário de Justiça, foi nomeado José Carlos Dias, então presidente da Comissão de Justiça e Paz, que iniciou uma política conhecida pelo slogan da humanização das prisões.

Dentre as medidas mais famosas desta política estavam o fim da censura às correspondências dos presos; a liberação de visitas íntimas; a criação das Comissões de Solidariedade, formadas por presos, como uma via direta de comunicação com o poder público; e o aumento do número de vagas no sistema prisional para se combater a eterna superlotação (IBID., p. 78). Além da óbvia expansão carcerária engendrada pela última proposição, existiu uma política pouco comentada pelos que analisam este período: a inauguração do Piranhão, como ficou conhecido o Centro de Readaptação Penitenciária Anexo à Casa de Custódia de Taubaté, em 1985.

Na verdade, o mais correto não é dizer que se trata de uma política pouco comentada, mas que é sempre vista como uma excrescência ou algo "absolutamente colidente com o substrato da própria política prisional que o governo do Estado de São Paulo elegera, ou seja, a de humanização das prisões" (TEIXEIRA, 2009, p. 135). Esta leitura é parte de uma "insuspeição de que se beneficia o governo Montoro" (MARQUES, 2018, p. 116) em grande parcela da bibliografia pertinente.

O Piranhão era uma unidade carcerária destinada aos presos supostamente mais perigosos e indisciplinados, que se notabilizou, na linguagem nativa, por ser uma "fábrica de monstros" (TEIXEIRA, 2009, p. 137). O uso constante da tortura e a degradação do ambiente prisional, entretanto, só chegaram ao debate público de maneira mais ampla quando uma organização de presos, no que é considerado seu documento fundacional, comprometeu-se com a luta pela desativação da unidade.

> *11. O Primeiro Comando da Capital — P.C.C. fundado no ano de 1993, numa luta descomunal e incansável* ***contra a opressão e as injustiças do Campo de concentração "anexo" à Casa de Custódia e Tratamento de Taubaté****, tem como tema absoluto "a Liberdade, a Justiça e a Paz" (CAROS AMIGOS, 2006, p. 5, grifo meu).*

Ao invés de um corpo estranho no conjunto de uma política de humanização das prisões, o Piranhão forneceu um exemplo claro dos limites das reformas prisionais. Sua relação com o conjunto do sistema carcerário paulista era menos de estranheza e mais de complementaridade. Uma vez que a humanização das prisões é uma forma de gestão que diz respeito à sensibilidade do público externo, o Piranhão se tornou um lugar resguardado do escrutínio público onde a prisão afirmava sua condição incontornável de tortura.

> *É importante notar que essa unidade de "segurança máxima" foi construída pela gestão democrático-humanista de Franco Montoro e de seu secretário de Justiça, José Carlos Dias, com o objetivo*

> *de "receber, em regime fechado, presos condenados do sexo masculino, de alta periculosidade, ou que venham revelando inadaptação ao trabalho reeducativo nos estabelecimentos em que se encontram" (Decreto nº 23.571, de 17 de junho de 1985). A mesma gestão que esses autores definem em contraste aos governos de Quércia e Fleury (...). Desse contraste, talvez possamos extrair uma conclusão ousada: o debate entre políticas de segurança pública humanistas e conservadoras tem servido para silenciar o pensamento dos prisioneiros. Nas duas pontas do debate, acaba-se reivindicando o aperfeiçoamento carcerário (no mais das vezes, acompanhado da retórica da expansão das vagas prisionais), seja para tratar os presos com humanidade, seja para tratá-los com mais rigor. E nenhuma palavra dos presos, expressa a partir de questões que eles próprios consideram importantes, é levada em consideração (MARQUES, 2018, p. 185).*

Na senda aberta por Marques, penso que a emergência do Piranhão ajuda a compreender que a política de humanização das prisões denuncia a presença do não-humano. No caso do governo Montoro, o Piranhão entregou aquilo que foi recorrente em minhas entrevistas de campo com funcionários da empresa terceirizada e com agentes penitenciários do serviço público: o discurso de que existe um sujeito "incorrigível", com destaque para o reincidente, que "nasceu" para o crime, e que, portanto, está fora do alcance de qualquer política de humanização. O efeito desse diagnóstico é tornar, mais uma vez, a prisão um dado inexorável. Além disso, reforçam os estigmas que recaem sobre a parcela da população de onde são selecionados esses sujeitos, ou seja, de um imenso contingente negro e empobrecido.

Se por um lado, a política de humanização das prisões foi propulsora da ampliação do sistema carcerário e reforçou a ideia de que o encarceramento possui um núcleo irredutível de pessoas não humanizáveis, por outro lado, ela se lançou como uma forma de gerir unidades prisionais, ou seja, de pacificá-las, de modo mais coerente com o início de um processo histórico-político que foi chamado de redemocratização. Ao se observar os objetivos das Comissões de Solidariedade implementados em alguns presídios paulistas naquele período, com o objetivo de funcionarem pela representação direta de presos junto ao governo, encontra-se um exemplo claro de que a humanização é uma prática de pacificação — "Eram cinco as principais atividades a serem cumpridas pela comissão: (...) v) pacificar e conscientizar os demais presos que, segundo a Comissão, tinham o "pavio curto" frente às constantes violações, com tendência a se amotinarem" (HIGA e ALVAREZ, 2019, p. 73).

Ao que os propósitos declarados da política de humanização indicam, os relatos dos chamados presos políticos sobre o estado das prisões brasileiras também surtiram o efeito de alertar aos poderes instituídos sobre a situação geral da população carcerária e seu potencial de rebelião. Assim, em que pesem algumas medidas como visitação conjugal ou íntima e sigilo da correspondência dos presos, a política de humanização também assumiu um caráter de gestão de crise, com vistas à reacomodação das tensões internas ao sistema prisional.

Há nisto uma passagem que não pode ser ignorada das formulações de movimentos sociais como a Comissão Teotônio Vilela — um conjunto heterogêneo de intelectuais, ativistas e militantes de vários partidos — que considerava "inútil pretender disfarçar o totalitarismo da prisão com reformas cosméticas que 'democratizam' o sistema penitenciário" (COMISSÃO TEOTÔNIO VILELA, 1986, p. 15) à configuração de uma gestão, ou seja, de um arranjo gerencial para fazer com que a instituição atinja seus objetivos. Aqui, mais uma vez, é importante demarcar que, no caso da instituição prisional, quando falo de atingir seus objetivos, refiro-me à eficácia invertida segundo a qual opera todo o sistema no qual a prisão está inserida.

> *(...) o ponto de inflexão fundamental a demarcar é a contradição entre funções declaradas e funções latentes, pois sabemos, criminologicamente, que há não apenas um profundo déficit histórico de cumprimento das promessas oficialmente declaradas pelo seu discurso oficial (do qual resulta sua grave crise de legitimidade) como o cumprimento de funções latentes inversas às declaradas (...) enquanto suas funções declaradas ou promessas apresentam uma eficácia meramente simbólica (reprodução ideológica do sistema) porque não são e não podem ser cumpridas, ele cumpre, latentemente, outras funções reais, não apenas diversas, mas inver-*

> *sas às socialmente úteis declaradas por seu discurso oficial, que incidem negativamente na existência dos sujeitos e da sociedade (...). A eficácia invertida significa, então, que a função latente e real do sistema não é combater (reduzir e eliminar) a criminalidade protegendo bens jurídicos universais e gerando segurança pública e jurídica, mas, ao contrário, construí-la seletiva e estigmatizantemente e neste processo reproduzir, material e ideologicamente, as desigualdades e assimetrias sociais (de classe, gênero, raça) (ANDRADE, 2005, p. 79).*

Esbocei anteriormente e reafirmo a minha diferença com a criminologia a partir da qual fala Vera Regina Andrade no sentido de que não considero a raça uma assimetria entre outras na estruturação do sistema de justiça criminal, mas a grande assimetria que funda, organiza e direciona esse sistema. À parte dessa diferença, trago o conceito de eficácia invertida nas palavras da criminóloga para evitar confusões quando afirmo que a humanização das prisões, ao assumir o lugar de política de gestão do cárcere, busca realizar as finalidades da instituição prisional. Estas finalidades nada têm a ver, a despeito das boas intenções humanistas, com ressocialização, recuperação ou qualquer outro propósito reformador. Os objetivos da prisão, bem como de todo o sistema de justiça criminal, são a perpetuação de uma hierarquia racial e social com todas as violências que estas implicam. Assim, não é pouca coisa o que ocorreu no governo Franco Montoro, em São Paulo, quando ex-militantes da Comissão Teotônio Vilela, que considerava a prisão uma instituição irreformável (MARQUES, 2018, p. 110), passaram a ser agentes da política de gestão do cárcere. Em outras palavras, independentemente de se colocarem a favor de melhorias nas condições de aprisionamento, ao abraçarem o projeto de humanização, o que os reformadores fizeram foi reforçar o que Andrade chamou de "função real e latente" da instituição, ou seja, o controle das populações negra e pobre que assume, para todos os governos, o status de classes perigosas.

Da militância à gestão, no que diz respeito a questões prisionais e de segurança pública em geral, viu-se desaparecer a contradição fundamental entre humanizar e encarcerar que animou muitos debates na transição da ditadura civil-militar à democracia de 1988. Para efeitos do que interessa mais especificamente a este trabalho, o desaparecimento dessa contradição foi fundamental para que humanização e privatização também deixassem de ser programações antagônicas. Isso começou a ser visto, em primeiro lugar, por um modelo de privatização sem fins lucrativos e que, hoje, é praticamente sinônimo de humanização das prisões no Brasil, o modelo de gestão APAC.

A primeira experiência de gestão prisional segundo o modelo APAC começou em 1972, na cidade de São José dos Campos (SP), mas foi somente na década de 1990 que se tornou vitrine de sucesso administrativo e penal, com a implementação do modelo à Cadeia Pública de Bragança Paulista, também no estado de São Paulo. Uma vez que foge aos limites desta tese fazer considerações mais aprofundadas sobre o modelo APAC, posso dizer, resumidamente, que se trata de uma forma de gestão prisional em que o Estado repassa a uma organização sem fins lucrativos um valor mensal para cobrir as despesas da unidade, deixando a decisão sobre a alocação desses recursos nas mãos de gerentes locais escolhidos pela associação. Como a APAC opera bastante a partir do voluntariado, os gastos com recursos humanos, por exemplo, são bastante reduzidos. Além disso, consolidou-se também a prática de reter 25% do salário de presos que trabalhem fora da unidade, o que é permitido pela legislação em vigor, para a manutenção da prisão (MASSOLA, 2005, p. 78).

A primeira vez que ouvir falar da APAC de Bragança Paulista foi durante a minha pesquisa de mestrado, na qual eu analisei o que parecia ser o modelo radicalmente oposto, o Regime Disciplinar Diferenciado (RDD), aplicado aos presos do Centro de Readaptação Penitenciária de Presidente Bernardes (CRP), no interior de São Paulo. Enquanto a APAC era exibida como exemplo de humanização da prisão desde 1995, o RDD recebia os presos ditos irrecuperáveis, com destaque para supostas lideranças de coletivos criminais como o Primeiro Comando da Capital. Criado a partir de um critério duvidoso de constitucionalidade — uma vez que surgiu por meio de resolução e não de lei, como é devido em caso de assuntos penais —, o RDD foi a resposta dada pelo governo de São Paulo ao evento que ficou conhecido como megarrebelião, em 2001, quando dezenas de unidades se rebelaram ao mesmo tempo no estado. Questionado desde o primeiro momento por este e outros motivos, como a instituição de 22 horas diárias de isolamento em cela, o RDD carregava a assinatura do então secretário de administração penitenciária Nagashi Furukawa, ex-juiz de execução penal de Bragança Paulista e responsável pelo convênio que instituiu a APAC na Cadeia Pública da mesma cidade anos antes.

> *A experiência de Bragança Paulista trouxe reconhecimento nacional para seu idealizador. Nagashi Furukawa, então Juiz de Direito da 3ª Vara Judicial de Bragança Paulista, foi convidado a fazer parte, em setembro de 1997, de um grupo de trabalho instituído pela Corregedoria Geral de Justiça do Estado de São Paulo para apresentar alternativas ao sistema penitenciário brasileiro (CRIADO..., 3 set. 1997). Quando se aposentou, em maio de 1999, foi imediatamente recrutado por Mario Covas para trabalhar como assessor na Secretaria de Segurança Pública. Três meses depois, foi convidado por José Carlos Dias, então Ministro da Justiça, para chefiar o Departamento Penitenciário. Ao final de 1999, ele foi recontratado por Mario Covas com a tarefa explícita de estender a experiência de Bragança Paulista para outras cidades do Estado e tornou-se Secretário da Administração Penitenciária do Estado (IBID., p. 64).*

Embora o trecho acima seja bastante explícito, destaco a parceria de Furukawa com José Carlos Dias, então no cargo de Ministro da Justiça do presidente Fernando Henrique Cardoso, pois se trata da mesma pessoa que chefiou a política de humanização das prisões no governo Franco Montoro, em São Paulo. Faço esse destaque porque ele ajuda a retomar a ideia de que os humanizadores das prisões parecem não abrir mão de um lugar onde despejar o não-humano. Assim como o Piranhão de outros tempos, o RDD aplicado no CRP de Presidente Bernardes, e que se alastrou pelo país servindo de modelo para o Sistema Penitenciário Federal, era o oposto da APAC de Bragança Paulista, mas apenas na medida em que esses opostos são complementares e indissociáveis. Conforme se pode depreender do trabalho de campo realizado por Gustavo Massola em sua tese de doutorado junto ao Instituto de Psicologia da USP, a manutenção do ambiente reformado, humanizado, limpo e considerado um sucesso da política prisional dependia da ameaça constante que pairava sobre os presos da APAC a respeito da possibilidade de transferência para outras unidades.

> *O tipo de dilema resultante pode ser descrito da seguinte maneira: para um preso de Bragança Paulista, o abandono da vida do crime implicava na assunção de um enorme risco de morte nas mãos de companheiros de outras unidades prisionais, e o não-abandono implicava em um risco ainda maior, pois a transferência ocorreria de qualquer forma e ele poderia ser alvo de hostilidade. Ou seja, o preso de Bragança Paulista já não pertencia mais ao grupo maior dos presos comuns, mas sua situação era instável, pois ele não podia deixar de ser um preso. No geral, o ambiente criado pela APAC parecia fornecer suficiente proteção para que os presos se sentissem confortáveis ao assumirem as regras de conduta daquela unidade, mas não havia garantia absoluta de permanência ali, especialmente se o preso cometesse algum ato infracional. Como os carcereiros pouco intervinham no cotidiano prisional, não havia ocasiões frequentes de confronto, mas elas eventualmente ocorriam e podiam ter como consequência a transferência do preso (determinada, afinal, pelo Delegado ou pelo Juiz). A vida do preso sob a APAC de Bragança Paulista não era livre de tensões, e havia sempre no horizonte a ameaça de morte nas mãos daqueles de quem eles deveriam ser protegidos (IBID., p. 375).*

A APAC existe porque existe o RDD, assim como as prisões humanizadas do governo Montoro existiam em relação direta com o Piranhão. Neste sentido, a política de humanização ultrapassa os limites da gestão de uma unidade e se torna gestão de um complexo carcerário inteiro, onde o funcionamento de uma prisão tem impacto nos de outras prisões, e o que se visa com a gestão é manter um equilíbrio entre distintas modulações de encarceramento, de modo que uma reforce a existência da outra, ainda que por oposição.

São esses três sentidos que conformam a humanização das prisões a que me refiro nesta tese: uma sensibilidade alheia aos encarcerados, uma captura da crítica e da resistência em gestão e uma afirmação, oposta e complementar, do não-humano. Nenhum dos três sentidos é incompatível com uma política de privatização que se anuncia também como humanizadora das prisões, especialmente se a condição ideal para o gestor privado é o gerenciamento de unidades com baixo nível de especificidade de ativos, ou seja, que não demandem muito investimento, algo que, coincidentemente ou não, é compatível com a orientação para construção de prisões menores que se alastrou pelo Brasil no pós-Carandiru.

6.2 GOVERNAMENTALIDADE NEOLIBERAL: "NÃO É PUNIR MENOS, É PUNIR MELHOR"

Em 2010, o Conselho Nacional de Justiça lançou a campanha "não é punir menos, é punir melhor" com uma série de propostas administrativas e legislativas para reformar a justiça criminal (CAMPELLO, 2013, p. 153). Algumas foram perdendo força ao longo dos anos e outras chegaram, efetivamente, ao Congresso Nacional, inclusive, por meio do chamado Pacote Anticrime, reforma aprovada em 2019 (Lei n° 13.964). A ideia geral era que a justiça criminal precisava ganhar eficiência. O conjunto das medidas propostas trazia tanto iniciativas de uma genealogia humanista, como a garantia de voto para presos provisórios, que foi uma das principais bandeiras da gestão Franco Montoro em São Paulo, quanto sugestões de institutos diretamente ligados ao encarceramento em massa nos EUA, como a *plea bargaining*, que é a possibilidade de o Ministério Público negociar a pena com um acusado e que, obviamente, funciona como chantagem para a maior parte da clientela habitual da justiça criminal:

> *Mais de 90% daqueles rotulados como "criminosos" ou "bandidos" não recebem um julgamento ou uma defesa consistente; eles se confessam culpados porque são ameaçados com sentenças mínimas obrigatórias duríssimas caso ousem desafiar suas acusações (ALEXANDER, 2017, p. 20).*

A reunião de propostas de genealogias aparentemente antagônicas num mesmo receituário é a demonstração de uma forma de governar as prisões onde humanizar corresponde a "punir melhor" sem que haja no horizonte a perspectiva de "punir menos", o que, a *contrario sensu*, pode ser lido também como "punir mais". O antagonismo entre humanizar e punir mais, portanto, desapareceu há algum tempo e a fórmula da eficiência parece ser a de fazer termos díspares reagirem uns sobre os outros para produzir, assim, um equilíbrio que é conhecido como gestão. Em outras palavras, para gerir é preciso se contar com variáveis que respondam umas às outras, como uma APAC reage a um presídio de segurança máxima e vice-versa, de maneira a pacificar o sistema prisional pela diversificação de modulações de controle. Neste sentido, busco o conceito de governamentalidade neoliberal para explicar essas articulações entre discursos e práticas de genealogias distintas, às vezes consideradas até incompatíveis, e que, no entanto, convivem em propostas de humanização das prisões e incremento punitivo.

Existem duas grandes dificuldades que se apresentam quando se busca situar uma análise sociológica a partir do conceito de governamentalidade neoliberal. A primeira diz respeito às resistências oferecidas por parte significativa dos sociólogos, e aqui me refiro especialmente aos brasileiros, que defendem fronteiras disciplinares bastantes rígidas e rejeitam conceitos, percursos e experimentações referenciados em outros espaços que não aquele definido como sociologia clássica ou tradicional. Este paradigma remete tanto à tríade teórica durkheimiana, weberiana e marxista, quanto a questões sociais cuja emergência histórica, enquanto objeto de análise, localiza-se entre meados do século XIX e o início do século XX, dentre as quais, o modo de produção da vida material, o tipo de dominação característico das sociedades modernas, as classes ou a estratificação social, e também o controle do crime no contexto da industrialização europeia.

A importância e a fecundidade do paradigma clássico, que se confunde com a própria invenção da sociologia, prescindem de maiores demonstrações, ainda mais num trabalho que pretende se inserir enquanto análise sociológica. No entanto, a resistência apontada ao conceito de governamentalidade atravessou a elaboração desta tese desde o princípio, de forma que me parece importante situá-la. Com frequência, ao mencionar a governamentalidade e apontá-la como chave analítica do objeto de pesquisa, a partir do pensamento de Michel Foucault e outros que seguiram, desdobraram, criticaram e redimensionaram o conceito — David Garland (1997), Nikolas Rose (1999), Elaine Campbell (2011), Pierre Dardot e Christian Laval (2016) — foram feitas objeções de caráter disciplinar que implicavam, no mínimo, em desconfiança quanto ao estrangeirismo epistêmico do conceito.

No entanto, como mostram pesquisas recentes no âmbito das ciências sociais, o conceito de governamentalidade tem se mostrado bastante útil para análises sobre crime, violência, controle social e prisão no Brasil[19]. Estas pesquisas apontam para um deslocamento nas práticas que atravessam o sistema penal (policial, judiciário e penitenciário) e demandam uma compreensão de governo que seja menos instituição e mais funcionamento, menos dominação racional-legal e mais "técnicas e procedimentos destinados a dirigir a conduta dos homens" (FOUCAULT, 2001, p. 994), ou ainda, "o encontro entre as técnicas de dominação exercidas sobre os outros e as técnicas de si" (IBID., p. 1604).

Dentre as várias ultrapassagens que tal concepção de governo permite operar, uma é especialmente significativa para esta tese: a dos próprios marcos foucaultianos de análise da prisão enquanto "instituição de confinamento que, ao punir, disciplina e individualiza os corpos" (GODOI, 2017, p. 15). O tripé disciplina-utilidade-docilização que define o funcionamento prisional em Vigiar e Punir (1999) parece já não explicar a prisão e o espaço que ela ocupa atualmente nas sociedades ocidentais que se caracterizam pelo encarceramento de grandes contingentes populacionais.

> *A prisão aparece aqui também como um espaço poroso no interior de um dispositivo de governo, como uma tecnologia (entre outras) de gestão de populações, de agenciamento e regulação de fluxos (de pessoas, objetos e informações) de condução das condutas, de*

---

19. Em levantamento realizado no final de 2017, a partir da produção apresentada nos encontros anuais da Associação Nacional de Pós-Graduação e Pesquisa em Ciências Sociais (ANPOCS), encontrei, entre os anos de 2011 e 2015, no Grupo de Trabalho Violência, Criminalidade e Punição no Brasil, forte presença dos debates que envolvem o conceito de governamentalidade. Em conjunto, os trabalhos que, de alguma forma, remetem ao pensamento de Michel Foucault, totalizaram mais da metade dos 44 papers analisados.

produção e administração de determinadas formas de vida (...) o desafio que ela coloca é o de administrar grandes agregados populacionais, mais do que disciplinar indivíduos (GODOI, 2017, p. 16).

Desde a emergência do monitoramento eletrônico, passando pelas chamadas facções criminosas, a disseminação do uso do celular, e a incorporação de agentes não-estatais na administração carcerária, a prisão hoje demanda uma noção de governo segundo a qual cada vez mais indivíduos estão implicados na condição de gestores do espaço prisional, uns dos outros, e cada um de si mesmo. Por isso, a governamentalidade — esta maneira muito particular de exercício de poder que pulveriza o controle e retira, da noção de governo, a centralidade institucional — tornou-se um conceito tão mobilizado por pesquisadores das ciências sociais que estudam violência, criminalidade e punição.

O termo "governamentalidade" foi introduzido precisamente para significar as múltiplas formas dessa atividade pela qual homens, que podem ou não pertencer a um governo, buscam conduzir a conduta de outros homens, isto é, governá-los. É certo que o governo, longe de remeter à disciplina para alcançar o mais íntimo do indivíduo, visa na verdade obter um autogoverno do indivíduo (...). Assim, governar é conduzir a conduta dos homens, desde as técnicas de si (...). É nisso que o governo requer liberdade como condição de possibilidade: governar não é governar contra a liberdade ou a despeito da liberdade, mas governar pela liberdade, isto é, agir ativamente no espaço de liberdade dado aos indivíduos para que estes venham a conformar-se por si mesmos a certas normas (DARDOT e LAVAL, 2016, pp. 17-19).

Assim, a opção por utilizar o conceito de governamentalidade ao invés, simplesmente, de governo, explica-se de três maneiras. A primeira é que governo, tradicionalmente, refere-se a uma relação vertical entre governantes e governados, ora do ponto de vista dos primeiros, como aparece tanto em Platão quanto em Maquiavel, ora do ponto de vista dos demais, como se vê em Spinoza e Rousseau (BOBBIO, 2017, pp. 83-84). Enquanto isso, governamentalidade se justapõe à dualidade governantes/governados, relações horizontais e transversais que reforçam, mas também informam, interceptam, desviam e modificam o plano vertical. Neste sentido, Michel Senellart destaca que a governamentalidade não é estrutura, mas "uma racionalidade imanente aos micropoderes" (2008, p. 532) ou, ainda, nas palavras do próprio Foucault, um "campo estratégico de relações de poder, no que elas têm de móvel, de transformável, de reversível" (2001, p. 241). Hoje, ao analisar as múltiplas formas pelas quais indivíduos encarcerados e/ou egressos, suas famílias, advogados, comunidades, dentre outros, estão implicados, lícita ou ilicitamente, no governo das prisões, a relação vertical não é suficiente para explicar a ordem vigente naquele espaço. O paradoxo que parece anunciado pela prisão é exatamente o de um espaço tradicionalmente fechado — em termos materiais, mas também nas leituras que dele são feitas — que demanda, cada vez mais, uma instrumentação analítica com maior abertura. Desta maneira, o sentido mais dilatado que governamentalidade oferece diante da noção de governo retoma, em certa medida, o uso que se fazia deste último até boa parte do século XVIII, e propicia a consideração de variáveis que foram historicamente sendo recortadas e afastadas das análises políticas em sentido estrito, mas que reaparecem reciprocamente implicadas na gestão prisional contemporânea.

> *O elo semântico entre governo (gouverner) e modos de pensamento (mentalité) indica que não é possível estudar as tecnologias de poder sem uma análise da racionalidade política que as sustentam. Foucault usa a noção de governo em um sentido abrangente, orientado em larga medida pelo sentido mais antigo do termo e esboçando a relação íntima entre formas de poder e processos de subjetivação (...). Governo era um termo discutido não apenas em tratados políticos, mas também em textos filosóficos, religiosos, médicos e pedagógicos. Além da gestão do Estado ou pela administração, 'governo' também significava problemas de autocrontrole, orientação para a família e para as crianças, gestão doméstica, direção da alma, e assim por diante (LEMKE, 2017, pp. 195-196).*

Diante disso, a segunda explicação para a utilização de governamentalidade em prejuízo de governo é que este último, na teoria geral do Estado, leva "mais em conta (...) as relações entre os vários órgãos dos quais a constituição solicita o exercício do poder" (BOBBIO, 2017, p. 136). Trata-se, portanto, de um conceito que praticamente se confunde com o de institucionalidade, e se torna bastante limitado para analisar investimentos de controle que se dão sobre fluxos de pessoas, objetos e informações entre a prisão e o meio aberto. A prisão como instituição plástica ou porosa, atravessada por vasos comunicantes que se combinam, muitas vezes, de modo indiscernível, e borram as fronteiras entre legalismos e ilegalismos, coloca o desafio de deslocar um conceito rígido de governo em favor de uma "lógica normativa que rege (...) maneiras de governar em níveis e domínios muito diferentes da vida" e, portanto, é capaz de destacar "o caráter transversal dos modos de poder exercidos no interior de uma sociedade numa mesma época" (DARDOT e LAVAL, 2017, p. 19). A terceira justificativa para o manuseio da noção de governamentalidade se entrecruza com uma segunda dificuldade conceitual, conforme me referi na abertura do capítulo, que é precisar o sentido atribuído a neoliberal ou neoliberalismo no âmbito deste trabalho. Na sociologia, existem basicamente três sentidos que organizam a crítica ao neoliberalismo: como ideologia, como política econômica e como processo de individualização. No primeiro, o neoliberalismo aparece enquanto falseamento da realidade, manipulação do conhecimento, e possuidor de contradições inerentes que se transformam em alvo de crítica com a finalidade de explicitá-las e, assim, trazer à tona a verdade política e social de seu funcionamento. No segundo, ele aparece como "triunfo do capitalismo sobre o Estado" (IBID., p. 200), vitória da globalização sobre as fronteiras nacionais, cuja correção depende de uma retomada civilizatória por meio de novas regulações estatais. Por fim, há ainda a acepção do neoliberalismo enquanto anti-humanismo a ser erradicado por novas demandas de direitos humanos que se pretendem antagônicas ao incremento de dispositivos de coerção.

Seria equivocado dizer que estas críticas não apontam efeitos importantes do neoliberalismo. Porém, elas possuem determinadas limitações que precisam ser observadas. A primeira delas é uma espécie de operação metonímica que destaca um efeito do neoliberalismo e o torna a explicação do todo. Com frequência, o mesmo efeito se torna causa e os demais elementos passam a ser colaterais ou determinados pela variável eleita como determinante. Mas a principal limitação que se pode encontrar em todas estas elaborações é que "elas contam com os próprios conceitos que pretendem criticar. Elas operam opondo conhecimento ao poder; Estado à economia, sujeito à repressão" (IBID., p. 200). Dessa forma, as principais críticas ao neoliberalismo organizam em torno de dualismos que o conceito de governamentalidade pode ajudar a superar, sem negar o que elas têm de pertinente.

O dualismo entre racionalidade e realidade, por exemplo, pressupõe uma razão que transcende as práticas. Assim, parte das análises sobre o neoliberalismo resume-se a identificar o desencontro entre os objetivos programáticos e os efeitos reais da política. Numa espécie de dissociação entre o mundo do discurso e o âmbito da prática, o neoliberalismo torna-se, então, um problema de (im)pureza do programa ou da realidade. O caso das políticas penitenciárias é especialmente significativo. Uma vez neoliberais, a elas são atribuídas, preponderantemente, características retributivas, neutralizadoras e intimidatórias (GARLAND, 2008, p. 376), cujo efeito mais conhecido é o encarceramento em massa (WACQUANTT, 2002, p. 11). No Brasil, o aumento exponencial da população carcerária, que chegou à ordem de 707% entre 1990 e 2016 (BRASIL, 2017b, p. 9), é tomado, portanto, como expressão de uma tendência global iniciada duas décadas antes, nos EUA e na Grã-Bretanha (GARLAND, 2008, pp. 58-59; BATISTA, 2012, p. 27), nos marcos dos governos Reagan e Thatcher. E ainda que este diagnóstico esteja correto, sua limitação pode ser encontrada na dificuldade em explicar o grande encarceramento deste período histórico pelo que ele tem de produtivo, e não apenas pela exclusão, contenção e neutralização da população encarcerada. Como já mostraram alguns sociólogos brasileiros, a prisão contemporânea produz, conforma, organiza — e, portanto, governa — amplos territórios para além dos muros do confinamento. Embora escape ao objetivo deste trabalho, não posso deixar de mencionar o trabalho de Gabriel Feltran no sentido de apontar para a forma como se governam territórios periféricos da cidade a partir da prisão. Em entrevista a Bruno Paes Manso, Feltran explicou:

> *Sinceramente, eu nunca quis estudar violência, crime ou PCC. Sou um pesquisador das periferias urbanas — estudo as transformações desses territórios, as relações com o Estado, os movimentos sociais, associações de bairro, famílias etc. O problema é que a*

> *questão da violência e do crime - e mais recentemente do PCC - atravessou as histórias de vida das pessoas com quem eu convivo em pesquisa. Tenho muitos conhecidos que perderam maridos, filhos, irmãos assassinados nos anos 1990. Outros tantos que vivem de atividades ilícitas e, por vezes, violentas. Não foi possível desviar do tema. E todos eles relataram mudança importante nessa dinâmica a partir da aparição do PCC nos territórios. Isso me interessou e, a certa altura, estava metido nessa discussão mesmo sem querer. Sigo sentindo isso, aliás (MANSO, 2009, p. 154).*

Neste sentido, mesmo as prisões tornadas depósitos de gente e orientadas para neutralizar indivíduos assumem um sentido produtivo. Quando se pensa o neoliberalismo, e a partir deste, a prisão, é necessário levar em consideração os fluxos que não operam somente como um "programa político incoerente" (LEMKE, 2017, p. 204) que produz superlotação carcerária, deficiência de infraestrutura das unidades, mau gerenciamento e condições degradantes de cumprimento de pena. Falar em sentido produtivo e positivo não constitui um juízo de valor, mas busca avançar numa crítica ao neoliberalismo que não se restrinja à falha ou à deficiência programática. No caso das chamadas facções criminosas no Brasil, não são poucos os pesquisadores que as demarcam como efeito de uma série de violências institucionais do sistema carcerário e, ao mesmo tempo, como gestoras da prisão e de comunidades pobres afetadas pelo encarceramento em massa. Nestes espaços, o controle da violência foi terceirizado para além dos contratos das burocracias pertinentes.

> *Com a entrada do PCC (Primeiro Comando da Capital, principal facção criminosa de São Paulo) em Sapopemba, organizando todo o tráfico de drogas e interferindo na organização de outros crimes, tornou-se mais complicado ter uma licença para matar outro "ladrão". É preciso autorização superior, é preciso verificar o desdobramento gerado por ameaças, é preciso saber se outras sanções não adiantam. É preciso, em última instância, participar de um "debate", ou seja, dos julgamentos extralegais e sumários operados por membros de organizações criminosas, sobretudo o PCC. Esse dispositivo, que emula um tribunal legal, com testemunhas de acu-*

> *sação e defesa, "juízes" e "advogados", tem sido utilizado de modo recorrente nas periferias de São Paulo (FELTRAN, 2008, p. 107).*

Já em outro sentido, quando o neoliberalismo é equalizado apenas como expansão da economia sobre a política, opera-se por um raciocínio que implica, de um lado, constatar o avanço do mercado sobre o Estado, e de outro, a correção deste suposto desvio em direção ao incremento de controles e regulamentações estatais. O confronto entre o público-estatal e o privado que se denuncia em favor deste último, no neoliberalismo, registra, de fato, um movimento importante nas sociedades ocidentais, em que uma racionalidade economicista adentrou e transformou domínios tradicionalmente não-econômicos. Como demonstra Foucault, trata-se de um "projeto de analisar, em termos econômicos, tipos de relação que até então pertenciam mais à demografia, à sociologia, à psicologia" (2008a, p. 336). Um destes domínios foi o controle do crime. Desde a publicação de "Crime e punição", em 1968, pelo economista estadunidense Gary Becker, vem se produzindo uma literatura econômica sobre o crime e o criminoso que os qualificam como investimento e investidor, respectivamente: "o criminoso (...) é tratado como qualquer outra pessoa que investe numa ação, que espera lucrar com ela e aceita o risco de uma perda" (IBID., p. 346). Assim, cada vez mais, o controle do crime passou a ser da ordem do equilíbrio em oferta e demanda.

> *Enfim, para deixar as coisas de modo bem simples: vocês têm certas formas de crime ou certas faixas de comportamento criminoso, que cedem muito facilmente a uma modificação ou a uma ligeira intensificação da demanda negativa. Para tomar o exemplo mais corrente: seja uma grande loja em que 20% do faturamento (...) é desviado pelo roubo. É fácil, sem muita despesa de vigilância ou esforço excessivo da lei, suprimir os 10% acima de 10. Entre 5% e 10%, ainda é relativamente fácil. Chegar a reduzir abaixo de 5, aí fica bem difícil, abaixo de 2, etc. (...). A política penal tem por princípio regulador uma simples intervenção no mercado do crime e em relação à oferta de crime. É uma intervenção que limitará a oferta tão somente por uma demanda negativa cujo custo, evidentemente, não deverá superar nunca o custo dessa criminalidade cuja oferta se quer limitar (IBID., pp. 348-350).*

Como segue demonstrando Foucault, este tipo de lógica neoliberal, que calcula o valor do investimento no controle do crime, distribui o *enforcement of law* de maneira desigual entre comportamentos e populações, e decide sobre um nível de criminalidade que deve continuar existindo porque os custos de tentar erradicá-la ultrapassam os prejuízos suportados, trouxe como consequência "a supressão antropológica do criminoso" (IBID., 353). Ou seja, o tipo de intervenção neoliberal sobre o controle do crime progressivamente deslocou a exaustiva intervenção disciplinar sobre o indivíduo para se tornar uma intervenção ambiental, cujo objetivo já não é tanto a normalização geral ou a exclusão do não-normalizável, mas a gestão dos meios que fazem cada variável — pessoas, coisas, discursos, instituições — reagir em relação às demais no sentido de aumentar a superfície de contato entre governo e governados, produzindo uma otimização do nível de pacificação social, algo que também pode ser traduzido como gestão eficiente.

É a partir destas observações e análises que apontam para a expansão da economia sobre a política que se torna também necessário redimensionar o confronto público-estatal versus privado. Não raro, na sociologia das prisões, a chegada do setor empresarial à gestão carcerária, por meio de terceirizações, parcerias público-privadas e outras modalidades de gerenciamento compartilhado, é lida como retração do Estado no exercício do monopólio da violência (DIAS, 2013). No entanto, a pesquisa de campo que realizei no COMPAJAF demonstrou que as relações entre o mercado do encarceramento e o monopólio estatal sobre a violência são consorciais, de benefício mútuo. Não é possível falar de erosão do monopólio estatal da violência a partir da cogestão prisional porque este modelo funciona, em Sergipe, como espelhamento da gestão tradicional, feita exclusivamente pelo Estado. A imagem e o funcionamento do COMPAJAF respondem à imagem e ao funcionamento do COPEMCAN, de maneira que a ameaça de transferência entre as duas unidades é uma constante nos relatos de familiares de presos. Para além disso, como já abordado em capítulos anteriores, a cogestão é uma forma de os agentes do Estado empregarem suas famílias e amigos, o que expande a influência e o controle do próprio Estado por vias informais e relações de confiança. Ter menos unidades geridas exclusivamente pelo Estado, assim, não significa que a presença do estado encolheu, mas que ela se capilarizou, diversificou e ampliou.

> *O conceito de governamentalidade também demonstra ser útil para corrigir o diagnóstico do neoliberalismo como uma expansão da economia na política, que toma como dada a separação entre Estado e mercado. Segundo esse argumento, há alguma economia "pura" ou "anárquica" que será "regulada" ou "civilizada" por uma reação política da sociedade. Mas, como sabemos desde Marx, não há mercado independente do Estado e a economia é sempre economia política. O problema com esse tipo de crítica é que ela partilha do programa (neo)liberal de separação entre política e economia.* ***A perspectiva da governamentalidade torna possível o desenvolvimento de uma forma dinâmica de análise que não se limita a anunciar a "retirada da política" ou a "a dominação do mercado", mas que decifra o assim chamado fim da política em si como um programa político*** *(LEMKE, 2017, p. 204, grifo meu).*

O salto qualitativo que o conceito de governamentalidade permite, portanto, é o de ajustar as análises e críticas ao neoliberalismo sem o dualismo que atribui, necessariamente, aos avanços do mercado, uma progressiva retração do Estado e vice-versa. Trata-se de um conceito que expressa a necessidade de compreender que a redução de algumas dimensões da burocracia estatal pode implicar mais, e não menos, governo. Isto porque a governamentalidade é "ao mesmo tempo interior e exterior ao Estado" (FOUCAULT, 2008a, p. 292), uma vez que se constitui de um conjunto de táticas móveis que estão constantemente redefinindo os já embaçados limites entre público-estatal e privado. Dito de outra forma, a governamentalidade é um instrumento analítico pelo qual se busca inserir o Estado num conjunto de relações de poder que, embora historicamente tenham se concentrado nele, não lhe são redutíveis. A própria prisão, como demonstra um dos aspectos ainda atuais da genealogia de Foucault em Vigiar e Punir, constituiu-se por fora dos projetos e planejamentos dos grandes reformadores do Estado entre os séculos XVIII e XIX para, em seguida, desempenhar papel fundamental na organização e exploração da força de trabalho.

Neste trabalho, a análise da governamentalidade está comprometida e atravessada pela perspectiva histórico-política de não tomar as experiências locais como mero efeito ou eco de experiências estrangeiras. O que se busca não é somente entender como os movimentos globais de controle do crime e encarceramento informam a experiência brasileira e sergipana, mas sobretudo, como os processos locais podem ser igualmente elucidativos e produtores de tecnologias e dispositivos de poder que articulam esta governamentalidade. Digo isto porque é relativamente comum encontrarmos análises sobre as mutações na economia política das prisões brasileiras que se referem à privatização como transposição de uma realidade estadunidense (MINHOTO, 2000) ou à disciplina como imitação da sociabilidade francesa (RAMALHO, 2002). Esta observação se impõe porque a análise dos dualismos que faço aqui — conhecimento versus poder; mercado versus Estado; liberdade versus coerção — implica no reconhecimento de que a governamentalidade neoliberal na periferia do capitalismo não repete, necessariamente, os mesmos movimentos "do norte" ou "do centro".

Um exemplo das diferenças destes movimentos pode ser observado quando se confronta uma das principais teses de Loïc Wacquant acerca da expansão do encarceramento nos EUA e a realidade brasileira. Em linhas gerais, Wacquant demonstra que o *boom* das prisões nos EUA, entre as décadas de 1970 e 1990, esteve diretamente relacionado ao declínio de políticas sociais de caráter previdenciário e/ou assistencial.

> *A destruição deliberada do Estado social e a hipertrofia súbita do Estado penal transatlântico no curso do último quarto de século são dois desenvolvimentos concomitantes e complementares (...). Desenha-se assim a figura de uma formação política de um tipo novo, espécie de "Estado centauro", com cabeça liberal sobre corpo autoritário, que aplica a doutrina do "laissez faire, laissez passer" ao tratar das desigualdades sociais, mas que se revela brutalmente paternalista e punitivo quando se trata de assumir as consequências (2001, p. 55).*

No Brasil, observando-se o conjunto de dados consolidados pelo Ministério da Justiça, verifica-se que o período de ascensão, sem precedentes históricos, da curva de encarceramento se iniciou por volta dos anos 2000 e, até a presente data, não deu sinais de declínio. Durante este intervalo, de quase duas décadas, o país passou por períodos de redução da taxa de desemprego, aumento do valor real do salário-mínimo, expansão de programas assistenciais, abertura de vagas em universidades públicas, dentre outros incrementos de políticas sociais e de redução das desigualdades (CARVALHO, 2018). Uma vez que foge aos objetivos deste trabalho debater os limites, ou mesmo a existência, de um *welfare state* na história do Brasil, restrinjo-me apenas a apontar que aqui, os arranjos entre "providência" e "penitência" — para utilizar os termos do próprio Wacquant (2001) — não são, necessariamente, inversos proporcionais.

Por fim, a terceira das dualidades mais recorrentes na crítica ao neoliberalismo é a que pretende decifrá-lo como desumanizador, ao opor liberdade e coerção, sujeito e repressão. Como analisa o filósofo Byung-Chul Han, no entanto, a superação da sociedade disciplinar pensada por Foucault ocorre também no regime da liberdade individual. Han afirma que a obediência foi parcialmente substituída pelo paradigma do desempenho, a partir do qual liberdade e coerção coincidem. O sujeito contemporâneo se entrega "à liberdade coercitiva ou à livre coerção de maximizar o desempenho" (2017, p. 29). É neste sentido que alguns economistas, seguindo as proposições de Gary Becker, desenvolveram a teoria do capital humano, que consiste em uma transformação substancial de um dos fatores de produção que baseava as elaborações da economia clássica. E este fato é, precisamente, o trabalho.

De acordo com a teoria do capital humano, o trabalho não pode ser pensado apenas em termos de horas trabalhadas, mas como um conjunto de desempenho e competências. Assim, o trabalhador deixa de ser alguém que recebe um salário pelo tempo despendido na produção, para se tornar um capital que produz renda. O conjunto de suas características pessoais — força, grau de instrução, habilidades técnicas — formam uma espécie de equipamento que produz mais ou menos, melhor ou pior, sujeito às oscilações do tempo de uso, ou seja, do início do seu ciclo produtivo ao declínio, da juventude à velhice, que também fazem variar a sua renda. Com esta fórmula, o trabalhador se transforma em empresário de si mesmo, também conhecido como empreendedor

(FOUCAULT, 2008b, p. 315). Não à toa, sua vida se transforma em investimento, mesmo quando não está estritamente trabalhando: dos cuidados com a saúde ao tempo dedicado a processos de educação, seus gastos com viagens, cursos de idiomas, aquisição de bens de consumo (celulares, computadores, etc.). Esta operação que transforma a relação capital-trabalho em capital-capital-humano produz significativas mudanças nas relações entre liberdade e coerção.

> *O excesso de trabalho e desempenho agudiza-se numa autoexploração. Essa é mais eficiente que uma exploração do outro, pois caminha de mãos dadas com o sentimento de liberdade. O explorador é ao mesmo tempo o explorado. Agressor e vítima não podem mais ser distinguidos. Essa autorreferencialidade gera uma liberdade paradoxal que, em virtude das estruturas coercitivas que lhe são inerentes, se transforma em violência (HAN, 2017, p. 29).*

O encontro entre dominação e tecnologias de si, ou autorregulação, é um dos meios pelos quais a governamentalidade neoliberal também opera e "não somente por intervenção direta de aparelhos de Estado incumbidos ou especializados" (LEMKE, 2017, p. 206). O indivíduo empreendedor-de-si é também um sujeito responsável por riscos sociais como desemprego, miséria, fome, afinal, tudo depende do seu próprio desempenho e investimento. Han caracteriza este processo histórico pelo excesso de positividade, uma produção constante, contínua, e inesgotável que, entretanto, produz indivíduos esgotados e sofrimentos psíquicos variados, com destaque para a depressão.

> *(...) A depressão se esquiva de todo e qualquer esquema imunológico. Ela irrompe no momento em que o sujeito de desempenho não pode mais poder. Ela é de princípio um cansaço de fazer e de poder. A lamúria do indivíduo depressivo de que nada é possível só se torna possível numa sociedade que crê que nada é impossível. Não-mais-poder-poder leva a uma autoacusação destrutiva e a uma autoagressão. O sujeito de desempenho encontra-se em guerra consigo mesmo. O depressivo é o inválido dessa guerra internalizada. A depressão é o adoecimento de uma sociedade que sofre sob o excesso de positividade (HAN, 2017, p. 29).*

Neste sentido, também Judith Butler (2018) aponta o neoliberalismo como um conjunto moral de prescrições. Trata-se de uma dimensão da governamentalidade que quanto mais reduz as possibilidades de emancipação material dos sujeitos, mais produz uma sensação individual de fracasso.

> *A racionalidade neoliberal exige a autossuficiência como uma ideia moral, ao mesmo tempo que as formas neoliberais de poder trabalham para destruir essa possibilidade no nível econômico, estabelecendo todos os membros da população como potencial ou realmente precários, usando até mesmo a ameaça sempre presente da precariedade para justificar sua acentuada regulação do espaço público e a sua desregulação da expansão do mercado (BUTLER, 2018, p. 20).*

Elaine Campbell, ao analisar as políticas de segurança no Reino Unido, mostra que os limites entre público e privado estão sendo redimensionados, não apenas pela governamentalidade enquanto conjunto de estratégias "empresariais e competitivas, de indivíduos autônomos que exercitam racionalidade econômica, política e social" (2011, p. 44), mas pela produção de novos afetos. Desta forma, a autora cunhou a expressão "emocionalidade governamental" em justaposição à "racionalidade governamental" (IBID., p. 54). Embora o recurso à subjetividade não seja novo como instância de legitimação de governo, Campbell afirma que o domínio afetivo da confiança se tornou lugar-chave de investimento político. Tal domínio é menos uma questão de "confiança nas instituições" e mais um problema de autogoverno. O sujeito dessa governamentalidade é, ao mesmo tempo, autoconfiante e confiável, ou seja, individualmente responsável pela sua própria condição de existência e pela comunidade (IBID., p. 66).

As prisões não ficam imunes a este ponto de inflexão. Na década de 1990, Garland já fazia referência ao programa Personal Development File, gestado em prisões escocesas, a partir da máxima "treinando para a liberdade", onde o preso se torna um "empreendedor de seu desenvolvimento pessoal" (1997, p. 191). Mais de uma década depois, esta tendência a conceber o preso como gestor de sua própria pena parece ter sido reforçada, como mostra Dario Malventi, na Espanha, com o projeto Unidades Terapéuticas y Educativas (UTEs), no qual os apenados se comprometem, por meio de um "contrato terapêutico", a zelar para que a prisão se mantenha livre de drogas e violência (GODOI, 2017, p. 32). No Brasil, o exemplo mais próximo dessa compreensão empreendedora do apenado são as APACs, já mencionadas anteriormente.

> *Dentro do funcionamento institucional e da estrutura organizacional das APACs, aos recuperandos e recuperandas lhes é conferido o papel da custódia direta sobre a população presa, à qual pertencem. Para tanto, existe a figura dos denominados Conselhos de Sinceridade e Solidariedade (CSS), que atuam como órgãos auxiliares da administração da APAC e, cuja função é a de fazer cumprir as determinações oficiais de disciplina e controle, com base e a favor das regras da entidade. Em outras palavras, aos presos, dentro das APACs lhes é assignado o papel de polícias e de vigias dos outros presos (VARGAS, 2011, p. 89).*

O que Vargas chama de "desestruturação da lógica da prisão comum" pode ser questionado de várias formas, mas chamo a atenção para as formas pelas quais se reacomoda a oposição entre liberdade e coerção. A disciplina, o controle, a vigilância e a obediência não desaparecem (IBID., p. 225) no exercício desta governamentalidade. Pelo contrário, são forças que se dispersam e produzem subjetividades de modo a tornar praticamente indiscernível quem governa e quem é governado. É preciso demarcar, por conseguinte, que os investimentos em autoestima, confiança, responsabilidade individual se inscrevem na ordem dos processos de humanização e, ao mesmo tempo, de expansão dos encarceramentos. Tanto a questão do autogoverno, através de investimentos em responsabilidade individual/autoestima/confiança, como acontece nas APACs, quanto o amplo programa de reforma das instituições carcerárias pós-Carandiru, são exemplos de que a governamentalidade neoliberal não pode ser compreendida como "projeto desumanizador", que atende exclusivamente a demandas de incremento da coerção, repressão e neutralização de determinados grupos sociais. A própria expansão do sistema carcerário brasileiro foi, em muitos momentos, gestada, acionada e protagonizada pelo discurso que se colocava como barreira de contenção da violência de Estado.

O conceito de governamentalidade neoliberal, portanto, é uma ferramenta analítica que possibilita ultrapassar os dualismos — conhecimento versus ideologia; Estado versus mercado; coação versus liberdade — que frequentemente organizam as análises sobre o neoliberalismo. É pela governamentalidade que considero possível tomar o neoliberalismo como "lógica normativa global" (DARDOT e LAVAL, 2016, p. 14), ou mais precisamente, "razão do capitalismo contemporâneo, de um capitalismo desimpedido de suas referências arcaizantes e plenamente assumido como construção histórica e norma geral da vida" (IBID., p. 17).

A partir desta concepção de governamentalidade neoliberal, é possível pensar a privatização como uma nova fase do grande projeto humanista inacabado que é a prisão. Isso significa admitir que o setor privado pode melhorar uma série de itens da chamada hotelaria — uniformes, higiene, alimentação —- e, com isso, assumir um discurso de humanização das prisões. Importante frisar que se trata de uma possibilidade e não de uma relação obrigatória. O que digo não é que privatizar humaniza — esse é o discurso do setor privado. Mas que é possível, em determinados contextos, que prisões sob gestão empresarial apresentem índices de hotelaria e assistência (médica, jurídica, odontológica) melhores que os da gestão exclusivamente estatal. Quando isso ocorre, como é o caso do COMPAJAF no período que estive em campo, é porque o que se entende por humanização progressivamente deixou de ser uma pauta de enfrentamento à tortura do cárcere para se tornar uma forma de geri-lo. Uma vez transformada em plano de gestão, a humanização é executável pelos gestores privados. Isso também não significa que todo o conjunto prisional local ou nacional vai ser privatizado. Esta humanização só funciona na medida em que existem as unidades gerenciadas apenas pelo Estado para servir de comparação e espelhamento. Ou seja, em termos de governamentalidade neoliberal, a pacificação das prisões, hoje, depende dessa diversificação dos gestores prisionais reagindo uns sobre os outros: estatais, privados, não-governamentais. No caso da gestão privada em Sergipe, parte do discurso que a justifica vem da comparação com uma unidade especificamente degradada, o COPEMCAN, lugar reiteradamente apresentado como "preferência" dos presos que "nasceram para aquilo".

Cabe dizer, então, que essa possibilidade de assepsia do encarceramento produzida pelo setor privado pode ser lida em semelhança à assepsia dos suplícios, a partir do século XVIII. Após décadas de reformas, situadas desde 1984, com a Lei de Execução Penal, até a construção do festejado sistema penitenciário federal, em 2006 (cujas primeiras denúncias de "corrupção" datam de junho de 2021, enquanto escrevo esta tese), centenas de imagens de corpos perfurados, decepados, ensanguentados, empilhados chegaram às televisões e/ou redes sociais: Carandiru, em São Paulo (1992); Urso Branco, em Rondônia (2002); Pedrinhas, no Maranhão (2010); Alcaçuz, no Rio Grande do Norte (2017); CRR de Altamira, no Pará (2019) — são apenas alguns exemplos do que feriu a sensibilidade dos que habitam o exterior da prisão. Esses acontecimentos, onde a crueldade do encarceramento aparece incontornável, demandam humanização, isto é, um conjunto de medidas para impedir que as reiteradas torturas do cárcere avolumem-se a ponto de transbordar os muros e chegar às casas dos homens livres.

Esse conjunto de medidas para humanização não é incompatível com a cogestão ou terceirização das prisões. Isso não quer dizer que entre os massacres prisionais citados acima não esteja o do COMPAJ, no Amazonas, em 2017, numa unidade terceirizada. Mas como já analisado anteriormente, as unidades terceirizadas agem e reagem a partir do conjunto prisional onde estão inseridas, de forma que apresentar aspectos humanizados ou não depende de uma série de fatores locais e também conjunturais. O que é importante afirmar é que não se trata de uma impossibilidade, ou de simples mentira, a humanização da prisão feita pelo setor privado, quando o assunto é gestão. Trata-se de uma nova dimensão do encarceramento em que demandas como higiene, alimentação e assistência médica são melhoradas em relação a outras prisões, aliviando a pressão sobre o sistema, garantindo lucratividade e, o mais importante, obstruindo demandas por desencarceramento. A governamentalidade neoliberal sobre a prisão consiste exatamente em mobilizar demandas humanistas como variáveis de estabilização de um sistema que vive em crise permanente.

VII

CONSIDERAÇÕES FINAIS

NO FINAL dos anos 1990, o criminólogo e abolicionista penal Nils Christie, ao analisar a emergência de um gigantesco mercado do encarceramento nos EUA, disse:

> *A esta altura, já devo estar sendo óbvio, por isso vou ser breve: prisões significam dinheiro. Muito dinheiro. Em construções, em equipamentos e em administração. Isto é assim independentemente de se tratar de prisões privadas ou públicas. As empresas privadas estão envolvidas de uma ou outra forma em todos os sistemas ocidentais (CHRISTIE, 1998, p. 101).*

Retornar às palavras de Christie é importante para dar a dimensão de que o mercado do encarceramento não começou com empresas gerenciando as prisões, mas com uma série de empreiteiras, fornecedores de alimentação, postos de trabalho dentro das unidades prisionais, fabricantes de fardamento e de instrumentos de segurança, dentre outras apropriações lucrativas sobre a privação de liberdade. Então, é preciso dizer que prisões dão lucro, não importa se são administradas exclusivamente pelo Estado ou por empresas, e esse lucro atravessa as planilhas e os limites da legalidade.

Em Sergipe, é comum se ouvir dos familiares de pessoas privadas de liberdade o quão caro custa manter seus entes queridos numa unidade prisional. Este é um bom exemplo de que a privatização não se limita a contratos e editais. Em quase todas as prisões sergipanas, a família de uma pessoa presa fornece a alimentação, o vestuário, os medicamentos, os produtos de limpeza e precisa até mesmo pagar um valor pela pedra — assento em beliche de cimento que fica localizado dentro das celas — para que um pai, companheiro, filho, avô, dentre outros, tenha onde dormir.

Assim, não se pode dizer que foi somente a partir do final da década de 1990, quando começaram a surgir as primeiras unidades prisionais administradas por empresas no Brasil, que a extração de lucro sobre o encarceramento começou. Afinal, o quão lucrativo foi para o Estado e seus agentes que familiares de presos assumissem o ônus da subsistência dos encarcerados? Quantas outras prisões foram construídas com esse lucro?

No Complexo Penitenciário Advogado Antônio Jacinto Filho (COMPAJAF), em Aracaju, gerido pela empresa Reviver Administração Prisional Eireli, as famílias já não levam seus jumbos. É proibida a entrada de itens de alimentação, vestuário, higiene, dentre outros, já que a empresa os fornece aos presos. De um lado, isso significa que o lucro foi exposto em uma planilha: o Estado paga um valor fixo mensal à empresa para que ela possa cobrir essas despesas e se expandir no mercado. De outro lado, onerou as famílias com valores exorbitantes de itens proibidos como cigarro, biscoito recheado ou celular, e que entram na unidade não obstante a proibição.

A lucratividade de uma prisão privatizada, frequentemente, é mais complexa do que se é possível supor. É comum que casos como os ocorridos há menos de cinco anos em Manaus (AM), de massacres dentro de unidades privatizadas, cujas instalações são insalubres e o fornecimento de itens básicos de sobrevivência é insuficiente, chamem a atenção do público. A ideia de que a empresa gestora lucra em cima da precarização das condições do encarceramento é facilmente verificável em situações desse tipo. No entanto, esta não é a única forma de atuação do setor privado na gestão prisional e é sobre isto que me debrucei neste trabalho.

É possível à iniciativa privada melhorar o fornecimento daquilo que, cruelmente, é chamado de hotelaria (refeições, vestuário, etc.), assim como apresentar indicadores de gestão de assistência social e médica superiores à gestão estatal. Em outras palavras, o setor privado pode atuar conforme o que historicamente foi construído pelas demandas de humanização das prisões. A higienização da prisão, no entanto, não tem o condão de reverter sua característica fundante: trata-se de tortura. Neste sentido, a prisão é inumanizável, ou ainda, é um processo de humanização sempre inacabado.

> *É irônico que a prisão tenha sido um produto de esforços coordenados de reformadores no sentido de criar um melhor sistema de punição. Se as palavras "reforma prisional" saem com tanta faci-*

lidade de nossos lábios, é porque prisão e reforma estão indissociavelmente ligadas desde o início do emprego do encarceramento como o principal meio de punir aqueles que violam as normas sociais. Como já indiquei, as origens da prisão remontam à Revolução Americana e, portanto, à resistência ao poder colonial britânico. Hoje isso pode parecer irônico, mas o encarceramento em uma penitenciária era considerado algo humano (DAVIS, 2020, p. 43).

Mais do que isso, como diversos intelectuais já apontaram, a prisão é uma instituição do projeto genocida do Estado brasileiro contra populações negras, indígenas e periféricas. Quem é trancafiado são aqueles e aquelas que, primeiramente, já não correspondem ao que a filosofia moderna ocidental chamou de sujeito. O princípio básico da tortura é a objetificação do outro. Servir três ou quatro refeições por dia e, com isso, subtrair do paladar os sabores e temperos da comida caseira, é apenas um exemplo do estreitamento dos sentidos que essa objetificação opera. Não à toa, no COMPAJAF, quando a administração libera a entrada de bolos para os aniversariantes do mês, familiares se atropelam nas filas, já que apenas uma quantidade pré-definida dos quitutes é permitida, os cinco ou dez primeiros a chegarem aos portões. Assim, quando digo que a iniciativa privada pode oferecer hotelaria e assistência social, não estou apontando um modelo melhor de encarceramento, mas uma forma de gestão mais eficiente da tortura.

De todo modo, o que foi exposto é suficiente para demonstrar como o funcionamento ordinário e intestino do sistema de justiça criminal é plasmado por violência e práticas "torturantes". Esse conjunto muito diverso e naturalizado de expedientes violentos cria e sustenta uma atmosfera propícia para a eclosão de episódios de tortura propriamente dita, tal como definida na legislação brasileira e nos tratados internacionais – ele é sua condição de possibilidade (GODOI, 2017, p. 124).

De volta à questão do lucro, no caso do COMPAJAF, há um sistema de recrutamento de trabalhadores e trabalhadoras para a iniciativa privada que entre os entrevistados foi chamado de questão da confiança. Os policiais penais, os integrantes da SEJUC, os próprios funcionários da Reviver, costumam indicar parentes e amigos para ocuparem postos de trabalho na prisão. Trata-se de uma forma de contratação menos onerosa que um concurso público, com todas as obrigações a que têm direito, os servidores estatutários. Ao mesmo tempo, cria-se um ambiente estável e resistente a denúncias de quaisquer tipos, inclusive, de tortura. Por sua vez, a empresa garante não apenas novos contratos, e portanto, mais lucro, como também o empenho dos próprios policiais penais em recrutarem seus colegas com melhor desempenho funcional para serem lotados na cogestão. Todo esse arranjo envolve variadas faixas de lucratividade e sujeitos que se beneficiam delas.

A cogestão prisional, portanto, esta forma de gerenciamento que combina a presença de um efetivo reduzido de policiais penais na unidade com um grande contingente de trabalhadores terceirizados, e que é a principal forma de privatização das prisões em Sergipe e no Brasil, pode envolver indicadores de gestão superiores ou não aos das unidades de administração exclusivamente estatal, pois existem várias maneiras de lucrar em cima da privação de liberdade. No COMPAJAF, inclusive, a contratação dos próprios presos para desempenhar os trabalhos da lavanderia ou da distribuição de itens de higiene pessoal por uma remuneração inferior ao salário-mínimo, como permitido pela LEP, é outra forma de extrair lucro do encarceramento.

De certa forma, o que posso afirmar, a partir da pesquisa de campo, é que, se a humanização das prisões um dia foi sinônimo de resistência ao encarceramento, hoje é uma forma de gestão. Nesta forma de gestão, o setor privado está apto a cumprir determinados indicadores, como demonstrei ao longo da tese. Chegar em uma unidade prisional privatizada e encontrar suas instalações limpas já não pode causar surpresa. Assim como o suplício foi um dia higienizado pela prisão, a privatização pode higienizar o encarceramento e, com isso, torná-lo palatável à sensibilidade de quem, de fato, detém a condição de Humano, ou seja, as pessoas que não estão presas e praticamente não correm risco de um dia o serem.

Como deixou claro o pequeno Guilherme, de 4 anos, enquanto eu entrevistava sua mãe, a melhor prisão é sair da prisão. Todas as métricas de humanização das prisões, sejam elas estatais ou privadas, vieram abaixo diante das entrevistas com familiares de presos. O reconhecimento de que uma rotina ou outra possa ter facilitado alguma coisa no cotidiano de seus parentes aprisionados não implicou, em momento algum, na preferência por uma unidade prisional, mesmo quando é admitido que já não se precisa carregar o peso do jumbo. Fatores como o controle do tempo e das atividades possíveis dentro da prisão foram colocados pelas entrevistadas como mais importantes do que o fardamento limpo. Disto, emergiu uma outra característica muito importante da gestão privatizada do COMPAJAF: a imposição da disciplina.

Dentro do que o setor privado anuncia como humanização das prisões está embutida, necessariamente, uma certa retomada das unidades prisionais que, desde a extinta CDA, são controladas pelos próprios presos, responsáveis pelas atividades lúdicas, pelo comércio, pela resolução de disputas internas entre eles. Em algumas unidades, como o COPEMCAN, os policiais penais entrevistados reclamaram que sequer conseguem entrar nos pavilhões e isto, para eles, é um diferencial qualitativo da gestão privatizada — o controle sobre a cadeia. O aparato de vigilância, com suas câmeras e efetivo pessoal, caracterizam, assim, o que o agente da Pastoral Carcerária em Sergipe verbalizou como "ali a prisão é prisão mesmo".

Essa combinação de humanização e rigor disciplinar que fez do COMPAJAF, supostamente, um modelo a ser seguido, aponta, não para o desaparecimento da gestão exclusivamente estatal de unidades consideradas problemáticas como o COPEMCAN, mas para uma estratégia de governamentalidade neoliberal em que formas de gestão prisional distintas coabitam no sistema carcerário sergipano e reagem umas sobre as outras, de forma a ampliar a capacidade de encarceramento no estado. Nas análises dos defensores da cogestão apresentadas na tese, tal propósito é explícito. Se nem sempre é assim que o projeto ideal da privatização se realiza (como nenhum projeto o faz), é necessário notar para onde ele aponta. Há décadas que os idealizadores da cogestão insistem que o avanço desse modelo de privatização deve ser feito sobre unidades de médio e pequeno porte, reservando ao Estado o gerenciamento das prisões mais problemáticas, de acordo com a "periculosidade" de quem está encarcerado.

A privatização do sistema carcerário é, indubitavelmente, um projeto expansionista. O setor privado, no entanto, é menos concorrente e mais sócio do Estado no exercício da governamentalidade a partir das prisões. Embora este trabalho se restrinja à análise de uma forma de gestão compartilhada das prisões, é possível que a cogestão ofereça pistas sobre o neoliberalismo como estratégia de governo. Muitas vezes, a chegada do setor privado ao encarceramento é lida como retração do Estado em favor do Mercado. Porém, ao analisar o funcionamento do COMPAJAF, o que encontrei foram relações de reciprocidade entre o estatal e o privado que possibilitam o fortalecimento e a distensão de ambos às custas de populações com características bastante específicas: negras, indígenas, pobres, periféricas, com baixa escolaridade e muito jovens. O consórcio Estado-mercado mantém como cláusula pétrea, necessária à expansão dos parceiros, que a prisão funcione como dispositivo

> *(...) assimétrico, assentado numa herança escravocrata, que tem por base a expropriação material e simbólica do segmento negro, associado ao caráter desumanizador inerente à esse tipo de estrutura, que confere o livre acesso à corporalidade negra são, portanto, os elementos que dão coerência à metodologia truculenta e assassínia do empreendimento penal no Brasil" (FLAUZINA, 2017, p. 135).*

Talvez por isso, o discurso empresarial, mas também os discursos que compõem as demandas por direitos humanos no Brasil, sempre se refiram à humanização das prisões: suas instalações, vagas, higiene, efetivo de carcereiros, aparato de vigilância, rotinas. Postas todas essas questões, que são problemas de gestão (pública, privada ou compartilhada), ou seja, de como manter um certo equilíbrio em um sistema que se estrutura pela crise, resta saber se é possível humanizar os presos. Em que medida seria possível manter em inflição reiterada de dor (tortura) pessoas às quais reconhecêssemos compartilhar conosco uma condição humana? Haveria ainda prisão possível?

REFERÊNCIAS

ADORNO, Sérgio. Monopólio estatal da violência na sociedade brasileira contemporânea. In: MICELI, Sergio (Org.). **O que ler na ciência social brasileira 1970-2002**. v. 4. São Paulo: Editora Sumaré/ANPOCS, 2002.

ADORNO, Sérgio; DIAS, Camila Articulação entre o mundo interno e externo às instituições prisionais: questões para a construção de um novo paradigma no domínio da sociologia das prisões. In: ENCONTRO ANUAL DA ANPOCS, 39., 2013, Caxambu. **Anais...** Caxambu: ANPOCS.. Disponível em: http://anpocs.org/index.php/papers-37- encontro/st/st28. Acesso em: 09.abr.2018.

AGAMBEN, Giorgio. **O que é o contemporâneo?** E outros ensaios. Chapecó/SC: Argos, 2009.

ALEXANDER, Michelle. **A nova segregação:** racismo e encarceramento em massa. São Paulo: Boitempo, 2017.

ALVAREZ, Marcos César; GAUTO, Maitê; SALLA, Fernando. A contribuição de David Garland: a sociologia da punição. In: **Tempo Social.** Revista de Sociologia da USP, v. 18, n. 1, São Paulo: USP, 2006, p. 329-350.

ANDRADE, Vera Regina. A soberania patriarcal: o sistema de justiça criminal no tratamento da violência sexual contra a mulher. In: **Revista Sequência**, n. 50, Florianópolis: UFSC, p. 71-102, 2005.

ARANTES, Paulo. **O novo tempo do mundo e outros estudos sobre a era da emergência** [recurso eletrônico]. São Paulo: Boitempo, 2014.

BARATTA, Alessandro. **Criminologia crítica e crítica do direito pena: introdução à sociologia do direito penal.** Rio de Janeiro: Revan, 2013.

BARBOSA, Antônio Rafael. **Prender e dar fuga:** biopolítica, tráfico de drogas e sistema penitenciário no Rio de Janeiro. 2005. Tese (Doutorado em Antropologia Social) – Museu Nacional, Universidade Federal do Rio de Janeiro, Rio de Janeiro, 2005.

BASTOS, Douglas de Assis. **Limites constitucionais e impactos político-criminais da privatização prisional: uma análise da cogestão do Presídio do Agreste-AL.** 2018. Dissertação (Mestrado em Direito Público) – Faculdade de Direito de Alagoas, Universidade Federal de Alagoas, Maceió, 2018.

BATISTA, Vera Malaguti. **Difíceis Ganhos Fáceis:** Drogas e Juventude Pobre no Rio de Janeiro. Rio de Janeiro: Revan/ICC, 2003.

BATISTA, Vera Malaguti. Adesão subjetiva à barbárie. In: BATISTA, Vera Malaguti. (Org.). **Loïc Wacquant e a questão penal no capitalismo neoliberal.** Rio de Janeiro: Revan, 2012.

BIONDI, Karina. **Junto e misturado:** uma etnografia do PCC. São Paulo: Terceiro Nome, 2010.

BOBBIO, Norberto. **Estado, governo e sociedade:** para uma teoria geral da política. Rio de Janeiro: 90 ed. Paz e Terra, 2017.

BOURDIEU, Pierre. A Ilusão Biográfica. In: BOURDIEU, Pierre. **Razões práticas: sobre a teoria da ação.** Campinas: Papirus, 2008. p. 74-82.

BOURDIEU, Pierre.; CHAMBOREDON, Jean-Claude; PASSERON, Jean-Claude. **Ofício de Sociólogo:** metodologia da pesquisa na sociologia. Petrópolis, RJ: Vozes, 2010.

BRAGA, Célia Maria Leal. **Crime e Sociedade:** o diagnóstico de uma situação. Salvador: Universidade Federal da Bahia (Mimeo), 1973.

BRASIL. Constituição (1988). **Constituição da República Federativa do Brasil de 1988.** Brasília, DF: Presidência da República. Disponível em: http://www.planalto.gov.br/ccivil_03/constituicao/constituicao.htm. Acesso em: 23 jul. 21.

BRASIL. **Lei n° 7.210, de 11 de Julho de 1984.** Institui a Lei de Execução Penal. Brasília, DF: Presidência da República, 1984. Disponível em: http://www.planalto.gov.br/ccivil_03/leis/l7210.htm. Acesso em: 23 jul. 21.

BRASIL. **Lei n° 8.666, de 21 de Junho de 1993.** Regulamenta o art. 37, inciso XXI, da Constituição Federal, institui normas para licitações e contratos da Administração Pública e dá outras providências. Brasília, DF: Presidência da República, 1993. Disponível em: http://www.planalto.gov.br/ccivil_03/leis/l8666cons.htm. Acesso em: 23 jul. 21.

BRASIL. **Lei n° 11.079, de 30 de Dezembro de 2004.** Institui normas gerais para licitação e contratação de parceria público-privada no âmbito da administração pública. Brasília, DF: Presidência da República, 2004. Disponível em: http://www.planalto.gov.br/ccivil_03/_ato2004-2006/2004/lei/l11079.htm. Acesso em: 23 jul. 21.

BRASIL. **Lei n° 12.527, de 18 de Novembro de 2018.** Regula o acesso a informações previsto no inciso XXXIII do art. 5° , no inciso II do § 3° do art. 37 e no § 2° do art. 216 da Constituição Federal; altera a Lei nº 8.112, de 11 de dezembro de 1990; revoga a Lei nº 11.111, de 5 de maio de 2005, e dispositivos da Lei nº 8.159, de 8 de janeiro de 1991; e dá outras providências. Brasília, DF: Presidência da República, 2018. Disponível em: http://www.planalto.gov.br/ccivil_03/_ato2011- 2014/2011/lei/l12527.htm. Acesso em: 23 jul. 21.

BRASIL. **Lei n° 13.964 de 24 de Dezembro de 2019.** Aperfeiçoa a legislação penal e processual penal. Brasília, DF: Presidência da República, 2019. Disponível em: http://www.planalto.gov.br/ccivil_03/_ato2019-2022/2019/lei/L13964.htm. Acesso em: 23 jul. 21.

BRASIL. Ministério da Justiça. **Diretrizes básicas para arquitetura penal.** Brasília: MJ-DEPEN, 2011. Disponível em: http://www.criminal.mppr.mp.br/arquivos/File/ExecucaoPenal/CNPCP/2011Diretrizes_ArquiteturaPenal_resolucao_09_11_CNPCP. pdf. Acesso em 06 ago. 2018.

BRASIL. Ministério da Justiça e da Cidadania. Conselho Nacional de Política Criminal e Penitenciária. **Resolução n° 05, de 25 de novembro de 2016.** Dispõe sobre os indicadores para fixação de lotação máxima nos estabelecimentos penais numerus clausus.Brasília: CNPCP/MJ, 2016. Disponível em: https://www.gov.br/depen/pt-br/composicao/cnpcp/resolucoes/2016/resolucao-no-4-de-25-agosto-de-2016#:~:text=3o%20Delegar%20poderes%20ao%20dirigente,09%2C%20de%2018%20de%20novembro. Acesso em 10 jul. 2021.

BRASIL. Câmara dos Deputados. Comissão Parlamentar de Inquérito. **Relatório final da CPI do Sistema Carcerário Brasileiro. Brasília:** Edições Câmara, 2017a. Disponível em: https://bd.camara.leg.br/bd/handle/bdcamara /31899. Acesso em 10 jul. de 2021.

BRASIL. Ministério da Justiça e Segurança Pública. **Levantamento nacional de informações penitenciárias: INFOPEN** Atualização – junho de 2016. Brasília: MJSP, 2017b.

BRASIL. Ministério da Justiça e Segurança Pública. **Levantamento nacional de informações penitenciárias: INFOPEN** Atualização – dezembro de 2016. Brasília: MJSP, 2018.

BRASIL. Ministério da Justiça e Segurança Pública. **Outros painéis interativos.** Brasília: MJSP, 2021. Disponível em: https://www.gov.br/depen/pt-br/sisdepen/mais- informacoes. Acesso em 10 jul. 2021.

BUTLER, Judith. **Corpos em aliança e a política das ruas:** notas para uma teoria performativa da assembleia. Rio de Janeiro: Civilização brasileira, 2018.

CABRAL, Sandro. **"Além das grades": uma análise comparada das modalidades de gestão no sistema prisional.** 2006. Tese (Doutorado em Administração) – Escola de Administração, Universidade Federal da Bahia, Salvador, 2006.

CABRAL, Sandro. Licitar de forma transparente é essencial. In: **Panorama Mercantil,** Franca - SP, 2017. Disponível em: http://www.panoramamercantil.com.br/licitar-de-forma-transparente-e-essencial-sandro-cabral-professor-do-mestrado-profissional- em-administracao-do-insper/. Acesso em 06 ago. 2018.

CABRAL, Sandro; AZEVEDO, Paulo Furquim de. Sobre a terceirização de prisões na Bahia: Público versus Privado. In: ENCONTRO NACIONADO DA ANPAD, 30, 2006, Salvador. **Anais[...]** Salvador-BA. Disponível em: http://www.anpad.org.br/ admin/pdf/ENAPG164.pdf. Acesso em: 10 de jul. 2021.

CABRAL, Sandro; LAZZARINI, Sergio. Impactos da Participação Privada no Sistema Prisional: Evidências a partir da Terceirização de Prisões no Paraná. In: **Revista de Administração Contemporânea**, Rio de Janeiro, v. 14, n. 3. jun. 2010. Disponível em: https://www.scielo.br/j/rac/a/ttpXTJcDXGPk9H3Jj7y6ZDG/?lang=pt. Acesso em 10 de jul. 2021.

CAMPBELL, Elaine. A vida emocional do poder governamental. Tradução: Aline Passos. In: **Revista Ecopolítica,** São Paulo: Nu-Sol/PEPGCS-PUC-SP, n. 1., p. 43- 76, 2011. Disponível em: https://revistas.pucsp.br/index.php/ecopolitica/article/view/7656/5604. Acesso em 14 abr. 2018.

CAMPELLO, Ricardo Urquizas. **Política, direitos e novos controles punitivos.** Dissertação (Mestrado em Ciências Sociais) – Faculdade de Ciências Sociais, Pontifícia Universidade Católica de São Paulo, São Paulo, 2013.

CAROS AMIGOS. **PCC**. São Paulo: Casa Amarela, Ano X, n. 28, 28 mai. 2006. Edição extra.

CARVALHO, José Murilo de. Mandonismo, Coronelismo, Clientelismo: Uma Discussão Conceitual. In: **Dados** [online]. 1997, v. 40, n. 2, p. 229-250. Disponível em: https://doi.org/10.1590/S0011-52581997000200003. Acesso em 22 abr.21.

CARVALHO, Laura. **Valsa brasileira:** do boom ao caos econômico. São Paulo: Todavia, 2018.

CHRISTIE, Nils. **A indústria do controle do crime:** a caminho dos gulags em estilo ocidental. Rio de Janeiro: Forense, 1998.

CLEMMER, Donald. **The prison community.** Nova York: Rinehart & Company, 1958.

COELHO, Edmundo Campos. **Oficina do diabo e outros estudos sobre criminalidade.** Rio de Janeiro: Record, 2005.

COMFORT, Megan. **"A casa do papai":** a prisão como satélite doméstico e social. In: Discursos sediciosos, Rio de Janeiro, ano 8, n. 13, p. 77-100, 2004.

COMISSÃO TEOTÔNIO VILELA. **Democracia x violência:** reflexões para a Constituinte. Rio de Janeiro: Paz e Terra, 1986.

DARDOT, Pierre; LAVAL, Christian. **A nova razão do mundo:** ensaio sobre a sociedade neoliberal. São Paulo: Boitempo, 2016.

DAVIS, Angela. **Estarão as prisões obsoletas?** Rio de Janeiro: Difel, 2020.

DEJOURS, Cristophe. **Souffrance en France:** la banalization de l'injustice sociale. Paris: Seuil, 1998.

DELEUZE, Gilles. **Anti Oedipe et Mille Plateaux:** Cours Vincennes - 16/11/1971. Disponível em: http://www.webdeleuze.com/php/texte.

php?cle=115&groupe=Anti Oedipe et Mille Plateaux&langue=1. Acesso em: 04 ago. 2018.

DELEUZE, Gilles. **L'Île Déserte et autres textes:** textes et entretiens 1953–1974. Paris: Les Éditions de Minuit, 2002.

DELEUZE, Gilles. **Conversações.** Tradução de Peter Pál Pelbart. São Paulo: Editora 34, 2006.

DIAS, Camila Caldeira Nunes. **PCC:** Hegemonia nas prisões e monopólio da violência. São Paulo: Ed. Saraiva, 2013.

DIAS, Camila Caldeira Nunes.; MANSO, Bruno Paes. **A guerra:** a ascensão do PCC e o mundo do crime no Brasil. São Paulo: Todavia, 2018.

EHRLICH, Isaac. Participation in Illegitimate Activities: A Theoretical and Empirical Investigation. In: **Journal of Political Economy,** v. 81, issue 3. Chicago: University of Chicago, 1973, p. 521-565.

ESTADO DA BAHIA. Tribunal de Justiça da Bahia. **Provimento da Corregedoria Geral da Justiça n° 10/2019-GSEC**, de 31 de Outubro de 2019. Disponível em: http://www7.tj.ba.gov.br/secao/lerPublicacao.wsp?tmp.mostrarDiv=sim&tmp.id=23528&tmp.secao=23. Acesso em 10 jul. 2021.

ESTADO DA BAHIA. Secretaria de Estado de Administração Penitenciária e Ressocialização. **Unidades prisionais.** 2021. Disponível em: http://www.seap.ba.gov.br/pt-br/unidades. Acesso em 10 jul. 2021.

ESTADO DE MINAS GERAIS. Secretaria de Estado de Justiça e Segurança Pública. **Departamento penitenciário.** Portal Institucional. Belo Horizonte, SEJUSP. Disponível em: http://www.depen.seguranca.mg.gov.br/. Acesso em 10 jul. 2021.

ESTADO DE SANTA CATARINA. Secretaria de Estado da Administração Prisional e Sócioeducativa. **Notícias.** Portal Institucional. Florianópolis: SAP-SC, 2021. Disponível em: https://www.sap.sc.gov.br/index.php/noticias/todas-as-noticias. Acesso em 10 jul. 2021.

ESTADO DE SERGIPE. Casa de Detenção de Aracaju será desativada em até 30 dias. **Notícias**, 17 de janeiro de 2007. Disponível em: https://www.se.gov.br/noticias/Governo/casa-de-detencao-de-aracaju-sera-desativada-em-ate-30-dias. Acesso em 10 de jul. de 2021.

ESTADO DE SERGIPE. Secretaria de Estado da Justiça, do Trabalho e de Defesa do Consumidor. (SEJUC). **Plano diretor do Sistema Penitenciário do Estado de Sergipe.** Aracaju: SEJUC, 2008.

ESTADO DO AMAZONAS. Secretaria de Estado de Justiça e Direitos Humanos (SEAP). **Contrato de Prestação de Serviços.** Manaus: SEAP, 2014. Disponível em: http://www.seap.am.gov.br/wp-content/uploads/2016/06/CT-N%C2%BA-018- 2014.pdf. Acesso em 06 ago. 2018.

ESTADO DO AMAZONAS. Secretaria de Estado de Administração Penitenciária (SEAP). **Unidades prisionais.** 2021. Disponível em: http://www.seap.am.gov.br/unidades-prisionais/. Acesso em 10 jul.21.

ESTADO DO ESPIRÍTO SANTO. Secretaria de Justiça. (SEJUS-ES). **Unidades prisionais.** 2021. Disponível em: https://sejus.es.gov.br/unidades-prisionais. Acesso em 10 de jul, 2021.

ESTADO DO TOCANTINS. Secretaria de Estado da Cidadania e Justiça. (SECIJU-TO). **Superintendência de Administração dos Sistemas Penitenciário e Prisional.** 2021. Disponível em: https://www.to.gov.br/cidadaniaejustica/superintendencia-de-administracao-dos-sistemas-penitenciario-e-prisional/2rgw11bewnzq. Acesso em 10 de jul. 2021.

FAGUNDES, Nadia Martins. **Execução penal em Sergipe:** um percurso sociológico pelas práticas judiciárias e o confinamento prisional. 2009. Dissertação (Mestrado em Sociologia) – Núcleo de Pós Graduação em Ciências Sociais, Universidade Federal de Sergipe, São Cristóvão, 2009.

FELTRAN, Gabriel. **Fronteiras de tensão:** um estudo sobre política e violência nas periferias de São Paulo. 2008. Tese (Doutorado em Ciências Sociais) – Instituto de Filosofia e Ciências Humanas, Universidade Estadual de Campinas, 2008.

FLAUZINA, Ana Luiza Pinheiro. **Corpo negro caído no chão:** o sistema penal e o projeto genocida do Estado brasileiro. Brasília: Brado Negro, 2017.

FÓRUM BRASILEIRO DE SEGURANÇA PÚBLICA. **Anuário brasileiro de segurança pública.** São Paulo: FBSP, 2020. Disponível em: https://forumseguranca.org.br/anuario-brasileiro-seguranca-publica/. Acesso em 10 jul. 2021.

FOUCAULT, Michel. A governamentalidade. In: MACHADO, Roberto (Org.). **Microfísica do poder.** Rio de Janeiro: Graal, 1992.

FOUCAULT, Michel. Vigiar e punir: nascimento da prisão. Petrópolis: Vozes, 1999. FOUCAULT, Michel. **Os anormais.** São Paulo, Martins Fontes, 2001.

FOUCAULT, Michel. **Segurança, território, população.** Paulo: Martins Fontes, 2008.

FOUCAULT, Michel. **Nascimento da biopolítica.** São Paulo: Martins Fontes, 2008.

FREYRE, Gilberto. **Casa-grande & senzala.** Rio de Janeiro: Record, 2001.

G1. **Monitor da Violência.** Página Inicial. 2021. Disponível em: https://g1.globo.com/monitor-da-violencia/. Acesso em 10 jul. 2021.

GARFINKEL, Harold. **Estudos de etnometodologia.** Petrópolis: Vozes, 2018.

GARLAND, David. **'Governmentality' and the problem of crime:** Foucault, criminology, sociology. In: Theoretical criminology, London, v. 1(2). London/New Delhi: Sage Publications, p. 173-214, 1997.

GARLAND, David. **A cultura do controle:** crime e ordem social na sociedade contemporânea. Rio de Janeiro: Revan, 2008.

GLENNY, Misha. **O dono do morro:** um homem e a batalha pelo rio. São Paulo: Companhia das Letras, 2016,

GODOI, Rafael. **Fluxos em cadeia:** as prisões em São Paulo na virada dos tempos. São Paulo: Boitempo, 2017.

GODOI, Rafael. Tortura difusa e continuada. In: GODOI, Rafael; MALLART, Fábio (orgs.). **BR 111: a rota das prisões brasileiras.** São Paulo: Veneta, 2017.

GOÉS, Eda Maria. **A recusa das grades.** Rebeliões nos presídios paulistas: 1982 – 1986. São Paulo: IBCCRIM, 2009.

GOFFMAN, Erving. **Manicômios, prisões e conventos.** São Paulo: Perspectiva, 2001.

GOFFMAN, Erving. **Manicômios, prisões e conventos.** Tradução de Dante Moreira Leite. São Paulo: Editora Perspectiva, 2011.

HAN, Byung-Chul. **Sociedade da transparência.** Petrópolis-RJ: Vozes, 2017.

HIGA, Gustavo; ALVAREZ, Marcos César. Humanização das prisões e pânicos morais: notas sobre as "Serpentes Negras". In: **Estudos Avançados** [online], v. 33, n. 96, p. 69-90, 2019. Disponível em: https://doi.org/10.1590/s0103-4014.2019.3396.0006. Acesso em 10 jul. 2021.

HIRATA, Helena. Comparando relações de cuidado: Brasil, França, Japão. In: **Estudos Avançados**, [S. l.], v. 34, n. 98, p. 25-40, 2016. DOI: 10.1590/s0103-4014.2020.3498.003. Disponível em: https://www.revistas.usp.br/eav/article/view/ 170421. Acesso em: 19 jul. 2021.

IBGE (Instituto Brasileiro de Geografia e Estatística). **Pesquisa Nacional por Amostra de Domicílios (PNAD)** 2019. Rio de Janeiro: IBGE, 2019.

LEMGRUBER, Julita. **Cemitério dos vivos:** sociologia de uma prisão de mulheres. Rio de Janeiro: Forense, 1999.

LEMKE, Thomas. **Foucault, governamentalidade e crítica.** In: Plural. Revista do Programa em Pós-Graduação em Sociologia da USP, São Paulo, v. 24.1. p. 194-213, 2017.

LOURENÇO, Luiz Cláudio. Contribuições pioneiras das ciências sociais no estudo sobre as prisões brasileiras do sec. XX. In: **Vivência:** Revista de Antropologia, n. 46, p. 169-180, 9 mar. 2006.

MACHADO, Marcello Lavenère; MARQUES, José Benedito de Azevedo. **História de um massacre:** casa de detenção de São Paulo. São Paulo: Cortez/OAB, 2017.

MALDONADO-TORRES, Nelson. **Sobre la colonialidad del ser:** contribuciones al desarrollo de un concepto. In: CASTRO-GÓMEZ, Santiago. e GROSFOGUEL,

Ramon. (orgs.). El giro decolonial: reflexiones para uma diversidad epistêmica más allá del capitalismo global. Bogotá: Siglo del Hombre Editores, 2007. p. 127-167.

MALDONADO-TORRES, Nelson. Analítica da colonialidade e da decolonialidade: algumas dimensões básicas. In: BERNARDINO-COSTA, Joaze; MALDONADO-TORRES, Nelson; GROSFOGUEL, Ramon (Org.). **Decolonialidade e pensamento afrodiaspórico.** Belo Horizonte: Autêntica, 2020.

MANSO, Bruno Paes. Um debate sobre o PCC: Entrevista com Camila Nunes Dias, Gabriel de Santis Feltran, Adalton Marques e Karina Biondi. In: **Revista De Antropologia Da UFSCar**, 1(2), p. 154–175, 2009.

MARCOLINO, Adriana. **Balanço da produção acadêmica brasileira sobre condições e relações de trabalho dos terceirizados.** 2019. Dissertação (Mestrado em Sociologia) – Faculdade de Filosofia, Letras e Ciências Humanas, Universidade de São Paulo, São Paulo, 2019.

MARQUES, Adalton. **Humanizar e expandir:** uma genealogia da segurança pública em São Paulo. São Paulo: IBCcrim, 2018.

MARTINS, Márcio. **A psicodinâmica do reconhecimento no trabalho de informática de terceirizados e concursados de uma instituição pública.** 2012. Dissertação (Mestrado em Psicologia social, do trabalho e das organizações) – Decanato de Pós Graduação – Universidade de Brasília, Brasília, 2012.

MASSOLA, Gustavo. **A subcultura prisional e os limites de ação da APAC sobre políticas penais públicas:** um estudo na cadeia pública de Bragança Paulista. 2005. Tese (Doutorado em Psicologia) – Instituto de Psicologia, Universidade de São Paulo. São Paulo, 2005.

MENDONÇA FILHO, Manoel. A herança das galinhas: histórias e estórias do sistema prisional em Sergipe. In: MENDONÇA FILHO, Manoel e NOBRE, Maria Teresa (orgs.). **Política e afetividade:** narrativas e trajetórias de pesquisa. Salvador/São Cristóvão: EDUFBA/EDUFS, 2009. p. 101-133.

MINHOTO, Laurindo Dias. **Privatização de presídios e criminalidade:** a gestão da violência no capitalismo global. São Paulo: Max Limonad, 2000.

NASCIMENTO, Abdias. O genocídio do negro brasileiro. In: NASCIMENTO, Abdias (Org.) **O Brasil na mira do pan-africanismo.** Salvador: Ceao/Edufba, 2002.

ORDEM DOS ADVOGADOS DO BRASIL SECCIONAL DE SERGIPE (OAB-SE). Comissão de Direitos Humanos. **Sistema prisional do estado de Sergipe (Relatório).** Aracaju: OAB-SE, 2018. Disponível em: https://www.conjur.com.br/dl/sergipe-cinco-estados-maior-risco.pdf. Acesso em 06 jul. 2020.

OLIVEIRA, Edmundo. A privatização das prisões. Belém: CEJUP, 1992. PASTORAL CARCERÁRIA. **Prisões privatizadas no Brasil em debate.** São Paulo ASAAC, 2014. Disponível em: http://carceraria.org.br/wp-content/uploads/2014/09/Relatorio-sobre-privatizações.pdf. Acesso em 09 abr. 2018.

PASTORAL CARCERÁRIA. **Nota técnica contra a proposta de privatização dos presídios em SP (2019).** São Paulo, 2019a. Disponível em: https://carceraria.org.br/agenda-nacional-pelo-desencarceramento/nota-tecnica-sobre-a-proposta-de-privatizacao-dos-presidios-em-sp. Acesso em: 10 jul. 2021.

PASTORAL CARCERÁRIA. **Artigo de Padre Chico de 1996 criticava privatização dos presídios.** São Paulo, 1 de março de 2019b. Disponível em: https://carceraria.org.br/agenda-nacional-pelo-desencarceramento/artigo-do-padre-chico-de-1996-ja-analisava-e-criticava-proposta-de-privatizacao-dos-presidios. Acesso em 10 jul. 2021.

PORTILHO, Fátima; CASTAÑEDA, Marcelo; DE CASTRO, Inês. A alimentação no contexto contemporâneo: consumo, ação, política e sustentabilidade. In: **Ciência & Saúde Coletiva** [online], v. 16, n. 1, p. 99-106, 2011. Disponível em: https://doi.org/10.1590/S1413-81232011000100014. Acesso em 10 jul. 2021.

PROGRAMA LIBERDADE SEM CENSURA. Rádio Liberdade 99,7 FM. Exclusivo! Vídeo revela como ocorreu a rebelião no COMPAJAF em Aracaju: um ano depois. 2013. 1 Vídeo (9 minutos e 20 segundos) publicado pelo canal Evenilson Santana no Youtube. Disponível em: https://www.youtube.com/watch?v=EL7GjrO0AiU. Acesso em 10 de jul. 2021.

RAMALHO, José Ricardo. **O mundo do crime:** A ordem pelo avesso. São Paulo: IBCcrim, 2002.

REVIVER. Apresentação. **A empresa. 2020.** Disponível em: https://www.revivere possivel.com/a-empresa/apresentacao/. Acesso em 10 de jul. 2021.

RODRIGUES, Thiago. **Narcotráfico:** uma guerra na guerra. São Paulo: Desatino, 2003.

ROSE, Nikolas. **Governing the soul:** the shaping of the private self. London/ New York: Free Association Books, 1999.

SALLA, Fernando. A pesquisa sobre prisões: um balanço preliminar. In: KOERNER, Andrei (Org.). **História da Justiça Penal no Brasil:** Pesquisas e Análises. São Paulo: IBCCrim, 2006. p. 107-128.

SALLA, Fernando. De Montoro a Lembo: as políticas penitenciárias em São Paulo. In: **Revista Brasileira de Segurança Pública**, São Paulo: Fórum Brasileiro de Segurança Pública, n. 1, p. 72-90, 2007.

SANTANA, Aline Passos de Jesus. **Quando a prisão é prisão mesmo: gestão privada e humanização do cárcere em Sergipe**. 2021. 311 f. Tese (Doutorado em Sociologia) - Universidade Federal de Sergipe, São Cristóvão, 2021. Disponível em: https://ri.ufs.br/jspui/handle/riufs/14772. Acesso em 25 de set. de 2024.

SANTOS, Jonaza; SANTOS, NAJÓ. Estigmas do encarceramento no bairro América em Aracaju – Sergipe. In: V SEMINÁRIO INTERNACIONAL DE PESQUISA EM PRISÃO. ANO, LOCAL. **Anais [...]** São Paulo: FFLCH-USP, 2019. Disponível em: http://andhep.org.br/anais/index.php?option=com_content&view=article&layout=edit&id=48. Acesso em 10 jul. 2021.

SCHECAIRA, Sérgio. **Criminologia.** São Paulo: Revista dos Tribunais, 2013.

SENELLART, Michel. Situação dos cursos. In: FOUCAULT, Michel. **Segurança, território, população.** São Paulo: Martins Fontes, 2008, p. 495-538.

SINDICATO DOS POLICAIS PENAIS DE SERGIPE (SINDPPEN). O COMPAJAF tem que ser totalmente gerenciado pelo Estado, alerta Sindppen. **Notícia**, 24 maio. 2021. Disponível em: https://sindpen-se.org.br/?p=4078. Acesso em 10 jul. 2021.

SUPREMO TRIBUNAL FEDERAL. **Informativo STF nº 798, de 7 a 11 de setembro de 2015**. Brasília, 17 de setembro de 2015. p. 1. Disponível em:

http://www.stf.jus.br/arquivo/informativo/documento/informativo798.htm. Acesso em: 22 jul.21.

SYKES, Gresham M. **The society of captives:** A study of a maximum security prison. Princeton: Princeton University Press, 1974.

TAETS, Adriana; SABAINI, Raphael. Escondendo ou mostrando o uniforme? Dinâmicas urbanas específicas que envolvem os agentes prisionais em diferentes cidades do estado de São Paulo. In: ENCONTRO ANUAL DA ANPOCS, 35., 2011, Caxambu. **Anais...** Caxambu-MG. Disponível em: https://anpocs.com/index.php/encontros/papers/35-encontro-anual-da-anpocs/gt- 29/gt07-14. Acesso em 09 abr. 2021.

TEIXEIRA, Alessandra. **Prisões da Exceção:** política penal e penitenciária no Brasil contemporâneo. Curitiba: Juruá Editora, 2009.

VARELLA, Drauzio. **Estação Carandiru.** São Paulo: Companhia das Letras, 2001.

VARELLA, Drauzio. **Carcereiros.** São Paulo: Companhia das Letras, 2012.

VARGAS, Laura Jimena O. **É possível humanizar a vida atrás das grades? Uma etnografia do método de gestão carcerária APAC.** 2011. Tese (Doutorado em Antropologia Social) – Instituto de Ciências Sociais., Universidade de Brasília, Brasília, 2011.

VILELLA, Jorge M. Família como Grupo? Política como agrupamento? O sertão de Pernambuco no mundo sem solidez. In: **Revista De Antropologia**, v. 52, n. 1, p. 201- 245, 2009.

WACQUANT, Loïc. **As Prisões da Miséria.** Rio de Janeiro: Jorge Zahar, 2001.

WACQUANT, Loïc. **Da escravidão ao encarceramento em massa:** respondendo “a questão racial” nos Estados Unidos. In: New Left Review, Londres, n. 13, jan-fev, 2002.

WACQUANT, Loïc. **Punir os pobres:** a nova gestão da miséria nos Estados Unidos. Rio de Janeiro: Revan, 2003.

WACQUANT, Loïc. O curioso eclipse da etnografia prisional na era do encarceramento em massa. In: **Discursos sediciosos**, ano 8, n. 13. Rio de Janeiro: Revan, 2004, p. 11-32.

WACQUANT, Loïc. Bourdieu, Foucault e o estado penal na era neoliberal. In: **Revista Transgressões,** vol. 3, n. 1, 2015. Disponível em: https://periodicos.ufrn.br/transgressoes/article/download/7188/5313/. Acesso em 22 jul. 2021.

ZAFFARONI, Eugênio Raul. **Em busca das penas perdidas:** a perda de legitimidade do sistema penal. Rio de Janeiro: Revan, 2001.

ZAFFARONI, Eugênio Raul. **A questão criminal.** Rio de Janeiro: Revan, 2013.

ZOMIGHANI JR., James Humberto. **Desigualdades espaciais e prisões na era globalização neoliberal: fundamentos da insegurança no atual período.** 2013. Tese (Doutorado em Geografia) – Faculdade de Filosofia, Letras e Ciências Humanas, Universidade de São Paulo, São Paulo, 2013.

COLEÇÃO ABOLICIONISTAS

Dados Internacionais de Catalogação na Publicação (CIP)
(Câmara Brasileira do Livro, SP, Brasil)

Passos, Aline
Humanismo de mercado : etnografia de uma prisão privatizada / Aline Passos. -- 1. ed. -- São Paulo : Igrá Kniga, 2025. -- (Coleção abolicionistas / coordenação Allan Rodrigo de Campos Silva, Bruno Xavier)

Bibliografia.
ISBN 978-65-997941-4-8

1. Direitos humanos 2. Etnografia 3. Humanização 4. Indicadores sociais 5. Prisão - Leis e legislação - Brasil 6. Prisioneiros - Direitos civis 7. Sistema penitenciário - Brasil I. Silva, Allan Rodrigo de Campos. II. Xavier, Bruno. III. Título. IV. Série.

25-249346 CDD-365.4

Índices para catálogo sistemático:

1. Humanização : Sistema penitencário : Problemas sociais 365.4

Aline Graziele Benitez - Bibliotecária - CRB-1/3129